産経NF文庫
ノンフィクション

中国人とモンゴル人

楊 海英

潮書房光人新社

文庫版のまえがき——今なお続く、モンゴル人絶滅計画

現代中国は、モンゴル人など諸民族を絶滅させる計画を進めてきた。その具体的なプロセスと手口、そして凄惨な結末については、本書で詳しく理論的に、第一次資料に依拠して述べている。なぜ、モンゴル人をそれほど敵視するのか。モンゴル人には二つの「原罪」があった、と中国政府と中国人は理解しているからである。

第一の「原罪」は中国を祖国と見なし、中国人の一員になろうとしなかったことである。モンゴル人は清朝末期の一九一一年一二月二九日に満洲清朝に対して独立を宣言し、民族自決の道を歩みだした。中国人の中華民国はその翌年に成立しているので、モンゴル人と彼らは無関係である。それでも、中国人はモンゴルの南半分、いわゆる「内モンゴル」を併呑しようと侵略を止めなかった。その為、衝突は続いてきた。

第二の「原罪」は「対日協力」だとされる。モンゴル人は二〇世紀に入って、新興の大日本帝国と出会い、日本型近代化こそ自分たちのモデルになりうる、と発見した。そこから、

大勢のモンゴル人は日本に留学し、体系的な民族自決の思想を身に付けてから帰国し、独立の為に戦った。日本もまた、彼らの行動を支持した。いわば、モンゴル人の近現代史と日本人の歴史が一体化していたのである。

この二つの「原罪」は、中国人の一方的な主張と歪曲に過ぎず、モンゴル人にとっては、栄光の民族自決史である。たとえ、その民族自決史は頓挫の連続であっても、モンゴル人は決して諦めていない。諦めないから、中国人は中華人民共和国を樹立した直後からモンゴル人に対して謀略的に動いた。一九五〇年代には知識人を「右派」として粛清し、文化大革命に入ると、組織的な殺戮を発動した。モンゴル人の民族全体の集合的記憶は、文化大革命をジェノサイドだと認識している。

では、ジェノサイドは消え去ったかというと、決してそうではない。

二〇二〇年六月末、突如として北京当局は内モンゴル自治区でモンゴル語教育を廃止する政策を制定し、その年の秋から実施する、と発表した。内モンゴル自治区だけでなく、モンゴル国等、全世界各地に住むモンゴル人たちが抗議活動を展開し、冬まで続いた。後から気づいたが、中国政府はすでに何年も前からそうした謀略を用意していたのである。

中国人たちはまず新疆ウイグル自治区で二〇一八年からウイグル語とモンゴル語教育を禁止し、中国人への同化政策を強化した。純朴なモンゴル人たちは、まさにその文化抹殺の政策が自分たちの身にも及ぶとは、夢にも思わなかった。

しかし、嫌な予感は自治区全体を覆っていた。すでにモンゴル人は自らの故郷において、後から侵略してきた他人、すなわち中国人にあらゆる権利を奪われ、完全に奴隷とされていたからである。奴隷でも、最低、自分の言葉を操る権利があるから、静かなレジスタンスとしてモンゴル語を話し、モンゴルの歌をうたって暮らそうとしてきたのである。その最低ラインの希望すら剥奪されそうになったので、モンゴル人たちは立ち上がって、抗議の声を出した。

かくして、二〇二〇年夏から冬まで続いた、モンゴル人たちの対中国抗議活動は久しぶりに民族自決の運動の様子を見せた。背景には、本書が物語る文化大革命期のジェノサイドがある。大量殺戮が一〇年間も実施されていたので、犠牲者を出さなかった家庭は一つもない。だから、その民族の集合的記憶が蘇生し、抗議の運動に発展していったのである。

しかし、抗議活動は容赦なく弾圧された。九人のモンゴル人が命を奪われた。また、欧米の人権団体やメディアの報道によると、およそ一万人ものモンゴル人が昨秋に逮捕拉致され、行方不明となっている。また、政府が設けた強制収容施設で、モンゴル人幹部と知識人に対する洗脳教育も強制されている。すべて、新疆ウイグル自治区やチベットでの前例を踏襲した中国人のやり方である。香港もまた、同様である。そういう意味で、モンゴル人絶滅計画は今も、続いているのである。

それでも、モンゴル人は絶望していない。昨年の抗議活動で最前線に立っていたのは、少年少女たちと、若い母親たちである。中国人の横暴は、確実にモンゴル人を覚醒させた。民族自決を実現させる為の闘争は今後も続く。いや、続けて行かなければならない、とモンゴル人たちは誰もがそう認識するようになった。この堅い意志、民族全体の独立精神は今後、二度と消えることはない。

今、日本には一万四〇〇〇人のモンゴル人が暮らしている。日本は内モンゴル人の宗主国だったから、日本は憧れの地である。ぜひ、日本の読者の方々にも、再びモンゴルの地を訪れてほしい。そして、そこの先住民たちと共に、再度、ユーラシアへ雄飛する歴史を創成してほしいものである。

拙著を産経NF文庫に加えてくださった関係者の方々と、特に編集ご担当の小野塚康弘氏に篤く御礼申し上げる。

二〇二一年春　中国発新型肺炎が全人類に危害をもたらしつつある時に

楊　海英

まえがき

二〇一六年は中国文化大革命が発動されて、五〇周年にあたる。戦後七〇周年を迎えた昨年にはさまざまなイベントがおこなわれ、おおいに盛りあがったのは記憶に新しい。今年はすでに半分が過ぎ去ろうとしているが、日本の論壇は沈黙を保ったままで、不自然を禁じ得ない。

文化大革命は全世界を巻きこんだ、「人々の魂に触れる、世界革命」だったし、日本のメディアでも二度の世界大戦と共に、「二〇世紀の十大歴史的出来事の一つ」に選ばれたことがある。国内では、およそ一億人が迫害を受け、犠牲者数は一〇〇〇万人にのぼる、と一九八一年六月に開かれた中国共産党第一一期第六回全体会議で提出された報告書は示していた（『中国文化大革命大事典』）。この数字は日中戦争と国共内戦の規模を遥かに凌駕するものの、その原因究明はすすまずに今日に至る。

文革はその前の一九五八年からの「人民公社」の成立に伴う公有化（こちらの餓死者は三

〇〇〇万人を超す)、建国直後の「反革命分子を鎮圧する運動」(処刑された者は一〇〇万人以上)と連動する。また、一九八九年の大学生らによる民主化を求める「天安門事件」ともつながる。負の連鎖ばかりだが、中国では日本のように、「反省」することも禁止されている。

文化大革命はまた「各国に革命思想を輸出」し、世界同時多発的に資本主義の打倒を目指した。その結果、一九六八年だけでもアメリカではベトナム反戦運動が勃発し、フランスのパリでは学生闘士が「五月革命」を推進し、かのサルトルも街頭に出てマオイズムを宣伝するビラを配った。日本では反安保闘争から着火した学園紛争が拡大し、一九七二年には過激派があさま山荘に入って、「農村から都市を包囲する」毛沢東思想のゲリラ戦術を実践しようとした。知識界では社会主義中国を称賛するムードが醸成され、天安門広場で学生たちを虐殺する銃声が響くまでは進歩主義思想が主流を成していた。

日本には独特な「自粛」や「貝になりたい」精神的な風土がある為か、往昔の論客たちはみな、「死んだふり」をしているようだ。『思想』(岩波書店)二〇一五年一月号は世界各国の研究者たちによる文革特集を組んだ。幾つかの大手新聞には論壇誌を概観する欄があるが、どれも『思想』の文革特集に注目しようとしなかった。過去に礼賛した論客も、批判的だった観察者も、ぜひもう一度文革の意義について語ってほしいものである。あたかも黙っていれば、共産主義と中国共産党の暴挙を礼賛してきた過去が不問にされるとでも思っているらしい。それは、間違いである、と指摘しておかねばならない。

日本にはまた、中国と中国共産党を称賛することで日本自身が歩んできた近代を批判しようとする「方法としての中国」や「方法としてのアジア」論がある。戦後の日本で自他ともに「進歩的な文化人」と認められてきた人びとの常套手段である。彼らは中国政府から招待されて北京などの大都市を訪れ、厳重にコントロールされたなかを旅し、小遣いをもらい、豪華な中華料理を振る舞われてから帰国する。そして、「中国人民は幸せだ」とか、「毛沢東には独裁のかけらもない」とかのような神話を語って日本国民を騙す。

そのような左翼と「進歩的な知識人」が日本と中国にどれだけの弊害をもたらしたかについては、以前から指摘されてきたが（稲垣武『「悪魔祓い」の戦後史』、栗田直樹『共産中国と日本人』）、最近再び「活躍」しようとする兆候がみられる。このような左翼の「先生」たちや「進歩的な知識人」たちには「独自の政策も思想もない」ので、まさにレーニンがいうところの「共産主義の小児病」の妄想に取りつかれているとしかいいようがない。

中国政府と中国共産党の暴挙を礼賛していたことは、実際は中国のあらゆる民族と人民に対する罪を犯しているのと同質だという事実を彼らはまだ分かっていないのである。

では、中国文化大革命について研究する意義は何だろうか。

文化大革命について思考することは、実は中国の民族問題と、中国と国際社会との衝突について探求することでもある。本書は、中国の五大少数民族自治区の一つ、内モンゴル自治区での文化大革命を取りあげている。

内モンゴルの大半はかつて日本の殖民地だったか、ないしは日本の支配下にあった。モンゴル人は一九世紀末から中国からの独立を目指していたので、近代に勃興した日本の力を積極的に利用しようとした。アジアのほとんどの民族が西洋列強からの独立を実現させようとしていたのに対し、モンゴル人とチベット人、それにウイグル人は中国からの独立こそ民族自決の最終的な目標である、と認識していた。

民族自決は二〇世紀における世界的な潮流であったし、毛沢東の中国共産党も建党当初は諸民族の自決を支持すると表明していた。中華人民共和国はその成立と共に諸民族の自決権を否定しただけでなく、文化大革命期になると、モンゴル人の近現代の歴史そのものが断罪の対象とされ、ジェノサイドが長期間にわたって横行した。国際共産主義運動のなかで中国文化大革命を位置づけるならば、まず、それは反革命的な性質を有している、と本書は立証している。

次に、モンゴル人たちが第二次世界大戦期に「日本に協力した罪」で文化大革命中に大虐殺されたのは、間接的な「対日清算」であるが、根底には中国人による反異民族の思想がある。反異民族と反外国は中国と中国人社会に定着してきた思想的な潮流であり、それが過去には義和団のように「反清滅洋」とのスローガンを掲げて現れたし、文化大革命時には「反民族分裂と反修正主義」の形式を取った。「民族分裂主義」を推進したのは「異民族」で、「修正主義」は諸外国であったので、中国文化大革命は決して目新しい運動ではなく、むしろ反近代的である、と指摘しておかねばならない。

本書は三部から構成している。

まず、第一部では中華人民共和国が成立してから一九五〇年代に発動された反右派闘争と一九六〇年代初期における社会主義教育運動について概観する。困難な政治的環境のなかで限られた自治を維持しながらも、内モンゴル自治区におけるあらゆる政治と経済の問題はすべて民族問題を中心に展開されてきた事実が明らかになっている。

続いて第二部では北京と連動する自治区の政治闘争について描写する。満洲国時代に育った知識人たちと共産党の割拠地延安で滞在していた政治家たち、そして陝西省北部を拠点に活動していた中国人政治家たちとの複雑な関係がいかに北京当局と繋がっていたかを呈示する。いわゆる「共産党陝西省北部派」には習仲勲こと習近平の父親も含まれる。「共産党陝西省北部派」がずっと毛沢東ら南方出身者らよって抑圧されてきた歴史を把握すれば、現在の習近平体制の思想的背景を理解するのにも役立つだろう。

第三部においては、「間接的な対日」清算としての文化大革命の性質について論述する。中国政府と中国人がどのように理論の面からモンゴル人の日本経験を批判し、断罪していったかを、公的な文献史料に依拠して復原する。公的な文献史料もすべて中国政府と中国人が創出したものである。

戦後、日本の左翼と「進歩的な知識人」たちは中国政府と中国人に謝罪し、反省してきた。しかし、モンゴル人が中国政府と中国人によって大虐殺された背景の一つに日本の存在があったにも関わらず、どなたか左翼の「先生」と「進歩的な知識人」が旧満洲国の草原に行って切腹したとはまだ聞いていない。北京に参上して、共産党の偉い人たちの前で懺悔の涙を流したり、どこかで土下座したりしたとの美談は巷にあるらしいが、ぜひ少数民族のモンゴル人に対しても態度を表明してほしいものである。

中国から文化大革命は一向に消え去ろうとしていない、と識者たちは論破している。それは、文化大革命の被害者だった習仲勲も懸念していた個人、皮肉にも彼自身の息子習近平への権力の極端な集中と政治的な抑圧が強化されただけではない。習近平国家主席は就任早々の二〇一三年一月に、かつて彼の父親らが肝煎りで一九八一年の一一期六中総会で通過させた「歴史決議」の見直しを求めたことで、制度的にも文化大革命への復帰が可能となってきた。したがって、文化大革命について考えることは、歴史研究だけでなく、目下進行中の中国政治や中国と国際社会との関係について思索することにもなる。本書はその為の著作である。

中国人とモンゴル人——目次

◇第三部　対日協力の清算

中国人とモンゴル人

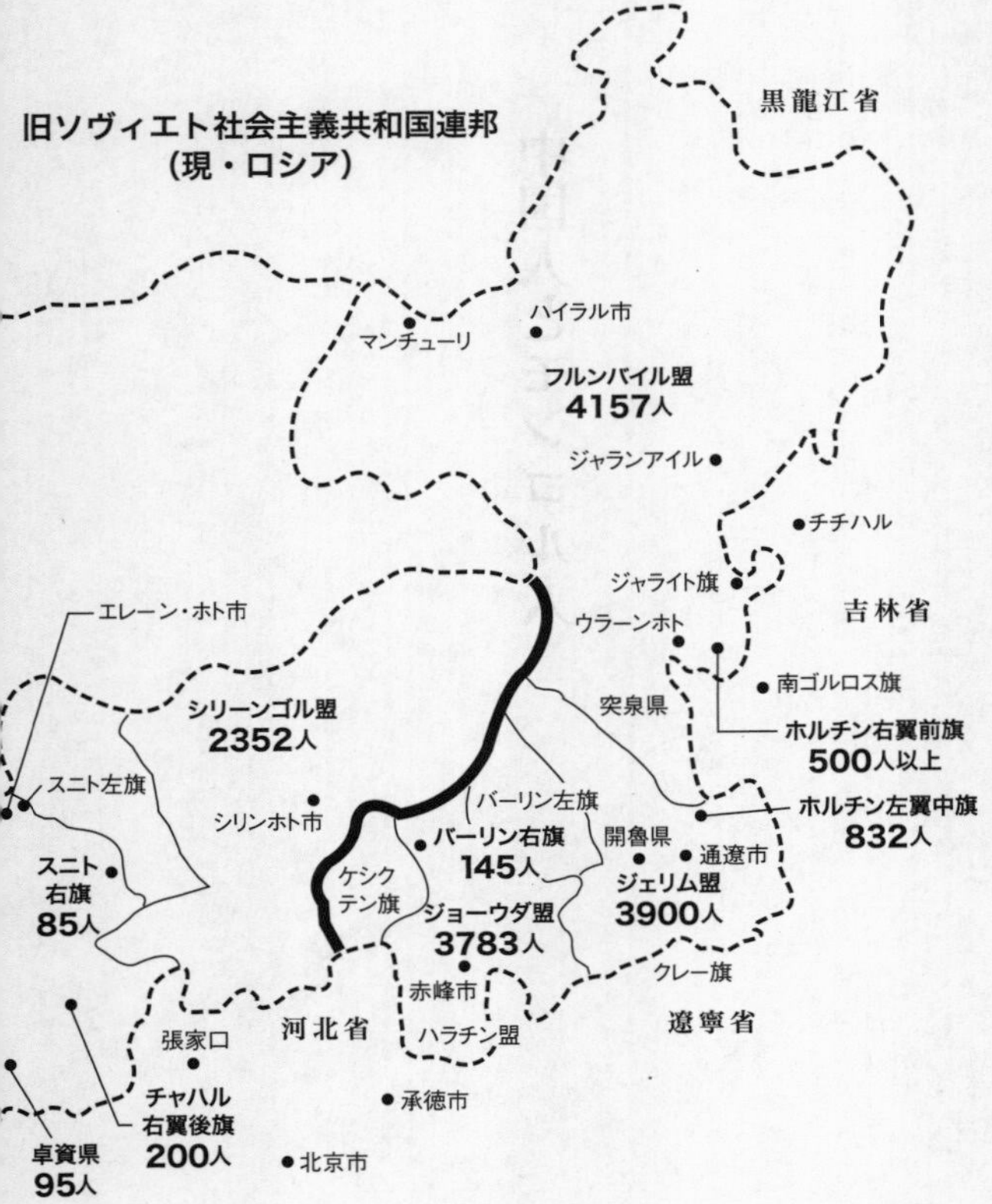

※「盟」は中国・内モンゴル自治区（モンゴル国と接する中国領北沿に位置する自治区・モンゴル語での呼称を和訳すると「南モンゴル」）の行政区画の単位名・モンゴル語「アイマク」の漢訳。「旗」はそれよりも下級行政区単位名

文化大革命中の内モンゴル自治区

※数字は各地域において殺害されたモンゴル人の数
（データには諸説あり、今後も検証が必要である。ここに記したのは、文献、資料等において現在までに明らかにされている数字の一部である）
※太線の外側は1967年7月に割譲されたモンゴル固有の領土である。

本書は平成二十八年八月刊『モンゴル人の民族自決と「対日協力」』(集広舎)を改題・改訂しました。

装幀　伏見さつき
DTP　佐藤敦子

第一部

文化大革命前史としての
反右派闘争と社会主義教育運動

序　章　反右派闘争という中国現代史

中国文化大革命は「二〇世紀の十大歴史事件」の一つにカウントされている。文化大革命（以下、文革と略す）中にモンゴル人大虐殺運動が発動された。中国政府と中国人即ち漢民族《チャイニーズ》による一方的な殺戮だった。虐殺の規模は大きく、全自治区の津々浦々にまで及んだ。虐殺の期間もまた長く、およそ一〇年間つづいた。モンゴル人は逃げるところもなく、長期間にわたって政治的に抑圧されてきたのである。

大虐殺の規模については諸説がある。操作された、中国政府の控えめな公式見解によると、三四万六〇〇〇人が逮捕され、二万七九〇〇人が殺害され、一二万人に身体障害が残ったという（郝維民 1991）。中国政府の公式見解に則して計算してみよう。当時のモンゴルの人口は一五〇万人弱だったので、少なくとも一つの世帯にひとりが逮捕され、五〇人にひとりが殺される、という徹底ぶりである。

中国政府の統計を信じる人間はいない。私は自治区東部のフルンボイル盟が以前に公にした被害者調査統計をもとに、全自治区の状況を試算したことがある。その結果、殺されたモンゴル人の数は一〇万人に上ると算定した（楊　2013a;2014a;2014b）。あるモンゴル人のジャーナリストは、直接殺害された者と、暴力が原因で後日に亡くなった者、いわゆる「遅れた死」を含めると、モンゴル人の犠牲者数は三〇万人に達する、との調査結果を公表している（Shirabjamsu　2006）。さまざまな学説があるのは、この大虐殺運動の全容がまだ解明されていないからである。モンゴル社会において、文革時のジェノサイドは「民族の集合的な記憶」として定着している。

文革が発動された国際的、政治的な背景はどこにあるのだろうか。少数民族を大虐殺してきた運動を中華人民共和国史の中で、どのように位置づけすればいいのだろうか。言い換えれば、中華人民共和国はいかに文革まで辿りついたのか。文革は突如として現れたのではない。その前の多くの政治運動と連動しているし、その後の国家運営とも繋がっている。従って、文革について研究する際も、建国直後からの歴史から着手しなければならないし、必然的に中国と国際社会との関係にまで注視する必要があろう。

私は今までの研究の中で、深刻化する中国の民族問題はどれも文革時のジェノサイドに起因する、と指摘してきた。本書においては、文革以前の政治運動に遡って、その実態について分析してみたい。具体的には一九五七年に勃発した反右派運動と一九六四年からの社会主義教育運動（四清運動）を取りあげる。私が発掘し、公表してきた第一次資料に則して、反右派運動と社会主義教育運動を描いた上で、文革が始まった後の政治闘争史に入る。

一　反右派闘争に関する研究

私が文革以前の政治運動に注目する理由は、「反右派運動」はその予行演習だったからだ。モンゴル人は「文革的な政治手法は一九六四年の社会主義教育運動（四清）から始まっている」と認識している。

知識界からの「意見」と知識人の運命

体系的な反右派闘争研究を進めてきたのは丁抒である。彼はまず二〇〇六年に『陽謀―反右派運動始末』を出して、その全容を描写した。書名から分かるように、反右派闘争は毛沢東主導の謀略であった性質を明らかにしている。毛の中共中央はまず一九五七年五月一日に知識界に向かって「積極的に政権与党の共産党の整風運動を手伝ってほしい」と呼びかけて意見を引きだした。各民主党派の知識人たちは毛を信用してさまざまな見解を素直に陳述した。なかには辛辣な意見も多かった。それは主として以下のような諸点に集中していた。

まず、一九五〇年から開始した「反革命分子を鎮圧する運動（鎮反）」中に殺害した人間の数が多過ぎたのではないか。毛沢東自身が「七九万人を殺し、一〇〇万人以上を監禁した」と話しているが、実際はもっと多く、「拡大化し過ぎた」、との意見だった。

次に、一九五二年から知識人の胡風を批判し、続いて「胡風反党集団」を摘発し、一万人以上もの知識人を逮捕し粛清したことで、知識界が破滅的な打撃を受けた運動についても、是正するよう求めた。一九五五年になると、毛沢東は今度「反革命分子を粛清する運動（粛反）」をスタートさせ、四〇〇万人を「審査対象」とし、一六万人もの「反革命分子」を粛清した。いずれもスターリンの大粛清に匹敵する規模である。

国を愛する単純な知識人らから出された意見はだいたい上の三点に関する内容が多かった。建国直後から毛沢東が進めてきた運動そのものを否定するものではなく、いずれも「拡大化したのではないか」、と婉曲なものばかりだった。それでも、毛は不満だった。

毛沢東は早くから知識人の胸中に不満がたまっていたのを見抜いていたが、一九五六年二月にソ連共産党のフルシチョフ書記がスターリン批判を披露したことで、自身の独裁に火が及ぶのを危惧するように変わった。毛はソ連の駐中国大使に繰り返し「スターリンはたったの一〇〇万人を殺しただけではないか。大した数字ではない」と語り、「スターリン同志は功績の方が罪より大きい」と位置づけてみせた。かくして、彼は知識人の一掃を決心した。いざ、打倒された知識人たちが謀略にまんまと陥れられたと反論すると、「陰謀ではなく、陽謀だ」と毛沢東は一九五七年七月一日に話した。共産党支配下の中国は「封建的な党天下だ」とか、「各政党は選挙によって交替で政権の座に就くべきだ」とかの「過激な意見」もすべて「反革命の罪証」とされた。反右派闘争は大きな「成果」が得られた。全国で一八〇万人が「反革命にして反社会主義の右派」とされた。連座制の伝統がある中国において、右派とされた者の家族は例外なく迫害を受けた。大勢の右派が拷問を受けて殺害されるか、僻地への流刑を命じられた。一八〇万人は総数であるが、具体的にそのうちの何人が殺され、どれぐらいの者が生き延びたかの統計は当然、公開されていない。

国際関係史からのアプローチ

反右派闘争を中国とソ連、それに東欧諸国との関係上において論じる研究者もいる。フルシチョフによるスターリン批判が引き起こした社会主義陣営内部での政治的波紋と、ポスト・スターリン期における国際革命の主導権争いとを結びつけた手法は、反右派闘争の世界史的意義を浮き彫りにした。一九五六年一〇月からポーランドとハンガリーにおいて全体主義に反対する労働者と知識人や学生たちの抗争が勃発すると、中国はソ連と関係国との調停役を演じた。口先ではソ連の干渉は「良策」ではないと説きながら、翳では武力行使を要請し、「断固支持」していた（瀋志華　2008）。

ポーランドとハンガリー事件の後、中国は総括をおこなった。東欧諸国の不穏な動きは、「反革命分子を一掃していない結果だ」と分析した上で、経済的にはより急進的な公有化政策を実施し、政治的にも自国が取ってきた「断固たる措置」即ち「反革命分子を鎮圧する運動」と「反革命分子を粛清する運動」は正しかった、と党中央は認識を新たにした。

国内の知識人や学生たちも「東欧のように騒ぎを起こそうとしている」と毛沢東は把握していた。「ハンガリー事件は良い事だ。わが国の蟻どもをその穴の中から誘いだした」、と毛は一九五七年一月一八日に「蟻の動向」に関心を示した。そして、一月二七日には次のような、ユーモラスたっぷりの講話を披露した。

各民主党派の人士たちに、反対運動の芝居を演じてもらおう。彼らに批判してもらおう。……（中略）彼らに屁をこいてもらおう。放屁させた方が有利だ。臭いか、それとも良い匂いか、みんなに嗅がせよう。

こうして、「蟻や蛇ども」はその穴蔵から誘いだされ、天真爛漫に共産党に対して意見を陳述したものの、数カ月後には漏れなく「反革命の右派」として打倒された。反右派闘争はその後に推進された人民公社の公有化と四清運動、そして文革発動の為に、輝くようなモデルとなった。その意味で、一九五七年の反右派闘争は確かに一九六六年からの文革の予行演習といえよう。

国内の「蟻と蛇ども」を「清掃」した毛は一九五七年一一月二日からモスクワを訪問し、ロシア革命四〇周年記念行事に参加した。ソ連支持を鮮明にしたものの、共産主義運動の過去に対する評価と、「アメリカ帝国主義」との闘争方法をめぐってはフルシチョフとの確執も次第に表面化し、中ソ対立の時代へと突入していくことになる。

反右派闘争の流れ

では、まず一九五七年の中国における反右派闘争に関する重要な動きを示しておこう。これは、内モンゴル自治区における反右派闘争の理解にも有用である。

二月二七日、国務院最高会議第十一回会議において、「人民内部の矛盾問題」について、毛沢東が講話。

三月六〜一三日、各民主党派が参加する全国宣伝工作会議を北京で開催。共産党の整風問題に対し、各民主党派に毛が協力要請。

四月一〇日、『人民日報』が「引き続き百花斉放、百家争鳴の方針を貫徹せよ」との社説を掲載し、知識人に意見を披露するよう呼びかける。

四月三〇日、国務院最高会議第十二回会議の席上で、「各民主党派と無党派の知識人たちが共産党の整風を支援するよう」毛自らが要請。

五月一日、毛が四月二七日に執筆した「整風運動に関する指示」を『人民日報』が掲載。

五月四日、「引き続き党外の人士たちを組織して、共産党が犯した過ちに対して批判する運動に関する指示」を中共中央が公開。中央統一戦線部は各民主党派の知識人を集めて座談会を開催し、広く意見聴取を開始。「党外の人士は思いっきり意見を述べてください」と毛が指示。

五月一四日、「党外人士が共産党と政府の各部門に寄せた批判を報道する件に関する指示」を中共中央が通達。

五月一五日、「事情は変化しつつある」との文を毛が執筆し、それまでに知識人に意見陳述をさせたのは「人民に毒草と有毒のガスを識別させる為だった」と明言し、毒草の除去を指示。

五月一六日、毛が「目下において、党外の人士たちからの批判に関する中央の指示」を起草し、「しばらくは反撃をせずに、右翼どもが完全に人民の前でその反動的な面を現すまで待とう」と具体策を示す（毛沢東 1992,477-479）。この間に、全国各地で無数の大字報（壁新聞）が現れ、共産党の政策に関する批判噴出。

五月二〇日、「目下の運動を強化する為の指示」を毛が出し、「一部の反動的な人物たちの面がまだ暴露されていないので、党員たちは発言しないで忍耐するように」と更に細かな策略を伝達。

六月八日、「これは何故だ」との社説を『人民日報』が掲載し、それまでの整風運動を反右派運動に切り換えると宣言。毛が起草した「力をまとめて右派分子どもからの猖獗を極めた進攻に反撃せよ」との党中央からの指示を公開。

六月二六日、「ブルジョアジーの右派分子に打撃を加え、孤立させよう」との党中央からの指示が全国に通達される。

七月一七～二一日、中共中央が青島で省自治区書記会議を招集し、反右派闘争の意義を強調する。少数民族の知識人たちの間にくすぶる民族自決思想の完全な撲滅に関する指示が出される。

一〇月一五日、「少数民族の中で整風と社会主義教育運動を実施する件に関する党中央からの指示」が通達される。運動の重心は反少数民族右派に移る。

一一月二～二一日、毛がソ連を訪問し、中ソ蜜月ぶりを演出するも、イデオロギー上の対立が表面化する。モスクワに対する毛の不信感が強まる。

二　反右派闘争と民族問題

反右派闘争から二年過ぎた一九五九年に中華人民共和国は建国一〇周年を大々的に祝った。「中国の模範的な自治区の傑出した少数民族の指導者」のウラーンフーは次のように演説した（烏蘭夫　1960）。

中華人民共和国が成立した時に、わが国の各少数民族の中で、およそ三千万人が住む地域においてはまだ封建的な地主が土地を占有していた。約四百万人が暮らす地域では封建的な農奴制が残り、百万人のところでは奴隷制度も維持されていた。また、約六〇万人の地域にはまだ濃厚な原始社会の制度が残存していた。……（中略）解放後、共産党と人民政府は少数民族に対し社会改革を断行した。現在、少数民族の九五パーセント以上の地域において民主改革と社会主義改造は終了した。整風運動と反右派闘争を通してブルジョジー民族主義的傾向を批判し、政治戦線と思想戦線において社会主義革命の決定的な勝利を得ることができた。

モンゴル人のウラーンフーは具体的に何人の「民族右派」を粛清したかの「成果」については触れていない。彼はこの時、国務院副総理兼国家民族事務委員会主任の立場にあった。ソ連で学んだ彼はマルクス・レーニン主義の発展段階論に則して中国の各少数民族社会を分類しており、こうした分析は「最も開化した文明人」を自認する中国人には心地よく響いただろう。

反右派闘争時の内モンゴル

一九五八年における「模範自治区」の概況を示しておこう。「主体民族」に祭りあげられたモンゴル人は一一三万人で、侵入してきた中国人は八四〇万人にまで膨れ上がっていた。このような自治区をウラーンフーは次のように位置づけている（烏蘭夫 1960）。

内モンゴルの最も大きな変化は統一的な民族区域自治が実現できたことである。……（中略）内モンゴルの民族が三百年あまりにわたって分割統治されてきた歴史は永遠に終わり、モンゴル人は真の主人公としての権利を享受している。

自治区には今、大学が一八あり、五一九〇人もの学生たちが学んでいる。中等専門学校も四一二校あり、在学生は一九四九年より一二・七倍増えた。小学校は一万四四〇九校に達し、その在学生も一九四九年より二・四倍増加した。……

反右派闘争後の内モンゴル自治区における革命と建設の勝利により、「区域自治では内

1958年のモンゴル人。左は著者の母親で、共産党に憧れていた。中央は母方の祖父で、共産党の代表になっていた。著者蔵

モンゴルの民族問題は解決できない」と主張する独立自治の民族分裂主義者たちの謬論が否定された。

ウラーンフーが強調しているのは「統一的な民族区域自治」である。一九四七年五月一日に成立した小さな内モンゴル自治政府は、南モンゴル東部の旧満洲国の興安四省をベースにしていた。西部のウラーンフーの故郷トゥメトとオルドスなどは侵略者の中国人が実権を握る綏遠省の管轄下にあった。最西端のアラシャンも甘粛と寧夏に支配されていた。

ウラーンフーは毛沢東や周恩来らと困難な交渉を重ねて、旧満洲国領と熱河省、綏遠省、それに甘粛省内の一部を含めた、統一された大きな自治区を一九五四年に創建していた。

ウラーンフーが中国という枠組みの中で自治を推進しようとした際に、主として内《みなみ》モンゴルの東部出身者からなる内モンゴル人民革命党の党員たちは、

1950年代におけるモンゴル人の毛沢東崇拝の風景

同胞のモンゴル人民共和国との統一こそが真の民族自決であるとして反対の立場を取っていた。内モンゴル人民革命党員たちの民族自決の主張は抑えこまれて自治政府は誕生したが、中華人民共和国が成立後に綏遠省を併合しようとした際には、今度は中国人が反対した。中国人は外来の侵略者であっても、先住民のモンゴル人以上に権力を掌握しようとした。それが、「モンゴル人を主体とすれば、漢族《チャイニーズ》の積極性が損なわれる」との意見である。中国人の不満もウラーンフーによって調整されて、統一的な自治区が実現したのである。もっとも、ウラーンフー自身も最初から描いていたのは「中華民主連邦」内でのソ連型の高度の自治であった。中国はモンゴル人に「主体」との名目的な地位を暫時的に与えても、実質上はすべて空虚なものであった。

自治区の「右派」の規模

限られた権限しか付与されていなかった自治区において、反右派闘争はいかにおこなわれたのだろうか。ここでまず、内モンゴル自治区の体制内の研究者たちの見解を時系列的に整理しておこう。

大虐殺が終わった直後の一九七七年に自治区は成立三〇周年を迎えた。自治区といっても、旧満洲国領土だったフルンボイル盟とジェリム盟、それにジョーウダ盟は中国人の東北三省に割譲され、西のアラシャン盟も再び甘粛省とイスラームの寧夏回族自治区にそれぞれ一九六九年に譲渡された。分割統治の為である。残った自治区はウラーンフーが一九五九年に自画自賛していた「統一した区域自治」の三分の一程度だった。このような惨憺たる「自治区」内の「社会主義の素晴らしい成果」を示そうとして、一九七七年に『内蒙古自治区三十年』という書物が編纂された。この本には文革が閉幕した直後の反右派闘争観が織りこまれている。

民族右派どもも、ブルジョア右派どもも、社会主義に対して攻撃をしてきたのと合わせるかのように登場してきた。彼らは封建的な上層社会の衣鉢を受け継いで、「民族を熱愛する」旗印の下で民族関係と民族政策の面で共産党と社会主義に反対した。これらの民族右派分子どもは「モンゴルと漢族はずっと対立してきた」との理論で両民族人民の団結を悪意で以て破壊しようとした。彼らは「蒙漢分治」を唱え、中国は諸民族の共通の祖国で

1961年8月上旬に内モンゴル自治区東部フルンボイルを訪れた劉少奇(左端)

はないと主張した。党の民族区域自治政策に反対し、祖国の分裂を企てた。彼らはまた「モンゴル民族が同化されている」と話し、わが国が内モンゴルで進めてきた工業化や公有化に反対し、モンゴル民族を資本主義の邪悪な道路に導こうとした。

以上のように、内モンゴル自治区には「ブルジョア右派」と「民族右派」の二種類がいた事実を認めている。「ブルジョア右派」が「悪意で以て少数民族を攻撃し、侮辱した」事実に軽くタッチしているが、具体的な事例を挙げていない。また、「民族右派」はどういう人物だったかも明示されていない。当時は華国鋒体制で、粛清されたウラーンフーもまだ正式には復活していなかったので、右派の出現を「劉少奇の反革命修正主義路線」と結びつけている。

中国では一〇年ごとに「社会主義建設の成果」

が誇示される。一九八七年は自治区成立四〇周年になる。モンゴル人は三〇〇万人弱で、侵略者の中国人は二〇〇〇万人に達していた。この年、郝維民が主編する形で、『内蒙古自治区史』(1991)が公開された。政府直営の人民出版社ではなく、内モンゴル大学出版社から出されたこの本には随所に大胆な記述と分析がみられる。郝維民らは次のように反右派闘争について記述している。

一九五七年から一九六六年までのわが国は、社会主義の全面的建設の曲折的な期間にあった。中国共産党はこの期間中に反右派闘争をひどく拡大化し、誤って大躍進と人民公社化運動を進め、誤って反右傾化闘争を展開した。

郝維民はこのように政府の公式見解に沿って「反右派闘争は拡大化してしまった」としながらも、大躍進と人民公社化を徹底的に批判しているので、共産党の政策的な過ちを見過ごしていない。郝維民はまた自治区全体で合計三七三一人が右派として認定されたという(郝維民 1991)。詳しくは「終章」を参照されたいが、この数字は私が以前に公開した政府公文書(楊 2016a)が示す三九三四人とは食い違っている。

旧宗主国日本を拠点としたモンゴル人の研究

一九八〇年代後半から大勢の内《みなみ》モンゴル出身のモンゴル人たちが旧宗主国の日本に留学し

てきた。彼らは現地から招来した豊富な第一次資料と日本側の記録を駆使して、ユニークな現代史研究を切り拓いている。

文革とその前奏曲たる一九五〇年代からの政治運動については、まずリンチンの一連の研究がある。内モンゴル自治区における「民族右派分子」に対する批判運動を取りあげたリンチンは、次のように述べている。反民族右派闘争がスタートしたのは、一九五七年七月二八日から八月六日にかけて開かれた中国共産党「青島会議」であるという。会議を主導したのは周恩来で、その後、九月二〇日からの党第八期三回総会で正式に地方民族主義に対する攻撃が開始された（リンチン 2007）。

民族右派とされた著名なモンゴル人は内モンゴル人民出版社社長のトブシンと『人民日報』内モンゴル支社の記者チンダマニ、『内モンゴル日報』漢文編集部のセードルジらだった。トブシンとチンダマニについては、以前に拙著『墓標なき草原（上、続）』に詳しく一章ずつ設けて、彼らのライフヒストリーを描いている（楊 2009b,2011b）。「モンゴル人右派の反動的な言論」は以下の通りである。

一、自治区において、モンゴル人は主体民族に祭りあげられているが、実際は何の権限もない。二、モンゴル語が疎かにされ、通用語の地位が失われている。三、大民族による抑圧が、少数民族側の民族主義を生みだしている。大民族主義を批判すべきであるのに、大漢民族主義に対する批判はしばしば軽くて口先だけで終わっている。逆に少数民族の民族主義に対する批判はいつでも徹底的に一撃で叩きのめす方法を採用し、何が民族主義で、何が民族感情かも区別しないまま批判され糾弾されてきた。民族主義者の名の下で犠牲になった人は多かったが、大漢民族主義の名の下で犠牲になった人はいなかった。四、農業を重視して牧畜業を軽視している。草原を開墾して放牧地を縮小させている。

リンチンは右でモンゴル人から出された「反動的な言論」を整理分析してから、内モンゴル自治区における反右派闘争には次のような特徴がある、と指摘している（リンチン2007）。

一、反右派闘争を推進する際に、細かな指示を出していたのは中国人の高官たち、即ち王鐸や王逸倫などだった。二、モンゴル人から出された民族問題に関する発言はすべて「祖国の統一と民族の団結を破壊する民族右派的言論」と断罪された。三、政治的な迫害が横行し、「民族右派」とされた本人だけでなく、家族も連座となり、甚大な被害を蒙った。四、多数の有能な知識人が粛清された為に、モンゴルは人的資源を失った。五、反右派闘争以降の内モンゴル自治区の政治運動はすべて民族問題が中心となり、しかも少数民族のみが批判と攻撃の対象とされた。

リンチンは一九五七年九月から中国共産党が内モンゴル自治区の「民族右派」に対して攻撃を開始したとしているのに対し、フスレはもっと早い段階よりスタートしていたと主張する。政府系の『内モンゴル日報』に一九五七年六月一七日に既にモンゴル人のロンシャン（栄祥）に対する中傷文が掲載されていた事実に即し、内モンゴル自治区は反右派闘争開始早々にその矛先をモンゴル人に向けていたと論証している。フスレも多くの第一次資料に依拠して以下のように反右派闘争の性質を現代史の脈絡の中で分析している（フスレ 2008）。

内モンゴル現代史のなかで、「地方民族主義」に対する批判、警戒は終始存在していた。社会主義教育運動は内モンゴルの牧畜地域では、直接、「現代修正主義的転覆活動」や「民族分裂主義分子」にむけておこなわれた。内モンゴルの農村、文化、教育分野での社会主義教育運動は、「四清」「五反運動」の名で展開されたが、結局のところ、「地方民族主義分子」は打倒の標的になった。社会主義教育運動でおこなわれた少数民族に対する迫害の手法は、現代内モンゴル史のなかにもいくつも見出すことができる。……（中略）一九五〇年代の反右派闘争にも、文化大革命の時にも同様の迫害の手法がとられていたのである。

一九五〇年代の反右派闘争が少数民族の地域では実際は主として「反民族右派」として展開されたこと、それ以降の文革に到るまでのあらゆる政治運動においても、民族問題を中心に推し進められていたのである。民族問題が存在する以上、毎回の政治運動で粛清される運命にあったのも、例外なく少数民族出身者だった。これが、中国に併合された少数民族が辿ってきた歴史である。

第一章　内モンゴル師範学院の反右派闘争

アメリカ合衆国と香港を舞台に現代中国史関連の資料を次からつぎへと公開してきた宋永毅は二〇一〇年に『中国反右派運動数拠庫《データ・ベース》―1957』を世に送りだしている。このデータ・ベースに序文を寄せた李鋭は「中国政府は意図的に都合の悪いオリジナル史料を廃棄している」ので、資料収集は喫緊の課題である、と危機感を抱いている（李鋭 2010）。編者の宋永毅は、反右派闘争は中国の知識人が国際社会の反スターリン主義の思想と、「ポーランド・ハンガリー事件」を利用して体制改革を求めた運動であると位置づけている。

そして、反右派闘争は実際に文革までずっと続いていたとの見解を示している（宋永毅 2010）。宋永毅のデータ・ベースには計二八本の内モンゴル自治区に関する記事があり、以下ではこれらの記録に即して自治区の反右派闘争について述べてみたい。

一　内モンゴルにおける反民族右派闘争の展開

党よりも個人への意見

『内モンゴル日報』は一九五七年五月一〇日に自治区党委員会が前日に主催した「文学芸術グループにおける討論会」の様子を伝えた。この討論会には自治区の最高指導者のウラーンフーが書記の王鐸と共に出席した。「党内外の人士たちは積極的に発言し、実際の生活の中に存在する矛盾を暴露し、主観主義と官僚主義、それに派閥主義に対して、鋭い批判を浴びせた」という。毛沢東の党中央の想定通りに運ばれている実態が浮かび上がってくる。以下は討論会で出された主な意見である。

作家のウラーンバガナは真先に発言した。彼はまず今回の自治区党委員会が主催した会議に参加できたことを光栄に思う、と述べた。党が再三にわたってみんなに意見を忌憚なく述べなさい（大鳴大放）と呼びかけているので、思想解放の範囲は以前よりも大きく感じると話した。……（中略）彼はまた長編小説『草原の烽火』を創作したプロセスの中で、官僚主義者から迫害を受けたと明かした。大小さまざまな会議に呼ばれては批判闘争されただけでなく、これ以上書き続けると原稿を没収するとまで言われたという。

自治区の文藝界は五月二〇日と二一日に「百花斉放と百家争鳴の政策をいかに実施するか」と題する会議を開いた。ここでは、劇作家で、中国人の周戈が最初に発言した。「自分には大漢族主義の思想があるが、同時に文化局の同志たちにも漢族の幹部を排除しようとの現象がある」、と彼は話す。「文化局の同志たち」はモンゴル人を指している。

周戈に呼応するかのように、ウラーンバガナも五月七日の会議とほぼ同じ趣旨の発言をこの日にも披露した。そして、漢族《チャイニーズ》を排除しようとしているのは、内モンゴル作家協会の「ある作家」だと話す。その作家には派閥主義の思想があり、態度も傲慢だと暴露する。「彼は文藝界の先輩たち、例えば周戈と陳清漳らを排除しようとしているし、自分とポンスク、それにジャラガーフーたちをも排斥している。自治区に来た漢族の青年作家の楊平らをも排除している」、とウラーンバガナは話す。ウラーンバガナがいうところの「ある作家」とは、マルチンフーを指している。

知識人が集まる組織の一つに、官営の作家協会がある。中国作家協会内モンゴル分会は五月二八と二九日にフフホト市と包頭市に住む作家らを呼んで「共産党の整風を手伝ってもらおうとした」。この席上でモンゴル人と中国人の作家は競って発言をしたが、党よりもモンゴル人作家のマルチンフー個人に対する意見が主流を成した。まず、郭静は「マルチンフー同志には特権の思想があり、傲慢で、他人を軽蔑している」との意見を出した。これを受けて、軍人の作家アチルは「マルチンフーは独断的だ」と批判する。韓燕如もまた暴露する。「マルチンフー同志はウラーンバガナの創作に対してもあまり支持していない。ウラーンバ

1950年代初期のマルチンフー（後方中央）。この時代の若きモンゴル人は自治に自信を持っていた。著者蔵

ガナの書いたものなんか、モンゴル人の生活に合わないので、出版されたら、馬鹿にされるよ、と話していた」。

この時に意見陳述していた中国人たちは例外なく右派とされたが、一際目立っていたウラーンバガナは無事だった。会議の参加者から激しく批判された作家のマルチンフーも安全に一九五七年を乗り切っていた。すべてはウラーンフーというモンゴル人が自治区の最高指導者のポストに就いていたからである。しかし、後に文革が発動されると、マルチンフーは「反革命作家にして文藝界の走資派」として一九六七年春に打倒される（本書第六章）。一方のウラーンバガナは、大虐殺が終わった後に政府主導の裁判にかけられた。「粛清すべき内モンゴル人民革命党員のリストを作成した罪」が問われて、スケープゴートにされたのである（楊2009c）。

人民を謀略の罠に追いこむ政府

「右派どもからの攻撃はまだピークに達していない。彼らはまだ喜んでいる」と毛沢東は五月一五日に「事情は既に変化しつつある」との文章を練りあげた。そして、「右派どもの全滅」が決定された後の六月六日に、『人民日報』駐内モンゴル自治区の記者林沫は「何が内モンゴル自治区の文藝事業の発展を阻害しているのか」と題する記事を書いて、知識人から出された意見を公表した。何回も動員され、「真摯な態度で知識人が共産党の整風を助けてほしい」と「懇願」されるので、意見も次第に鋭くなってきた。

毛は自らが書いた「事情は既に変化しつつある」との文章を「内モンゴルと新疆、それにチベットには配布しない」との密令を出していた。その為、一般の知識人どころか、自治区の最高指導者のウラーンフーも多分、反右派闘争は謀略即ち「陽謀」だとは知らなかったはずである。この蜜令は毛が先に中国人「右派」を一掃し、それから少数民族の知識人を粛清するとの戦略を練っていた事実の表れでもあろう。

発言していたのは相変わらず周戈と尹痩石、ウランーンバガナとウネーンらである。彼らからの意見を林沫記者は四つの分野にまとめる。一、文藝界に対する内モンゴル自治区党委員会宣伝部の指導方法にはひどい官僚主義と教条主義的思想がある。二、ウラーンバガナなど一部の青年作家に対する政府からの援助が足りないし、時には排除されている。作家協会の副主席ナ・サインチョクトに実権がない。三、内モンゴルの文藝界は「百花斉放」の方針に基づいて文藝活動家を育成すべきだ。一部の指導者に大漢族主義の思想があり、モンゴル人の画家等を排除している。四、大漢族主義の思想は文藝活動に有害である。

このように、大漢族主義に対する批判が少しばかり出されるようになったものの、どれも温和な意見である。中国人の周戈自身が「内モンゴルに来て十数年経つが、未だにモンゴル人の親友がいない。やはり、自分には大漢族主義の思想があっただろう。……一部の漢族の幹部たちは心底、モンゴル人を軽蔑しているのも事実だ」と認めている。毛の謀略を知らないモンゴル人と中国人の意見交換の態度には、問題を解決しようとの姿勢もみえる。

民族右派が語った意見

中国政府は一九五七年一〇月から正式に「反民族右派」に舵を切ったとされるが、実際はモンゴル人「右派」に対する攻撃は反右派運動と共に進行していた。いわば、運動の初期から「反民族右派」と「反（普通の）右派」は同時進行していた。

「組織の力をまとめて右派どもからの猖獗的な攻撃に反撃しよう」との毛の指令を受けて、内モンゴル自治区の共産党も「右派ども」に集中砲撃をしはじめた。『人民日報』は七月二八日に「モンゴル族のくず—栄祥《ロンシャン》」との批判文を掲載し、全国規模でモンゴル人の知識人をやり玉に挙げた。ロンシャンは自治区西部トゥメト旗出身の詩人兼政治家である。清朝時代から中華民国期にかけて、トゥメト旗は他の旗と異なって、チンギス・ハーン家の直系子孫からなる世襲の統治者ジャサクのポストを置かなかったところだ。代わりに総管が任命されて、行政管理にあたっていた。トゥメト旗が清朝初期に朝廷に対して叛乱したことへの懲罰措置である。

黄河沿岸の大平野に定住し、早くから中国人難民を受け入れ、フフホトという都市部にも近かったことから、トゥメトのモンゴル人は漢文化にも堪能だった。モンゴルの詩人はみな母国語で詩文を創作するのに対し、ロンシャンは漢詩が上手かった。そして、彼は総管でもあった。このような彼は「偉大な中国共産党を悪意で以て攻撃した」と『人民日報』はいう（宋永毅　2010; 楊 2016a）。

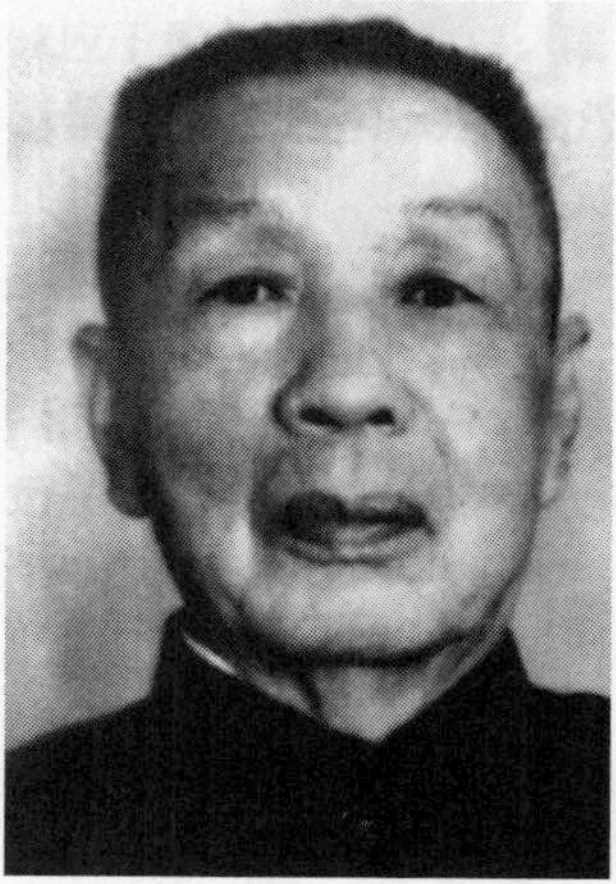
モンゴル人右派のロンシャン（栄祥）

栄祥《ロンシャン》は現在フフホト市副市長と文史館館長、それにフフホト市政治協商委員会副主席を兼任しているし、自治区政治協商委員会委員、自治区と市の人民代表でもある。今回の整風運動が始まるや否や、彼はただちに悪意で以て次のように党を攻撃した。「共産党が愛しているのは媚びを売る人物で、好きなのは功徳を称賛する話だ。実直な人間は嫌われ、批判も受け入れない」。「今の時代は清朝に及ばない。清朝時代はモンゴル人と漢人は互いに安心して暮らしていたが、現在は死闘を繰り広げている」。……

ロンシャンはまた日中戦争後にモンゴルを代表して蒋介石に会い、「河山再造」との錦旗を献上して「媚びを売った」という。

ロンシャンは封建貴族の出身で、蒋介石と閻錫山の力で総管のポストに上り詰めた奴だ。蒋介石が悪名高い「中国の運命」との文を発表し、中国にいろんな少数民族の存在を否定して全国人民の憤慨を買った際に、ロンシャンはなんと「蒙漢同源論」を書いて、「モンゴル民族も黄帝の子孫で、漢族の一支流（宗支）だ」という荒唐無稽な謬論を展開した。抗日戦争が勝利した後、ロンシャンは活動を一層活発化させた。一九四七年に国民党の反動派が草原に進攻し、内モンゴル人民を虐殺していた頃、彼は何と「内モンゴル人民は国民党政府に反対しないように」と呼びかけた。

ロンシャンはモンゴル人であるにも関らず、「蒙漢同源」を唱えて「少数民族の存在を否定する蒋介石」に呼応した、と共産党は批判している。こうした批判によって、共産党こそが国民党と異なって「少数民族の存在を認めた」だけでなく、「奴隷社会や封建社会の抑圧と日本帝国主義の侵略から解放した」と自らの「功績」を謳歌している。

皮肉なことに、一九八九年から共産党の御用文人の費孝通らは再び「反動的な蒋介石の衣鉢を継承」して、「中華民族多元一体論」を打ちだして、「少数民族の存在」を否定し、同化を強制した。このように、中国にとって、民族政策は常に時の政治に合わせて変幻自在に操作されてきた道具でしかないことが分かる。一貫して安定した民族政策はなく、少数民族の生来の権利を奪おうとする面に重点が置かれている為、民族問題が解決できないでいる。栄祥の「罪」も過去に彼が蔣介石を称賛したこと、中華民国時代に総管を担っていた経歴と結びつけて網羅している。このように、共産党の政策と主張には一貫性がなく、謀略が優先されていたことが分かる。

夷を以て夷を制す

中国には党中央の高官にだけ提供する極秘の雑誌がある。国営の新華社の名で編集している『内部参考』で、社会の実態を指導者層に報告し、対策を練るのに役立てる。この『内部参考』の一九五七年九月二三日号に「右派分子セードルジは民族分裂活動を展開している」との文が載った。セードルジは「内モンゴルの三大極右」の一人として歴史に名を残している。文はいう。

『内モンゴル日報』社は最近、民族分裂をもたらそうとする右派分子のセードルジ（モンゴル族）を揪《つま》みだした。彼は一九四六年に革命に参加し、同年に共産党に入っている。現在は『内モンゴル日報』社漢文編集部民族部の副編集を担当している。群衆から出された暴露の資料からみると、彼はずっと反党反社会主義にして民族分裂の活動をし、民族間団結を破壊していたことが分かる。

批判文は「政治の面で進めた分裂活動」と「経済建設上の分裂的主張」、それに「民族言語と文字政策の面での罪」、「新聞と雑誌上の反革命的言論」、「中国人（漢人）を敵視し排除したこと」、「民族間の団結を破壊したこと」といった五つの面からセードルジを攻撃している。以下は具体的な「罪証」である。

一、セードルジはモンゴル人と漢族《チャイニーズ》の棲み分けを主張した。モンゴル族と漢族《チャイニーズ》がそれぞれ分かれて居住し、各自、行政権を行使する。

二、内モンゴル自治区の「内」との字を取り消し、単なる「モンゴル自治区」とすべきだとも唱えた。

三、セードルジは国家の移民政策に反対した。漢族《チャイニーズ》が移住するのに抵抗し、代わりに自治区以外の地域に住むモンゴル人の内モンゴルへの移住を進めようとした。彼の「野望」は「単独でモンゴル国」を創ることだ。

四、自治区の政府機関はすべて漢族《チャイニーズ》に権力を握られているので、漢族は自治区から離れるべきだ、と主張した。

五、日本帝国主義は五〇年かけてモンゴル人を同化する計画だったが、解放後は（中国共産党による）同化政策が実施されている。内モンゴルにはウラーンフーではなく、インドネシアのスカルノ大統領やユーゴスラビアのチトーのような強い指導者が必要だと話した。モンゴル人民共和国のチョイバルサン元帥ももっと内モンゴルで幹部を養成すべきだったとも語っていた。

六、モンゴル人は鉱物資源が豊富に取れる包頭市と大興安嶺、バヤン・オボーとチャイダム盆地（青海省）を中国に渡したが、政府はモンゴル人に何もくれなかった。

七、セードルジはまたモンゴル文字の改革に反対した。キリル文字はロシア人のもので、縦書きのウイグル文字のほうがいいと主張した。そして、「私は自分の息子に中国語を一言も、漢字を一字も教えない」と宣言して、モンゴル人が中国語を勉強するのに反対した。

八、セードルジは内モンゴル人民出版社社長のトブシンと結託し、「内モンゴルの独立性を保つべきだ」とか、モンゴル語が重視されていないとも話した。また、草原の開墾にも反対した。

九、セードルジは自治区の漢族《チャイニーズ》幹部の王鐸と王逸倫、楊植霖と胡昭衡らが実権を握り、モンゴル人の権利が奪われていると主張した。

一〇、モンゴル人が漢人と結婚するのに反対し、漢人と婚姻関係を結んだモンゴル人を裏切り者と罵倒した。また、ダウール人がモンゴル族から別れて単独で一つの民族になるのにも反対した。

セードルジは「国家の移民政策に反対した」とされるが、実は自治区の最高指導者のウラーンフーも一九五四年から「選別的な移民」を推進し、特別な技術を持つ中国人だけを受け入れ、難民は断るとの政策を取っていた。そして、中国人は草原を開墾して環境を破壊するので、民族問題を惹き起こすと認識していた。ウラーンフーのこうした政策は当時、部分的に北京当局に支持されていたので、セードルジも自治区の政策が着実に執行できるよう求めたに過ぎない。

セードルジはまた、キリル文字の導入に不熱心だったと批判された。キリル文字は社会主義の先輩たるソ連とモンゴル人民共和国の「進歩の象徴」だったから、内モンゴル自治区にも導入されていた。この点では、セードルジには確かに「反ソの嫌疑」があろう。ところが、同じ一九五七年夏になると、山東省の青島で党中央の会議か開かれた席上で、周恩来総理はキリル文字導入の政策を停止させた。その時点で「極右」のセードルジが「先進的なキリル文字の学習に反対した」云々も成立しなくなるはずだったが、彼に「名誉回復」のチャンスは与えられなかった。このように、中国政府と中国人がモンゴル人を断罪しようとする論法はいつでも自由自在に変幻できるようになっているのである。「右派セードルジ」と呼応しあっていたのは「極右のチンダマニ」だった。チンダマニは包頭鉄鋼コンビナートの建設に反対していた。鉄鋼コンビナートの建設で大量の中国人が流入し、モンゴル人は同化される危険性があると主張した。

彼はまた「シリーンゴル盟のレアアースは貴重な資源であるにも関らず、全部中国人にただで持って行かれた」と話した。モンゴル人は自治区の北部に集中居住し、真のモンゴル的特色のある都市を建設すべきで、中国人もどこかに集中居住し、彼らを専門的に管理する行政組織も自治区の下に置くべきだ。モンゴル語を第一の言語だとし、中国語は補助的な役割に留めるべきだ、などと唱えた。

以上がモンゴル人「極右」たちの「謬論」である。モンゴル人「民族右派」は公職から追放し、労働改造に駆りだされた（楊 2009b）。九年後に文革が発動されると、彼らに冠されていた「罪」は再び体系的に網羅されて、「分離独立の確固たる証拠」とされ、虐殺に利用されていく。三人の「極右」のうち、トブシンについては拙著『墓標なき草原（上）』と、チンダマニについては『墓標なき草原（続）』に詳しい記述がある。反右派闘争は文革の為の予行演習であったのは間違いない。

二　内モンゴル師範学院の反右派闘争

ここまで中国全国と内モンゴル自治区全体における反右派闘争を概説してきた。以下では、内モンゴル自治区師範学院における反右派闘争の実態を描く。

自治区の重点、師範学院

内モンゴル自治区共産党宣伝部は、師範学院を「整風運動の重要な拠点」に位置づけていた。師範学院は綏遠師範専門学校と張家口師範専門学校、それにウラーンホト師範学院という三つの学校が合併されてできたものである。綏遠省では内《みなみ》モンゴルに侵略してきた中国人が実権を握っていたし、張家口でも僅かにチャハルとシリーンゴルのモンゴル人たちが学んでいた。従って、綏遠師範専門学校と張家口師範専門学校は主として中国人教師によって運営されていた。

東部のウラーンホトは完全に異なる。満洲国時代に育った何万人ものモンゴル人知識人が主体となり、純粋にモンゴル人からなる教育機関を創成していた。ウラーンホトはモンゴル人の民族主義政党の内モンゴル人民革命党が准国家的な政権を置いていた場所である。この政権は独立ないしは同胞の国、モンゴル人民共和国との統一合併を目指していた。独立と統一が阻止された後は、共産党主導の内モンゴル自治運動聯合会と統合されて内モンゴル自治政府が一九四七年五月に成立する。

内モンゴル自治政府が緩やかに内モンゴル自治区に変身しても、モンゴル人知識人が各界で自治の主導権を握るという構図に激変は起こらなかった。従って、三つの師範専門学校（学院）が統合された後、指導部とモンゴル語科ではモンゴル人が実権を掌握していた。モンゴル人は内モンゴルの先住民だし、モンゴル人の自治区だから当然のことだ、とモンゴル人は誰もがそう理解していたが、中国人はこれに不満だった。

私の手元に内モンゴル師範学院のマルクス・レーニン主義教研室が編集した『整風簡報』がある。これは、同学院でおこなわれた整風運動の動態を詳しく伝えた資料で、一九五七年六月一二日から七月二〇日までの反右派闘争期に交わされた議論が収録されている。「発言した人たちの話を極力、忠実に記録し伝えたい」と編集者は主張している（楊 2016a）。

師範学院において、知識人たちがどのように共産党の呼びかけに応じて「党の整風運動を手伝い」、そして後日に粛清されていったかを知る第一次資料である。

内モンゴルでは一九五七年五月一一日から自治区の各大学の教師からなる座談会は何回も開かれていた。師範学院から内モンゴル大学に転勤した安吉人と、師範学院歴史科副主任の林雨らが積極的に発言していた。一九五〇年代初期に実施された「粛反運動の行き過ぎ」と指導者の官僚主義に対する不満が、会議の席上で噴出した。師範学院の院長で、後に文革期には内モンゴル大学党委員会副書記となる郭以青が教師たちに対し、「もっと大胆に意見を述べるよう」促していた。郭以青は毛沢東の指示に従っており、彼は共産党の諜報機関の秘密情報員で、「内モンゴルには分裂主義の組織が存在する」と党中央に密告していた人物である（楊 2009b）。

師範学院では六月一一日に講師と科長級以上の幹部からなる座談会が開催された。会議の席上でサンジャイジャブは発言した。サンジャイジャブ（一九〇七―七九）は吉林省ゴルロス前旗の出身で、一九三三年から一九三八年にかけて、早稲田大学政経学部で学んだ経験を持つ。満洲国時代は興安学院の教師をつとめ、一九五三年から師範学院の歴史学部の主任に着任していた。

サンジャイジャブは政治的には党中央の政策を擁護する発言をし、「安吉人がいうところの、粛反を利用して出世する人物がいるとの批判は成立しない」、と反論する。ただ、少数民族の幹部を育成しようとする党の努力は足りないとも語る。無難な発言である。閻振興もサンジャイジャブに同調し、「粛反運動は行き過ぎたとの意見には賛成できない」と話す。

同じ六月一一日にはモンゴル人教師たちからなる座談会も開かれていた。ウリジーとリュージンソー(留金鎖、一九三五―)、アグラー(阿古拉)たちが発言していた。師範学院は外来の中国人教師を優遇し、彼らに優先的に住居を提供し、モンゴル人教師の生活が重視されていない、との意見が出された。

発言に表れる中国人とモンゴル人の違い

文系の教師たちは以下のような意見を述べた。まず、教員の昇任の基準が曖昧で、共産党員が優先的にプロモートしている、と指摘する。官僚主義が横行し、非専門家が専門家をリードし、的外れの指導をしている。指導者たちは独断的で、民主的な手法が確立してない。以上は中国人の教員らからの意見であるが、モンゴル人のハトーは「学院の党委員会はキリル文字モンゴル語の学習に熱心ではない」と話し、ムンフジャヤーは「指導者に官僚主義の思想があるし、図書館内のモンゴル語の図書も少な過ぎる」と嘆く。ハスは学院の医務室が機能していない、と改善を求めている。

六月一四日午後の会には自治区書記処の王鐸がまた現れた。自治区では、王鐸書記が反右派闘争の実務に携わっていた。

物理学科の楊介夫は「粛反運動中にミスが多かった」とした上で、「私を批判闘争した際に、自分は反革命ではないと弁解しても聞き入れてもらえずに暴力を受けた。調査資料に依拠しないで、粛反運動を利用して人を抑圧しようとしている」と述べた。歴史学科の史明賢は「反社会主義」とのレッテルを簡単に貼ってはいけない、と話す。林雨も党幹部に不満だった人物が粛反運動の対象とされて報復を受けた、と語る。また、周権という人物は、モンゴル人幹部の中には能力の低い人もおり、内モンゴルが立ち遅れている情況の反映だと話す。このように中国人教師たちの意見は鋭いのと逆に、モンゴル人で、数学学科のバトは給料の改善を求めているし、モンゴル語科のバヤルも在外研修の機会を増やしてほしいといい、慎重な発言に終始しているのが印象的である。

参会していた王鐸書記は最後に総括した。師範学院には確かに「官僚主義と主観主義、そして派閥主義の三主義は存在し、それらを克服して、党と一般の群衆との関係、民族間関係を改善しよう」とまとめた。「一部の教師が郭以青院長とガワー副院長は新聞紙上で自己反省すべきだ」と求めてきたことに対しても、政府は慎重であるべきだと退けた。ガワー(1922-1992)はまもなく同じ年に自治区教育庁副庁長に抜擢される。文革期になると、彼は「ウラーンフー王朝の教育大臣」だと批判されて粛清された。

「共産党員以外の講師と課長級以上の幹部」らからなる座談会は五日間も続く。会期を長く設定して、所期の目的が達成するまで参加者らを疲弊させる戦術を共産党は得意とする。六月一七日付の『整風簡報』第七期が伝えている意見陳述の内容は主として「解放」直後の粛反運動に集中している。王夢凡という人は次のように語る。

「党の派閥主義が横行している。粛反運動中の〈虎を打つ(打虎)〉キャンペーンもその一例だ。私は〈虎〉とされ、一二箇条もの罪がなすりつけられた。……粛反の時に九人もの学部と学科の主任が反革命分子にされた」と運動の行き過ぎを指摘している。

現代中国において、「虎」は大物の反革命分子や腐敗者の代名詞となっている。現在の中国の総書記の習近平も「虎とハエを一緒に叩く反腐敗キャンペーン」という政治闘争を展開している。

「著名な右派」安吉人も発言した。彼は師範学院の創始者の一人にあたるが、党の幹部たちに嫌われた為に、粛反運動中に「大物の反革命分子たる虎」とされた。「虎を打つキャンペーン」中に「反革命の証拠」がみつからなかったので、普段の日常生活の会話が「罪証」とされた。安吉人が「虎」とされると、その息子も怖くなって父親と一緒に歩かなくなったという。

モンゴル人教師の意見は温和的だ。バヤルは、共産党員となった教師は若くても出世しているのに、非共産党員は教育経験が豊富でも重用されていないと嘆く。トクトムは、学院の指導層はモンゴル語教育をもっと重視すべきだと要請している。中国人の教師たちが粛反運動という共産党中央の敏感な政治政策に対して大胆に批判しているのに対し、モンゴル人は慎重な態度を崩していないのが特徴的である。

モンゴル人学生から出された民族問題

六月一八日、師範学院整風弁公室は一通の手紙を公開した。美術学科のアルタイというモンゴル人学生から出されたものである。「私は呼びかける」と題する手紙は師範学院に深刻な民族問題が存在する、と指摘している（楊　2016a）。

中華人民共和国の憲法には、諸民族は一律に平等で、いかなる民族差別や民族的抑圧、そして民族間の団結を破壊する行為をも禁止し、各民族には自らの風俗習慣を保持し、あるいはそれを改革する自由がある、とある。しかし、わが師範学院の指導者たちが民族政策をまじめに執行しなかったが故に、まだ大漢族主義と民族差別は存在している。……わが学院には漢族《チャイニーズ》とモンゴル族、回族、満洲族、それにダウール族のような多民族がいるにも関らず、多民族の雰囲気はなく、何でもすべて漢族化させられている。以下ではわが学院の総生徒数の三分の一を占めるモンゴル人の立場から述べよう。

まず、学食はすべて漢人《チャイニーズ》の習慣に基づいて作られており、一度もモンゴル人の料理を出したことがない。……（中略）学校の「学生課」や「総務課」の幹部と職員が全員、漢族からなっているからだろう。我々モンゴル人学生が各課に行って事務的な手続きをしようとした際も、通訳がいなければならない。各課の幹部たちが会議を招集する時も中国語を使うので、モンゴル語科の人は聞いてもさっぱり分からない。……モンゴル人の言語と文字が、自らの自治区の最高学府においてここまで無視されるとは、何と悲しいことであろう。……

学院には六〇〇ものモンゴル人学生がいるのに、民族衣装を着ている者は一人もいない。

前学期にはまだ、二、三人はいた。その彼らも馬鹿にされるから止めてしまった。学校が映画を上映する際も、すべて中国語のものばかりだ。……

漢族の学生は公然と私たちを差別し、嘲笑している。モンゴル人がモンゴルの民謡を唄うと、「またそれか」と漢族の学生から侮辱される。モンゴル人学生と漢人学生が小さなことで揉めたりすると、いつも「モンゴル人が野蛮だから」とされる。そして、ある漢族の学生は何回も話した。「まもなく八月一五日になる。おれは大きなスイカでも買って食い、お前ら老韃子《ローダーツ》の首を切ろう」と話した。これに我慢できるモンゴル人はいないので、大きな衝突に発展したことがある。……

昨年の冬、モンゴル人民共和国の代表団がわが師範学院を見学にきた。すると、「何も観るものはないよ。汚い学校に馬鹿なモンゴル人がいるだけだから」、と漢族《チャイニーズ》の学生たちは話していた。内モンゴル師範学院はモンゴル族の自治区で設置されたもので、モンゴル人は当然ここに来て学ぶ権利がある。漢族の学生はどういう思想に基づいてモンゴル人をその高等学府から追い出そうとしているのだろうか。

「モンゴル人は馬鹿だ」とか、「モンゴル人の女の子は顴骨が高く、眼窩が窪んでいて醜い。O《オー》脚にして尻がでかく、毛も黄色い」と漢族の学生たちはいつも話す。……

モンゴル人の学生アルタイはまた「何か問題があれば、すぐさま院長のテムールバガナの指導力不足だとして責任を転嫁する。それも院長を貶める為だろう。というのは、院長もモンゴル人だからだろう」と鋭い結論を出している。
アルタイの文中に出て来る「韃子《ダーツ》」とは中華圏の外に暮らすモンゴルなどの遊牧民に対する蔑称である。歴史的には、元朝の中国人が陰暦の八月一五日の中秋節に月餅の中に「韃子を殺そう」とのメモを埋めこんで蜂起したとの伝説が中華圏内にある。元以降は蜂起を記念して、スイカをモンゴル人の頭に譬えて割って食べながら「殺韃子《シャーダーツ》」と唱える習慣が定着した。

中国には一種の「反韃子主義」があり、夷狄戎蕃と蔑称する異民族への敵対意識を醸成してきた。近代に入ると、こうした差別的な反民族主義は反外国主義の運動と合流して、中国独特のナショナリズムを形成した。アルタイが詳述している事実もこのような歴史的思想の一九五〇年代における表れである。社会主義制度が成立したと標榜しても、中国人の反異民族主義と反外国主義は変わらなかった事実を表している。

党の整風を「手伝った」中味

共産党以外の人士たちの「手伝い」は続く。

「師範学院の民族問題を重視すべきだ。学生の中には師範学院を動物園に譬える壁新聞も現れた」

と李逓という人物が警鐘を鳴らす。中国人は師範学院を動物園だとし、モンゴル人学生を動物だと表現していた民族問題を指している。これは、内モンゴル自治区における反右派闘争時の最も有名な「右派事件」の一つで、楊鴻昇即ち豫布衣が「動物園」という文章を執筆したことである。中国人の著名な文は以下の通りである。

雨後晴れた。校門を出て散歩してみた。動物園はいろんな珍獣を買ってきたというので、吾人も刺激されてこれを観にいく。確かに青いロバや緑のウマ、紫のラクダなど、さまざまだ。

動物園がいろいろな動物を購入し、多様化するのは観衆を集める為だ。学生を集めて学校を運営するのにも同じ方法が取られている。何とかの中等専門班や、何とかのモンゴル短期研修班、そして何とかのモンゴル三年制。……師範学院の指導者たちに提案しよう。試行錯誤を重ねて、最後には校門に「動物園」との看板を掲げてはどうだろう。

楊鴻昇即ち豫布衣は実に大胆にモンゴル人を侮辱している。青や緑、それに紫といった色の民族衣装をまとった姿を動物に譬えている。教育的効果を計る為に設置された各種の研修制度に対しても批判している。楊鴻昇は勇気ある青年で、彼の共産党や中国政府に対する批判は事実に即しており、決して的外れの感情論ではない。しかし、彼はモンゴル社会と歴史については、完全に無知だった。元々モンゴル人は非常に教育と知識に熱心な民族で、どの天幕内にも手写本（古文書）が保管してある。

一六世紀からは更に多くの青少年がチベット仏教の僧侶になり、チベット語とサンスクリットをマスターしていた（楊　2005a）。満洲国時代になると、日本が創設した各種の学校にモンゴル人は学び、一九五〇年代では、中国全国で最も学歴の高い地域だった。それでも、自分自身の名前すら書けない中国人は少数民族を「野蛮にして立ち遅れている」とみなして差別する（楊　2014c）。その点では、楊鴻昇こと豫布衣も例外ではなかった。彼は中国共産党と政府に鋭い矛先を向けたものの、同時にモンゴル民族の反感を買ったことで、精彩を欠いた右派とされて、歴史の舞台から消えさった。

もっとも、布衣とは「儒教的知識人」の比喩だが、河南省出身の楊鴻昇も中国の読書人の気持ちを素直に代弁したに過ぎない。実際のところ、中国人がどのように少数民族をみているのか、楊鴻昇の事例は普遍的である。昔も今も変わらない。

三　右派を殲滅する人民の戦争

七月一三日の午前八時から一一時までに、師範学院は再び全校集会を開き、「右派学生」の楊鴻昇こと豫布衣を吊しあげた。学生と教職員の他、労働者と農民の代表も参加し、「共産党万歳」や「右派どもを打倒せよ」と叫びながら、「各界からの人民が右派に反撃」する形式を取った（楊　2016a）。楊鴻昇に与えられた「挑発の時間はたったの三分」だった。

午後になると、グループに分かれて、右派を断罪する会議が始まった。歴史学科の座談会では、教師の史明賢が「安吉人は全国の右派どもと同じで、共産党による指導に反対している」と批判する。「副院長のガワーに対する不満も実際は共産党に対する不満だ」と断じる。あたかもガワーが党の代表者のような見解だ。文革期にガワーが「民族分裂主義者の代表的人物」とされるのとは、天と地の差である。

学生たちは楊鴻昇をターゲットにしている。雷鴻彬と戚豊昌は自身の故郷の河南省が「解放」後に遂げた発展の例を挙げて、楊鴻昇がいうところの「共産党は農民の生活を豊かにしていないとの謬論」に反発した。「旧社会では飢えた者が他人を食べる現象も起きていたが、社会主義時代になってからはみんな豊かになった」と話す。雷鴻彬と戚豊昌は想像だにしなかっただろうが、二年後の一九五九年になると、河南省では餓死者が続出し、人間が人間を食べる事例が広く発生し、全国の餓死者は三六〇〇万人に達する。台湾出身の孫燕玉も発言した。

私は台湾出身の女性で、ブルジョアジーのお嬢様だった。一九五二年に故郷を離れて日本に行った。……(中略)日本にいた頃、新聞と雑誌、それに映画をみて、中国共産党こそ真に中国人民と台湾人民の利益を代表できると感じた。そこで、私は一九五三年にイギリスの貨物船に乗って祖国に帰ってきた。……人民が党を擁護していないなんて、楊鴻昇の謬論はまったく成り立たない。

労働者の張士雄は相変わらず「党に反対する者を鉄槌で叩く」、と脅迫している。関士栄という学生も「モンゴル人を解放したのは共産党だ。共産党を打倒したら、我々モンゴル人も絶滅してしまう」と話す。このように、共産党が得意とする「人民の戦争」という人海戦術が功を奏している。

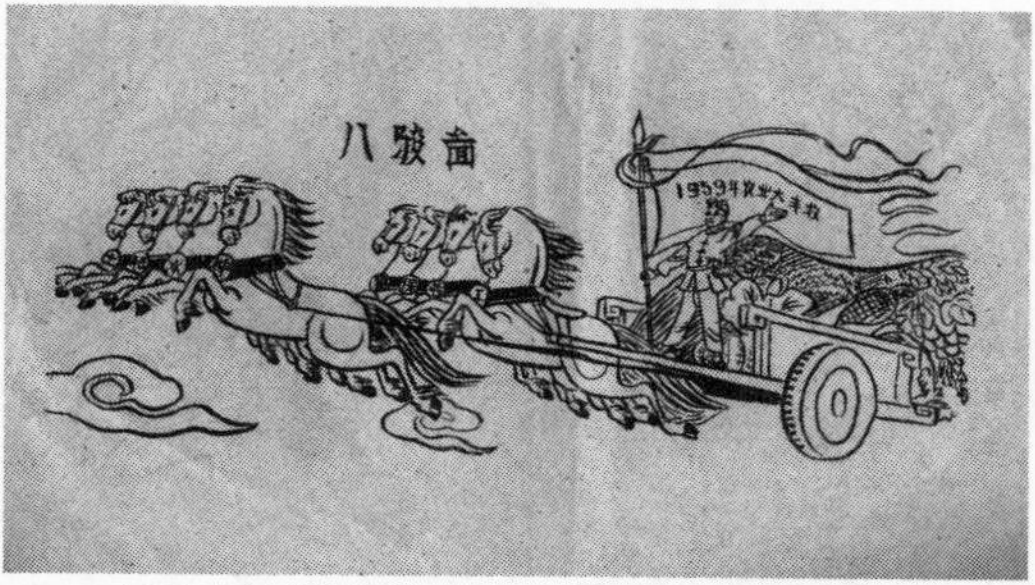

一九五九年は大豊作だったとのプロパガンダ作品。著者蔵

「敵に致命的な打撃を加えよう」

と七月一五日付の『整風簡報』第一八期は激しい文章を掲載した（楊　2016a）。解放軍の兵士張壕は次のように楊鴻昇の「右派の理論」に反撃している。「昨年、わが国は歴史上最大の自然災害に見舞われ、七千万人が罹災した。政府は三五億キロの食料を出して救済し、ひとりも餓死者は出ていない」という。この時も既に餓死者が続出していたのを例に楊鴻昇は共産党の失策を批判していたので、解放軍兵士がそれを否定している。彼は最後に右派の楊鴻昇に警告する。

ブルジョアジーの右派どもよ。我々解放軍は共産党の命であり、党の心臓だ。我々には党と社会主義の事業を堅く守る意思がある。私はここで誓う。我々は全国人民と共に右派どもからの攻撃に反撃する。もし、右派どもが頭を下げて罪を認めずにひき続き悪事を働くならば、我々は党の指示にしがって、彼らに砲火を浴びせる。

もはや、批判は言葉による暴力と化している。「共産党の整風運動を手伝う」と何回も執拗に勧められて意見を陳述した結果が、党と人民からの暴力を招いている。人民も党による動員方法に従わざるを得ない。他人を陥れて自らの潔白を証明するのが唯一の生き残る道だからである。

降伏しなければ、待っているのは死のみだ!

楊鴻昇はずっとそのペンネームの豫布衣で呼ばれている。「共産党による指導に反対した豫布衣は人民の敵だ」とか、「反党にして反社会主義の豫布衣がもしその罪を認めなければ、待っているのは死のみだ」とか、すべて暴力的な闘争にエスカレートしている。こうした断罪に対し、豫布衣は頑として抵抗を続けている。

一人の右派対大勢の学生、という構図は七月一六日も続いた。学生全員が豫布衣一人を吊るしあげる。「共産党には主観主義と官僚主義、それに派閥主義という三大弊害がある。もし共産党が真の意味でのマルクス・レーニン主義の政党だったならば、そのような三大弊害もなかったはずだ」、と豫布衣は学生たちに反論した。学生たちには豫布衣に理論的に反論できる力がないので、政治的な断罪を浴びせるしかない。

例えば、魯芸生は「私は愛国主義の青年として、我々の政権と我々の社会主義の為に鮮血を流した人々を守る為に、発言しよう」と宣言する。霍蘊夫と金祖涛、それに陳良瑾も「鎮反運動にしても、粛反運動にしても、相手が反革命である以上、死活の問題だ」と話して、共産党による大量殺戮を正当化している。豫布衣は粛反運動の行き過ぎを批判していたからだ。

我們的文學藝術都是為人民大衆的，首先是為工農兵的，為工農兵而創作，為工農兵所利用的。
毛澤东
欢呼世界进入毛澤东思想的伟大新时代
「世界は毛沢東思想の時代に入った」と謳歌する紅衛兵新聞『衛東戦報』の見出し。1967,6,7

豫布衣も反論する。「物事は前へと発展する。だから、将来は必ずやマルクス・レーニン主義よりも素晴らしい主義が現れる」、と彼は七月一七日の午前中に話した（楊　2016a）。彼のこうした思想は、後に出現する「毛沢東思想はマルクス・レーニン主義思想の頂上か否か」の論争に間接的に繋がる。

一九六六年五月一八日に林彪が党中央政治局拡大会議の席上で、「毛沢東主席はマルクスとレーニンよりも遥かに豊富な革命的な経験を有している」とか、「毛沢東思想は全人類の灯台だ」との「頂上論」を披露した（李洪林　2010）。「頂上」である以上はもうその先に発展はありえなくなるし、弁証法にも違反する、と当初から反対意見が出ていた。豫布衣の発言に一般の学生たちが感情的に反論している事実からみれば、毛沢東思想を「頂上」とみなす個人崇拝の精神的な土壌は一九五〇年代から中国全土に形成されていたといえよう。

学生たちには豫布衣に理論的に反撃する人物がないので、その「反革命的な活動の暴露」に重点を置くように変化した。張継厚は、豫布衣が『戦友』や『春潮』という同人誌を作って「反党にして反社会主義の陣地を張った」ことを挙げる。張文琴もまた豫布衣はヒトラーを崇拝し、共産党の統治は国民党に及ばないと発言していた「事実」を暴露している。豫布衣が北京大学や天津大学の「右派学生」と「結託」して全国的な「反党組織」を作ろうとしていたと断罪される。そして、最後に閻永中という学生が結論を示す。「豫布衣よ、早く人民に投降しろ。さもなければ、お前を待っているのは死のみだ！」。

七月一八日になり、「敵」はついに降伏した。「私は祖国と人民に対し武器を捨てて降伏します。謝罪します」、と豫布衣は表明した。自分は反動的な立場に立って、党と人民に対し罪を犯した、と全面的に「罪」を認めた。

戦闘の潮流は汚泥を流し、時代の怒涛は暗礁をつぶす。社会主義の烈風はあらゆる落葉を一掃し、真理の松明が右派どもの毒草を燃やした。……（中略）右派どもは人民に対して許しを乞うて新しい人間にならなければならない。右派どもも人民の隊伍に戻れば、金色の太陽である共産党はあなたたちの道標となる。

こうして、内モンゴル師範学院の反右派闘争は勝利裏に閉幕することになった。若い理論家の豫布衣が「降伏」したのに続き、七月一九日の午後には安吉人もついに「可哀想なふりをして、三回ほど自己反省を表明して、罪を認めた」、と『整風簡報』は記録している。

「漢族は少数民族より進んでいる」

「知識人が共産党の整風運動を手伝う」という表現からも分かるように、中国はいつも最も美しいスローガンの下で謀略的な政治運営をする。反右派闘争時の少数民族政策にもその特徴が表れている。実は反右派闘争の最中の一九五七年夏に山東省の海浜都市青島で、国家民族事務委員会と全国人民代表大会民族委員会が合同で主催する民族工作会議が開かれていた。

会議は反右派の風に乗じて、少数民族側に根強く残る「民族自決」の思想とそれに基づく連邦制擁護の見方を否定する為に召集されたものである。国家民族事務委員会主任をつとめていたウラーンフーは演説し、区域自治の「合理性」を強調して連邦制を否定する。ウラーンフーの演説を高く評価する『人民日報』は八月二四日に「民族間の団結を一層強化しよう」との論文を載せた。

「民族間の団結を実現させる基礎は、民族間の平等だ」、と論文はいう。平等精神は重要だが、実際は「漢族《チャイニーズ》があらゆる面で少数民族よりも進んでいる」と説く。漢族の方が少数民族よりも進んでいる以上、いわゆる「平等」も形骸化し、不平等になる。共産党が理想とする団結も平等も、どちらも実現していないのが現実だと表明したことになる。ウラーンフーは当時、平等が確保されない限り、団結も不可能だとしていた。そして、少数民族の権益を実現する為には、政府機関の民族化が不可欠だと訴えていた。政府機関の民族化は、少数民族出身の者が政府機関で働くことを意味する。

このように、『人民日報』の論文はウラーンフーの論点を前面的に肯定しているが、文革になると、彼の主張はすべて「民族分裂的な言論」だと断罪されることになる（楊 2011a,2013b）。モンゴル人のウラーンフーの理論も共産党内の審議を経た上で公開されたものであるにも関らず、後日に否定されている点からみると、中国共産党は常に自らの政策を時の政略の為にだけ、便宜的に運用してきたと指摘できよう。

モンゴル人の近代史に不満だった中国人右派

中国人の安吉人はテムールバガナ院長を「日本刀を吊るした奴」と呼び、彼には「狭隘な民族主義的な思想」があると批判していた（楊 2016a）。また、副院長のガワーに対しても不満だった。安吉人は次のように話す。

抗日戦争中に私は確かに「蒋介石万歳」と叫んだ。蒋介石は抗日していたからだ。ガワーはどうだ？ 彼は「天皇万歳」と叫んでいたのではないか。

安吉人の指摘は事実である。テムールバガナは「日本刀を吊るした奴」だし、ガワーも含めて、モンゴル人も「天皇陛下万歳」と叫んでいた。日本の力を借りて、中国からの独立を実現させる為である。しかし、独立は頓挫し、中国国内で「自治」するように変わると、モンゴル人も「対日協力」の過去を封印しなければならなくなる。安吉人はモンゴル人のそのような近現代史に不満だったのである。

安吉人から政府に突き付けられた問題は大きい。中国におけるモンゴル人と内モンゴル自治区の政治的な立場の根幹を揺るがす問題である。日本が満蒙に進出していた頃、モンゴル人は日本の力を借りて中国からの独立を実現させようとしていたからだ。日本が退却した後、モンゴル人も「抗日」を標榜したが、中国人に信頼されることはなかった。

それでも、一九五〇年代の共産党と中国政府はまだモンゴル人の「対日協力」を清算する気にはならなかった。建国直後には安定が必要だったからだろう。自治区の最高指導者ウラーンフーも民族の近代化を実現させる為に、大勢の満蒙時代の知識人を温存していた。ウラーンフーに守られたモンゴル人はまだ倒せなかった。

安吉人のような中国人から出された「右派的な言論」は後に文革期になると、正論に変わる。ガワーとテムールバガナは過去に日本帝国主義に協力した「罪」が問われることになるし、彼らを守り通したウラーンフーはあらゆる「反党叛国集団のボス」に認定される（本書第七章）。従って、一九五七年の反右派闘争時におけるモンゴル人と中国人との対立は、文革期のジェノサイドの遠因の一つであると位置づけて間違いなかろう。

以上、本章では主として師範学院における反右派闘争を描いてきた。師範学院は内モンゴル自治区の名門大学の一つで、一九五七年の反右派闘争時も一九六六年からの文革期においても、どちらも最先頭の陣地だった。その為、師範学院における知識人の動向は自治区全体の潮流を代表する典型的な事例であるといえる。師範学院を通してみえてくる内モンゴル自治区の反右派闘争の特徴を以下のようにまとめることができよう。

まず、一九五七年までは限られた区域自治が部分的に確保されていた点もあった為、全体的には中国人右派の言論がよりクローズアップされている印象である。中国は民族問題の存在を強く否定してきた為に、当時も意図的に「民族右派」の「民族問題的言論」を無視ないしは極力矮小化していた事実とも関係があろう。それでも、「モンゴル民族のくずたる栄祥《ロンシャン》」や「三大右派のひとりセードルジ」が提唱した問題は鋭い。

区域自治も実際は何ら実権もモンゴル人に附与されていないとの指摘は事実に基づいた議論であったが、そうした問題を解決しようとの意図が北京当局になかったので、問題もすべて先送りにされた。

次に、モンゴル人からすれば民族問題は一向に解決されずに残っているがゆえに、自治区のトップであるウラーンフーをはじめ、師範学院のテムールバガナとガワーらの幹部たちに至るまで、限られた権益を守ろうとしていた。このようなモンゴル人政治家の努力は外来の中国人の目には「モンゴル人を優遇し過ぎる」と映った。内《みなみ》モンゴルはモンゴル人の固有の領土で、モンゴル人には先住民としての生来の権利がある、と外来の中国人は一度も考えようとしなかった。彼らは先住民とまったく同等、いやそれ以上の権利を確保しようとした。党と政府の『人民日報』も堂々と「漢族は少数民族よりも進んでいる」と公式に定義しているので、生まれながらにして「進んでいる漢族《チャイニーズ》」は侵略先のモンゴル人を支配しようとさえした。従って、やがては中国人が「立ち遅れたモンゴル人」に対して政治的に再清算する余地が当初から残されていた。「優遇されていたモンゴル人」の言動が「民族分裂的」とされるのは、もはや時間の問題であり、反右派闘争が閉幕してから、こうした政治的な再清算の活動は着実に始まる。

第二章　社会主義教育運動と「反民族分裂主義運動」

反右派運動が一段落すると、毛沢東は全国の農村地域において社会主義教育を強化するよう指示した。一九五九年に廬山会議で国防大臣の彭徳懐を政界から追放した後に、再び農村での社会主義教育の重要性を説いた。そして、一九六二年八月の北戴河中央工作会議と九月に開かれた中国共産党八期一〇中総会で、毛は階級闘争の路線を打ちだし、党中央によって承認された。ここから、中国は対内的には社会主義教育運動と呼ぶ階級闘争論を重視する方向に舵を切り、対外的には反修正主義の外交を展開していく。

修正主義とはソ連の思想と政策を指し、中ソ間のイデオロギー論争の激化を意味する。社会主義教育運動は具体的には「帳簿と倉庫、労働の点数と財務の四分野の整理（清理）」から着手した為、「四清運動」とも呼ばれる。後に一九六五年一月一四日に党中央政治局は通達を出して、清理すべき四分野は更に「政治と経済、思想と組織」という高次元にレベルアップされ、政治色が濃厚になっていく。

一　批判された殖民地研究

階級闘争と民族間の闘争

社会主義教育運動中における階級闘争論の展開にしても、反修正主義にしても、内モンゴル自治区は不熱心だ、と党中央の目にはそう映った。党中央は内モンゴル自治区を管轄する共産党華北局の李雪峰第一書記と書記処書記の解学恭らを何回もフフホト市に派遣して、階級闘争を推進し、反修正主義の態度をより鮮明にするよう求めた（楊　2011a）。毛沢東は、「民族問題もつきつめると、階級闘争だ」と主張していたが、ウラーンフーは逆に「階級闘争も実質的には民族闘争だ」と説いた。毛の説に従うと、内モンゴルでは歴史的にずっと中国人（漢民族）がモンゴル人を搾取してきた状況は変わらず、階級闘争も中国人対モンゴル人の闘争になる。モンゴル人もこの階級間の闘争＝民族間の闘争の為に戦ってきたのである。

毛の党中央は、モンゴル人を搾取したのは漢民族の中の搾取階級とモンゴル社会内の搾取階級で、搾取される側の貧しい漢民族と貧乏人のモンゴル人は無条件で団結できると力説していた。モンゴル人は党中央の説明に納得しなかった。金持ちだろうが、貧農だろうが、中国人は絶対に草原を開墾しようとするし、入植先のモンゴル人を「野蛮人」だと見做し、遊牧を「立ち遅れた生業」だと一方的に断じる。階級の垣根を越えた団結や、「インターナショナル革命」なんぞ、所詮は空論でしかなかったのである。

毛の中国共産党は、「ソ連は第二〇回党大会から修正主義となり」、「修正主義の代表はフルシチョフ」だとの公式見解を表明していた（人民日報編輯部　紅旗雑誌編輯部　1964）。モンゴル人の共産主義者兼民族主義者のウラーンフーは国際共産主義の大本営であるモスクワに学び、コミンテルンの世界革命の使命を帯びて活動していた。

1960年代初期の内モンゴル。ウラーンフーはモンゴル人民共和国に倣い、牧畜業の近代化を推進し、家畜の飲水装置を建設した。スニト右旗ウリゲンタラ公社の風景。著者蔵

大勢の内モンゴル人民革命党の指導者もまた同様である。内モンゴル人民革命党も共産党も、どちらもコミンテルンの指導を仰いでいた。ここに至って、ソ連が修正主義で、中国共産党だけが正しいとの強引な主張に対しても、モンゴルの知識人と政治家は納得しなかったのである。

もう一つ、民族問題がある。ウラーンフーは遅くと

も一九六四年三月三〇日に自治区の高官らに対し、「全国の四清運動と同じばかりでなく、内モンゴルにはまた民族問題がある」と話して、民族間の紛争を正しく処理するよう指示していた。階級闘争と反修正主義を至上命題に掲げていた毛沢東と党中央にとって、モンゴル人の政治家から出された民族問題は政治的には意外性の強い課題であった。中国人は中国に民族問題が存在しないと信じこんでいるからである。

中国人の殖民と民族の危機

モンゴル人と中国人の政治論争は歴史学界を巻きこんだ。中国において、歴史は常に政治でもあるからだ。一九六五年四月三〇日、官営の内モンゴル歴史研究所は代用通とアラーとの連名で『マルクス主義か、それともブルジョア民族主義か』との冊子を公開した。冊子は、モンゴル人のトクトフ（陶克涛、中国名黄静涛）の著書『内モンゴル発展概述（上）』をターゲットにしている（楊　2016a）。トクトフの著書を批判することで、モンゴル人の歴史観と思想観に警告を発する目的で書かれた論文である。執筆陣にモンゴル人も含まれているのは、夷を以て夷を制す為である。論文は以下のように始まる。

モンゴル史研究は、国内外の学術界を問わずにずっと階級闘争の主戦場であり続けた。中国や外国のモンゴル史研究に携わる多くの封建階級やブルジョアの学者たちは、その階級的な利益と立場を守る目的から、さまざまな観点と方法で歴史を歪曲してきた。いろいろな思想を流布して、マルクス・レーニン主義の歴史科学と闘争してきた。
解放後、モンゴル族は国内のその他の兄弟民族と同じように、中国共産党と偉大な領袖毛沢東の指導の下で、完全に解放され、新たに生まれ変わった。面目一新となったモンゴル族は歴史的に残してきた多くの重大な問題と現実的な問題を基本的に正しく解決できた。……一九五七年四月にトクトフ同志の書いた『内モンゴル発展概述（上）』が出版された。この本は、ブルジョアの唯心主義歴史学からマルクス・レーニン主義歴史学に対して出された挑戦状であり、ブルジョア思想から毛沢東思想に対する猖獗的な攻撃でもある。

トクトフはその著書の中で「殖民主義と帝国主義の侵略を批判せずに」、かえって清朝時代の満洲人と漢人《チャイニーズ》を攻撃したという。帝国主義云々よりも、漢人即ち中国人の侵略と殖民こそがモンゴル人を民族の存亡の危機に追いこんだと主張した点が正しくないという。トクトフは、「侵略者の漢人はモンゴル人を同化させようとしてファシズムの統治を敷き」、モンゴル人の革命運動も帝国主義との戦いではなく、「漢族侵略者との戦いこそが主要だった」と書いたのが問題とされている。「トクトフ同志の矛先は漢族の労働人民」に向けられている、と批判者は攻撃する。

トクトフ同志は国内の民族間の紛争で以て帝国主義と中国の諸民族との矛盾を代替させ、

人民内部の矛盾で以て階級間の矛盾を代替させた。彼は民族間の憎しみで以て民族間の友好を否定し、民族分裂で以て祖国の統一と民族団結を破壊した。

批判者は続いて「内モンゴルは古くから中国の不可分の領土だ」と主張してから、近代の内モンゴルにおいても、「主要な矛盾は帝国主義と中国との矛盾」であって、民族間の紛争は二の次だと強調する。

中国の殖民地たる内モンゴルをめぐる対立

トクトフは日本とロシアの侵略に注視しないどころか、逆に内モンゴルは中国の殖民地だったと強調した点で、中国政府の怒りを買っている。トクトフは「その間違った理論を立証する為に」、満洲人との戦いで逝去した一七世紀のモンゴルの最後の大ハーン、リクダン・ハーンを称揚し、ジュンガル・ハーン国のアムールサナの「反乱を反清朝の蜂起」だと書き直した。

中国政府の御用文人たちはこのようにトクトフを批判するが、リクダン・ハーンとアムールサナを「民族の英雄」だとして肯定し、機会さえあれば、こうした「民族英雄」の事例を挙げて演説していたのは、ほかでもない自治区の最高指導者ウラーンフーである（楊2011a)。

「内モンゴルは清朝の殖民地だった」

「内モンゴルは中国の殖民主義者に支配されている殖民地だ」とトクトフは主張していた。トクトフがこのような学説を出したのも、「帝国主義の反動的な学者たちを模倣したに過ぎない」と批判者は断罪している。

「内モンゴルは中国と日本の二重の殖民地である」との見解は、二〇世紀初頭から民族自決を実現させようとしたモンゴル人民族主義者兼共産主義者たちの共通の見解であった。まず、内モンゴルは中国の殖民地で、モンゴルの民族革命も南《みなみ》モンゴルを中国の支配から解放することが目標である、とモンゴル人民共和国の政治家と知識人たちはそのように認識していた。

こうした見解はモンゴル人民共和国で出版され、後に一九四八年に内モンゴル自治政府の『内モンゴル日報』社が再版した五冊の本に集約されている。チョイバルサン元帥の『人民の剛毅なる英雄マクサルジャブ伝』とジャムスレンの『モンゴルの辛亥革命』、ボルドバートルの『忠臣ハイサン伝』とナチュクドルジの『先鋒英雄ダムディンスレン伝』、それにナワンナムジャルの『意志強き英雄トクトフ略伝』である。

これら五冊の本の執筆陣はモンゴル人民共和国の指導者チョイバルサンと一流の学者たちであることと、取りあげている人物はすべて内モンゴル出身の民族英雄で、辛亥革命前後にモンゴル高原に馳せ参じてボグド・ハーン政権の独立に貢献した人たちであることから見れば、民族全体の統一した見解を代表していると理解していい。

中国による抑圧が強まる度に、内モンゴルの知識人たちもこの五冊の本を再版する。自治区の最高指導者のウラーンフーも決して例外ではなかった。内モンゴル歴史研究所が大胆にも内外モンゴルの政治家と学者たちの殖民地論を批判できたのは、その背後に共産党華北局と党中央の支持があったからであろう。自治区と中国政府との政治的な対立はますます激しさを増してきた。

二　言語工作委員会の社会主義教育運動

発見された民族問題

ウラーンフーは自治区に存在する民族問題を、社会主義教育運動を利用して解決したかったが、彼の努力は逆に北京に疑われた。民族問題はモンゴル人と中国人即ち漢族との対立の形で現れるので、ウラーンフーはその原因を大漢族主義だと位置づけて、毛沢東が提唱していた「大漢族主義と地方民族主義の双方に反対する」とのスローガンに合わせた。しかし、毛と中国政府のスローガンはあくまでもジェスチャーに過ぎず、心底では「野蛮人」に反対されたくはなかった。

こうした中で、ウラーンフーは三四〇〇人もの幹部たちからなる「四清工作団」を自治区の各地に派遣し、自らも出身地のトゥメトで調査を実施した。ウラーンフーが推進する反大漢族主義は当然、中国人の猛烈な抵抗に遭った為に、彼は一九六六年一月二五日に新しい「自治区党委員会代理常務委員会委員」を任命し、二九日にはまたそれまでの庁と局を廃止して、新たに計画と農牧、工業交通と財政貿易、文教という五大委員会を設置する。彼の政治改革は後にすべて「クーデター」と「民族分裂的行為」だと決めつけられることになる。
自治区各地の「四清前線」はそれぞれ報告書を政府に出していたが、ここでは内モンゴル言語工作委員会（略して語委）が編集していた『四清簡報』を取りあげよう。言語工作委員会の『四清簡報』はすべて「極秘」と位置づけられ、たったの一〇部しか印刷していなかった。自治区文化教育委員会に三部と档案館に三部、それに言語学者のチンゲルタイと韓成山、健軍とドルジニンブーに各一部の計一〇部である。このように、『四清簡報』は極めて価値の高い希少資料であることが分かる。

一九六六年三月二三日付の『四清簡報』第三三期は自治区教育庁副庁長に抜擢されていたガワーをターゲットにしている。前章で述べたように、一九五七年に反右派闘争が展開されていた時、ガワーは中国人の安吉人らに批判されていた。ガワーの主導した粛反運動は行き過ぎたとの意見が出されていた。批判した安吉人は右派とされて粛清されたが、九年後、今度はガワーが打倒される対象となったのである。

ガワーは既に三月一六日に言語工作委員会内の党委員会で自己批判を強制されたが、参加者を納得させることはできなかった。当時、自己批判をし、一般の群衆の理解が得られて再び仕事に復帰するプロセスを「風呂に入り、ビルから降りる（洗澡、下楼）」と表現していた。党委員会でガワーに対して出された意見は以下の通りである。

一、ガワーは、「モンゴルはずっと独立してきた」と唱えた。「モンゴルと中国との関係は一つになった時期もあるし、分かれた時もある。元朝の時に一つになり、明朝の時期には分かれた」などと話していたそうだ。

二、ガワーは言語学者のエルデニトクトフと結託し、封建社会の文人インジャーナシの諸説『一層楼』を出版し、民族分裂主義者たちの言論を宣伝した。

三、ガワーと師範学院の副院長テムールバガナとの関係も怪しい。「将来、おれはモンゴル人民共和国に行く」とテムールバガナに公言していたからだ。

四、ガワーはチムドドルジ（内モンゴル自治区政府人民委員会弁公室翻訳者、その父親は政府によって処刑されている）とゲゲーンハス（元右派）、プルーチョク（内モンゴル自治区政府人民委員会弁公室翻訳者、政治的に問題がある人物）らを重用してきた。その理由も不明だ。

五、「公社」と「幹部」という二つの中国語の単語をモンゴル語に導入するにあたり、ガワーは抵抗した。

以上のように、ガワーは言語工作委員会内の四清工作団の党書記であるにも関らず、社会主義教育運動に熱心ではなかった。ここで注目しなければならないのは、早くも文革が正式に発動される三カ月も前の一九六六年三月の時点で、モンゴル語古典の出版と近代的な語彙の導入問題が「民族分裂的活動」と解釈されている事実である。こうした事実は、中国政府と中国人は早くからモンゴル人の正当な自治権利をすべて「民族分裂的」という邪悪な視点で眺め、邪悪な意思で歪曲していたことが分かる。

モンゴル人の政治家と知識人は一九五九年から近代的な新しい語彙を採用する時には、

言語学者のエルデニトクトフ(前列中央)。前列右端は詩人のナ・サインチョクト。1953年に『毛沢東選集』のモンゴル語訳に携わっていた頃に、北京で撮った一枚。*Erdenitoghtaqu*, 1, Öbür Mongghol-un Soyul-un Keblel-ün Qoriy-a, 2010年より

「一に発掘、二に創作、三に借用」との政策を打ちだしていた。近代化はヨーロッパから始まるし、社会主義思想もロシアに源がある。実際、ヨーロッパ諸語に由来する単語はモンゴル人が発音しやすい。しかし、自らを根拠もなく「文明人」だと思いこんでいる中国人はモンゴル人に中国語の借用を強制してきた。なかでも特に「公社《グンシェ》」と「幹部《ガンブー》」は中華人民共和国の制度を代表する語彙である為に、そのまま使用せよと命じられていた。

モンゴル人は同胞のモンゴル人民共和国で用いられていたネグデルとカートルという表現に愛着があり、中国語のグンシェとガンブーは嫌われていた。党中央から命令された自治区の最高指導者のウラーンフーも一九六五年四月二八日に自治区党委員会宣伝部の会議に参加し、

「公社と幹部をそのまま使用しただけで、同化されたとは言い難い」と話して知識人たちを説得していた。政治に敏感なウラーンフーがそのように説得しても、ガワーは納得していなかった。

民族分裂の原罪

ガワーと「結託」していたとされる言語学者のエルデニトクトフも当然、逃げられないので、自己批判を強制された。エルデニトクトフも「公社」や「幹部」を使うか否かの権限は自治区宣伝部副部長のトグスとハーフンガにあると話して自分に責任はないとの態度を示した。しかし、エルデニトクトフの「余罪」は多数ある、と「四清前線」の共産党員たちは以下のような実例を示した。

一、モンゴル人民共和国との関係が怪しい。例えば、一九五九年以降も政府の禁止措置を無視してモンゴル人民共和国に出版物を送っていた。モンゴル人民共和国の学者ダムディンスレンの民族分裂的な発言を『内モンゴル日報』や『モンゴル語文と歴史』誌上で公開した。同国のボー・リンチンとも交流し、貴重な手写本や古典類を渡した。

二、言語の面において、エルデニトクトフはモンゴル人民共和国のハルハ方言を標準語として導入しようと提案していた。「もし、内モンゴルのモンゴル人の八〇パーセントもの人たちがハルハ方言を話しだしたら、どんなに良いだろう」、と参加者を鼓舞している。

三、エルデニトクトフは一九五九年に党中央の言語政策を守ろうとする人たちを右派に認定した。

四、一九五七年に右派が共産党を攻撃していた頃に、エルデニトクトフは逆に封建社会の文人インジャーナシの作品『青史演義』を出版した。その目的はどこにあるのか。

五、「偽満洲国」の上将ウルジンの息子ダシニマを重用し、彼をモンゴル人民共和国に派遣した狙いは何なのか。ウルジンはシベリア出身のブリヤート・モンゴル人で、ロシア革命後にフルンボイルに亡命し、満洲国第十軍管区の司令官や満洲国興安軍官学校校長などを歴任した。日本との交流が深く、終戦時にはソ連に拉致され、処刑された（岡本　1979,1988;楊　2015c）。

以上の批判から分かるように、モンゴル人と同胞との学術的な交流も中ソ対立の激化に伴い、「民族分裂的な行動」だと解釈されるように変わった。また、反右派闘争時の対立に対する中国人からの復讐も出てきた。「一九五九年に党中央の言語政策を守ろうとする人たち」は、中国語の優越性を唱えていた。モンゴル人からすれば、それはまぎれもなく大漢族主義思想の表れで、右派であって当然である。

ここに至って、解釈は一八〇度も逆転する。大漢族主義思想の方が祖国の統一を守る正しい見解になり、モンゴル人の自治権利を求める声が「分裂主義の証拠」とされたのである。時の政治的なニーズに応じて、いくらでも変幻自在に操作できるのが、中国の民族政策である。

武闘の嗜好

過酷な政治運動が続く中国において、政府に呼応する人物を「積極分子」と呼ぶ。このような「積極分子」らはモンゴル人のエルデニトクトフに対し、以下のような鋭利な批判を浴びせた（楊 2016a）。

私たちはきみを救おうとしているにも関らず、きみはなかなか誤った思想と事実を自白しようとしない。きみの過去と現在の階級的な立場ははっきりしている。日本統治時代、きみには特別供給証があった。解放後、きみは上層階級と結託し、モンゴル人民共和国のスパイになった。もっぱら王公貴族の子孫と上層階級のラマ僧について研究し、四清運動中も牧主や富裕牧民、それに民族分裂主義者たちを守ろうとしている。……（中略）モンゴル人民共和国の諜報員である以上、何をどれぐらい向こうに提供したかについても、自白していない。

もはやモンゴル人を待ち受けている危機は目にみえてきた。「階級的な立場」云々と時の階級闘争論に合致した言葉は表面的な批判で、真の断罪方式は「民族分裂」であり、「モンゴル人民共和国の諜報員としての活動」である。「階級的な立場」はいつでも臨機応変に「鮮明にできる」が、「民族分裂の罪」は洗い落とせない原罪である。モンゴル人は生まれた時から民族自決の為に戦い、中国の殖民地からの解放を目指していたからである。

「ガワーもエルデニトクトフも張子の虎だ」

と「積極分子」たちは断じる。そして、「エルデニトクトフという奴は、以前から面従腹背」で、彼のような「資本主義の路線を歩む実権派に対する憎しみを喚起しよう」と呼びかけている。当時、限られた自治を進めようとして、各界にはそれなりにモンゴル人幹部と知識人がつとめていた。社会主義教育運動において、彼らが「民族分裂主義者」にして「資本主義の路線を歩む実権派」だと認定されると、自治政策そのものに対する完全な否定も近づいてくる。このような「民族分裂主義者」と「実権派」を抜擢し、重用した人物、自治区の最高指導者ウラーンフーに対する包囲網も着実に狭められている。

エルデニトクトフとガワーらの「政治的な態度」に対する不満が、言語委員会の四清工作隊の中で次第に高まってきた。「党の社会主義教育運動に不満を抱いている」とみた人たちは「文闘」ではなく、「武闘」形式で四人を闘争しよう、と暴力を働こうとしている。また、別の人たちは「人民内部の矛盾としてではなく、敵人として処理しよう」と提案している。モンゴル人が「敵人」になれば、暴力の行使も合法的になるからである。

更に、ここに至って「四三人委員会」の存在も問題視されるようになった。この委員会は「四三人名詞術語統一委員会」とも呼ばれ、一九五七年にウラーンフーの指示を受けて設置されたものである。近代的な語彙が大量にモンゴル語に入ってきた為に、内モンゴル自治区もモンゴル人民共和国もそれらを統一する必要があった。同じ意味でも異なる表現が増えれば、交流に差支えるからだ。

そこで、内モンゴル自治区側から一七人、モンゴル人民共和国側から一六人からなる言語学者が母国語の新語彙の統一作業に着手した（図們　祝東力　1995）。同じ民族としての最低限の交流だが、中国政府と中国人から不信の目でみられた。「四三人委員会」に関する「秘密の書簡」をエルデニトクトフらが所持しているのではないか、と疑われた。「四三人委員会」については、第六章で詳しく述べる。

地方から北京に呼応した中国人

文革が五月一六日に正式に発動されると、言語委員会もただちに「保守派」と急進的な「左派」に分裂した。「内モンゴル言語委員会革命左派」は六月から別の『工作隊内部整頓簡報』という「極秘」の新聞を発行し、四清工作隊内のモンゴル人高官たちを批判しだした。

私たちには今までみえていなかった。チョルモンと趙戈鋭、ブヘと雲照光たちを良い人だと信じこんでいた。彼らのボスであるウラーンフーに対しても何ら疑いを抱いていなかった。こうした認識は、自分たちをだめにしただけでなく、他人にも迷惑をかけた。

革命的左派たちはこのように態度を鮮明にして、文革に身を投じた。自治区の最高指導者のウラーンフーは北京に呼ばれて、中国共産党の華北局工作会議で吊しあげられて失脚していた時期である。まだ北京当局が正式にウラーンフーの「罪状」を公開していなかった時期に言語委員会の四清工作隊のメンバーらは既にモンゴル人政治家の打倒を把握していたのである。

ここから、モンゴル人への迫害が組織的に推進されるようになってくる。四清運動こと社会主義教育運動はそのまま文革に発展していくことになる。モンゴル人知識人と政治家が軒並み粛清され、やがては民族全体がキリング・フィールドに追いこまれる。

自治区の中国人が断罪するモンゴル人の歴史

言語委員会の中で、真先に粛清されたのは言語学者のエルデニトクトフである。内モンゴル言語委員会臨時党支部と文化革命臨時指導組が合同で一九六六年七月四日に公開した『極秘・文化革命簡報』はエルデニトクトフの自白書を全文掲載している。エルデニトクトフの自白書が公にされたことで、モンゴル人が近代に入ってから創造してきた歴史がすべて「中国に対する反革命にして、民族分裂的な活動」と位置づけられるようになる。

エルデニトクトフの自白書は一九六六年七月一日から四日にかけて、書かれたものである。彼は自身が四回にわたってモンゴル人民共和国に行った経緯について以下のように「自白」しており、重要な歴史的証言である。

最初にモンゴル人民共和国に渡ったのは、一九四五年一〇月～一一月の間である。ハーフンガらに追随して行った。他にテムールバガナ（最高裁判所所長）とボインマンダフ、ナチンションホルとラクシャンビリク、それにボインジャブら一〇数人いた。……（中略）我々が出発した時、ボインマンダフは行こうとしなかった。行かないと自分に不利になるとみた彼は後から追ってきた。彼はソロン（索倫）旗で私たちに追いついた。何事もハーフンガとボインマンダフの指示に従っていた。……

私たちは東モンゴル各盟の人民が内外モンゴルの合併を求めているとの請願書を偽造した。請願書の中の署名も同じ人が何回も代筆して偽造したものだ。ハーフンガとテムールバガナだけが内モンゴル人民革命党の責任者で、ボインマンダフは偽興安総省の省長の身分で、他は各盟の代表と称して行った。これは、民族分裂的な活動をおこなう為である。

中国人はエルデニトクトフを「古参の民族分裂主義者」だと呼んでいる。日本が満洲国と徳王のモンゴル自治邦から撤退した後に、ハーフンガにリードされた内モンゴル人民革命党は内外モンゴルの合併を強く求めていた。すべてのモンゴル人が同胞のモンゴル人民共和国によって解放されたことで、民族の統一がようやく実現できると確信していたからである。エルデニトクトフはその自白書の中で、モンゴル人の請願書は偽造されたもので、自分たちの行動も「民族分裂的な活動」だと書かなければならなかった。文革が発動されて、まだ二カ月間しか経っていない段階で、モンゴル人の政治家と知識人が「民族分裂主義者」だと認定され、彼らの歴史も「分裂的な活動」だと断罪された現象は大いに注目に値する。

中国政府と中国人が最初からモンゴル民族の近代史そのものを異端視していた事実は明らかである。そして、モンゴル人の「反革命の歴史」もまたモンゴル人自身の手によって否定しなければならなかったのである。ここに、民族の悲哀が認められよう。

再解釈される社会主義国同士の交流

ハーフンガら一行がウランバートル入りした後の様子も自白書にある。日本統治時代に地下に潜伏していた内モンゴル人民革命党の活動を誰が指揮していたかで、ハーフンガとボインマンダフは争った。『ヤルタ協定』の決定により、内モンゴルは中国に売り渡された為に、ハーフンガらはモンゴル人民共和国の指導者チョイバルサンから「統一は不可能だ」と告げられる。ウランバートルを離れる際に、エルデニトクトフはモンゴル人民共和国の諜報員になる。

エルデニトクトフはその後、一九五四年一一月にウラーンフーの通訳として同胞の国を再訪する。この時、以前に連絡を取りあっていたモンゴル人民共和国側の担当者と会わないように、と自治区の公安機関の責任者王再天（ナムジャルスレン）に注意された。一行はモンゴル人民共和国の政権党、人民革命党の第一三回党大会に参加して帰国する。

ウラーンフーはその際、「モンゴル人民共和国は何でもソ連の真似ばかりして、国の実情を無視しているので、彼らに毛沢東思想を宣伝する必要がある」と話したそうだ。一二月にモンゴル人民共和国から帰ると、エルデニトクトフはウラーンフーから伝統的な

モンゴル人民共和国を訪問してから、帰途に北京で撮った一枚。
前列右がエルデニトクトフで、左はチンゲルタイ。
Erdenitoɣtaqu,nigedüger より

ウイグル文字を改革し、キリル文字を採用する件について、積極的に推進するよう指示された。このような文字改革案に対し、今度はハーフンガらが慎重な態度を示していたという。

モンゴル文字を改革しようとするウラーンフーの決心は堅かった。一九五七年六月から七月にかけて、エルデニトクトフは再びウラーンフーの指示を帯びて同胞の国を訪問した。三回目の訪問となる。言語学者のチンゲルタイとソナムユンルン、ゲレルチョクトも同行した。出発前には自治区宣伝部の副部長のトグスに会い、積極的にモンゴル人民共和国の改革案を学ぶよう指示された。

エルデニトクトフは、モンゴル文字の改革をめぐり、モンゴル人民共和国内でも意見の対立があった状況を報告した。同国の推進派はボー・リンチンで、反対派はダムディンスレンだった。ダムディンスレンはある日、「内外モンゴルが統一できたらいいな」との感想を述べたという。

同行のゲレルチョクトは内モンゴル軍区からモンゴル人民共和国軍に贈与する土産品を所持していたので、それを依頼通りに渡した。ところが、後にゲレルチョクトは「スパイ行為をした」、と中国政府に疑われた。中ソ蜜月時代は中国人民解放軍もソ連軍やモンゴル人民共和国軍と交流していたが、対立するようになると、過去の交流も「スパイ行為」だったと再解釈される。自由自在に以前の出来事を政治闘争に利用するのは、中国という国家の政治的な特徴の一つである。

第一回国際モンゴル学者会議での対立

言語学者のエルデニトクトフの自白書は続く。彼は一九五九年八月から九月にかけてモンゴル人民共和国で「第一回国際モンゴル学者会議に参加した時の罪」を認めている。

自白書によると、エルデニトクトフは中国科学院代表団の一員として出国していた。代表団の団長は当然、中国人がつとめる。翁独健を団長に、江蘇省出身の中国人秋甫（1919-?）が副団長、エルデニトクトフとチンゲルタイ、それに黄俊鑑が団員だった。

一行は中国におけるモンゴル語の研究と発展状況、方言、インジャーナシの文学作品という三分野について発表する論文を用意した。論文の内容も自治区党委員会宣伝部の胡昭衡とトグス副部長らが決めたものだが、中国科学院文学研究所と自治区党委員会宣伝部、中央民族事務委員会、中央少数民族言語文化研究所など複数の政府機関の審査と検閲を経て、ウランバートルで発表することになった。代表団は出発する前に共産党中央の対外宣伝部門に呼

1959年にウランバートルで開かれた「第一回国際モンゴル学者会議」に参加したエルデニトクトフ（右から3人目）とチンゲルタイ（後方左端）。*Erdenitoɣtaqu*,nigedügerより

ばれ、以下のような注意を受けた。

今回の国際モンゴル学者会議には社会主義諸国からの学者だけでなく、資本主義や帝国主義からの研究者もいる。帝国主義国家は外モンゴルに興味津々で、今回の国際会議も純粋な学術会議とはいえず、政治的ものだ。資本主義諸国や帝国主義国家の学者たちとは交流をしないで、挑発されたら反撃せよ。

案の定、インドの研究者はチベットと中国を並列して表現し、中国によるチベット侵略を批判した。エルデニトクトフらは秋甫の指示に従って「反撃」のスピーチをした。また、ソ連のモンゴル学者サンジャイエフは「国際モンゴル語研究機関」の設置を提案したが、中国側は参加しないと断った。ちなみに、サンジャイエフはブリヤート・モンゴル人で、一九四五年八月にソ連とモンゴル人民共和国聯合軍の将校として内《みなみ》モンゴルと満洲国の解放に参加していた人物である。

中国代表団は「資本主義や帝国主義国家」の研究者たちとの写真撮影にも応じず、交流を拒絶した。モンゴル人民共和国政府も次第に「中国の代表団に冷淡になり、逆に日本やインドのような資本主義国家からの学者たちを歓待した」。シンポジウムの後は寺院を見学したりするなど、「総じてモンゴル人民共和国では資本主義と封建主義の復活がみられた」、とエルデニトクトフは一九六六年七月六日に自白させられている。

中ソ二大社会主義国がイデオロギーをめぐって対立してくると、学術界も巻きこまれた。もっとも、社会主義の中国において、純粋な学術研究など存在しない。中国において、「歴史問題と現実的な問題の多いモンゴル民族」に災難が降ってくるのは当然のことであろう。

三　言語学者の壁新聞

社会主義中国には建国当初から言論の自由はなかった。一九五七年に政府は知識人に「共産党の整風運動を手伝ってほしい」と呼びかけて発言させてから一網打尽にしたことについては、前に述べた。九年後、毛沢東は「自らの身辺に眠る、資本主義の路線を歩む実権派」を一掃しようと文革を発動した。毛は学生たちが大字報即ち壁新聞の形式で幹部と政府に対して批判することを唆し、限定的に容認した。

学生たちによって政敵が打倒されると、今度はまた返す刀で青年たちを農山村へと追放し

劉少奇を批判する大字報

た。こうした潮流の中で、内モンゴル自治区でも大字報は雨後の筍のような勢いで現れた。万里の長城の南側と異なるのは、大字報は主としてウラーンフーを指導者とするモンゴル人政治家や知識人、そして彼らが担ってきた近現代史に矛先を向けていた点である。内モンゴル言語委員会臨時党支部と臨時指導小組も積極的に大字報を編集して『極秘・大字報摘抄』という形で発行した。ここではそのうち最も鋭利な文章からなる第五期を紹介しよう（楊 2016a）。

中国人が煽る東西間の対立

「ウラーンフーを謳歌する文学の領域でも民族分裂的な思想がある」

とまず趙永先と梁一儒は批判する。「階級間の闘争を無視して、モンゴル人と漢人（中国人）がずっと対立してきたとの歴史ばかりが強調され、自治区も過度にモンゴル民族の特徴を創出しようとしている」という。中国人は他所からモンゴル人のところに入植してきたたにも関らず、モンゴル人が自らの領土で自らの文化と歴史の特徴を語るのにも不満である。

東部出身のジュールンガという人は、自治区西部のトゥメトのモンゴル人は土地改革をせずに優遇されていると書いている。トゥメトはモンゴル人の土地で、この地のモンゴル人は清朝末期から定住して農民になっても、農耕技術は外来の中国人に及ばないので、貧困化が進んでいた。

土地は古くからモンゴル社会が共有してきたが、社会主義になると、政府はモンゴル人から取りあげて外来の中国人にも分け与えた。その際、モンゴル人側の不満を和らげる為に、また一層の貧困化を避ける目的も兼ねて、先住民のモンゴル人に少し多めに、入植者の中国人に少なめに分割した。ウラーンフーのこの政策が中国人の不満を買っていたので、ジュールンガはそれを代弁している。

自治区東部出身のジュールンガはまた自治区の土地政策は東部と西部とで異なると唱えている。内モンゴル東部は日本の撤退直後に共産党が入り、血腥い土地改革を各地で実施してモンゴル人から草原を奪い取って外来の中国人に与えた。内モンゴル東部では「先住民のモンゴル人を優遇する政策」が導入されなかったので、東部出身のモンゴル人も不満を抱いていた。

中国政府と中国人はこのように、東部出身のモンゴル人の政府に対する不満を利用して、西部出身のウラーンフーらを粛清しようとしていた実態が分かる大字報である。ジュールンガは王爺廟の興安学院を出てから満洲建国大学で学んだ歴史学者で、彼自身もやがては「民族分裂主義者」として打倒される。

西部を批判した東部モンゴル人への飛び火

「ウラーンフーは日本と戦う前線に行ったこともないのに、西部から東部に送られてきて指導者になった」

とタシンガという人物が批判する。抗日の前線に行っていなかったのはウラーンフーだけではなく、中国共産党そのものが日本軍と大規模な戦争をしたことがほとんどない。タシンガはこのように書いて、東部のモンゴル人の西部に対する不満を吐いているが、不満はそのまま中国共産党への批判にもなる。

西部と東部のモンゴル人知識人や政治家は複雑な関係を構築し、相互に深く結ばれていた。一九六六年四月一一日に自治区文化教育委員会の副書記で、作家の雲照光は言語委員会の四清工作隊に来て演説したことがある。「全国からみれば、危険なのは大民族主義だ。エルデニトクトフの問題は地方民族主義的思想の発露に過ぎない。もっと大民族主義を批判しなければならない」、と雲照光は話していた。文革がスタートすると、雲照光の演説も当然、大字報による批判を浴びた。

言語学者のチンゲルタイも倒された。彼はエルデニトクトフと異なり、「公社」と「幹部」との中国語の単語をそのままモンゴル語に導入するのに熱心で、「親中国派」だとモンゴル人にみられていた。その彼もまた別のモンゴル人ノルジンに罵倒された。

オイ！ チンゲルタイよ。お前は、昔は日本帝国主義の忠実な奴隷だったし、今も日本帝国主義の為に働いている。内モンゴル大学で講義をする時、いつも日本人と日本の学者たちを褒め称える。「モンゴル研究の面で、日本の学者たちは世界的に有名だ。今も昔も変わらない。……（中略）我々は日本の学者を見習わなければならない」と語っていたのではないか。お前は、口先では中国を祖国だと話すが、心はまだ東京にあり、骨の中ではまだ日本を懐かしんでいるだろう。そして、日本帝国主義の再来を待ち望んでいるだろう。

チンゲルタイ（一九二四―）はウラーンハダ（赤峰）の出身で、一九四〇年に徳王のモンゴル聯合自治政府が設置した蒙古学院を卒業してから、東京工業大学と東北帝国大学理学部に留学していた。このようなチンゲルタイを批判するノルジンだが、彼も中国人に粛清されるのは時間の問題だった。

中国人が用意するモンゴル人の「罪」

孫竹とバダルンガ（一九一七―）も七月三日に大字報を貼りだした。「雲家店のお気に入り―チンゲルタイの反党反社会主義の罪証」と題する大字報は、チンゲルタイの論文「モンゴル語と中国語の双方を推進する意義」に批判の焦点をあてている。

チンゲルタイは韓成山と共に「公社」と「幹部」という中国語の導入に熱心だったのは、ウラーンフーの「民族分裂的な活動を隠蔽する為だ」と解釈する。一つや二つの中国語の単語をモンゴル語に借用するという「小を失うふりをして」、モンゴル語を全自治区に使用させるという「大を守った策略だ」と指摘する。かくして、モンゴル人が自らの自治区において、自らの母国語を使用する権利もまた「民族分裂的行為」だと断罪されたのである。

「チンゲルタイはまた自治区のどの旗や県に行っても、漢族はいる」と話して「反漢排漢」の行動をしていたと批判する。このように、時の中国政府と中国人の政治的な好みに合わせて「罪証」を並べているバダルンガであるが、彼自身も広島高等師範学校の英文科で学んでから、広島文理科大学教育学部に入っていたので、やがては「日本の走狗」として粛清される。

以上のように、この『大字報摘抄』は一九六六年六月二七日から七月四日までの壁新聞類を集めているが、その政治的な特徴は二つある。

第一、中国政府と中国人によって煽動されて、東部出身のモンゴル人も積極的に論戦に加わり、モンゴル人の知識人と政治家を攻撃している。彼らの中には本気で毛沢東流の社会主義思想を信じた者もいたかもしれないが、大半は他人を批判することで自らを守ろうという保身的な心理からの行動であろう。これも、外来の中国人が自治区の全権を掌握して抑圧的な殖民地支配を敷いていた状況の下で生じた悲劇である。

第二、文革が発動される前の四清運動期から既に中国政府と中国人は用意周到に「民族分裂」との政治的な断罪用語を頻繁に使用していた事実は注目に値する。内モンゴル自治区のモンゴル人政治家と知識人を粛清するのに最適の「罪証」をその近現代史から発見し、静かに虐殺の機会を待っていたのである。

日本人の養子

烈火のように燃え盛る文革の嵐の中で、七月八日に内モンゴル言語委員会臨時党支部は『極秘・文化革命簡報』第五期を発行した。ここでは、サガルジャブという男がエルデムトの「罪」を暴露している。

サガルジャブの密告文によると、エルデムトは日本の陸軍少将で、満洲国蒙政部次長の依田四郎の養子だという。満洲国時代のエルデムトはその「養父の権力を笠にして跋扈し、日本人の悪魔どもですら彼に遠慮していた」。このようなエルデムトは一九五六年に中国政府が組織した「少数民族社会歴史調査組」の一員として西のアラシャン地域に行った時には地下に潜伏中の「モンゴル人匪賊ども」を庇った。これらの「匪賊ども」は満洲国軍の軍人で、日本の敗戦後は徳王に追随して「分裂的な活動」をアラシャンで展開したが失敗し、その後民間に潜った人物だという。

エルデムトはまた「解放後」も日本語の書籍を愛読していたのも問題だとしている。この密告文は、徳王が日本の撤退後に一九四九年四月からアラシャン地域で自決運動をおこなった歴史に対する攻撃である。中共勢力の増大に連れて、徳王は次第にアラシャン地域に追いこまれていった。徳王の人気は高く、満洲国時代の青年軍人や知識人たちも陸続と彼の身辺に集まっていた時期があった。

ここまでサガルジャブの密告を紹介したが、彼はエルデムトの「罪」を暴露した際に、「朱風は内情を知っているのに、何故か黙っている」、とも書いた（楊　2016a,10）。そこで、内モンゴル科学院歴史研究所の所長だった朱風は一九六六年七月八日に「ウラーンフーは何故、こんな奴らを好み、育てあげたのか」との大字報を公開して、モンゴル人を震えあがらせた。朱風はいう。

まず、例を挙げよう。ワンダンという男がいる。彼はホルチン左翼後旗の大地主の家に生まれ、偽満洲国の軍官だった。彼は今、中共ウラーンチャブ盟党委員会書記となっている。偽満洲国時代の彼はファシズムの信徒で、空軍のパイロットだった。

朱風の情報は正しい。一九一五年生まれのワンダンは、日本が設置した新京航空学院の一期生で、卒業後は陸軍士官学校に留学し、帰国後は通遼航空大隊の隊員だった。モンゴル人初の航空技術を学んだ男である（楊　2009b）。朱風はまた、ワンダンのような「偽満洲国の偽軍官たちをウラーンフーが好み、彼らを共産党の幹部として登用した」のが問題だと批判する。しかし、朱風自身もモンゴル名はバラジュルといい、ワンダンと同じくジェリム盟ホルチン左翼後旗の出身で、選ばれて千葉師範学校で学んだ男である。

朱風は続いてワンダンの母親が日本統治時代には「地方の有力者」として振る舞い、日本の撤退後には「国民党と結託」し、騎兵一個中隊を煽動して「反乱」した「罪」を例示している。朱風は続けて暴露する。

文革の初期に積極的に他のモンゴル人を批判した朱風

ワンダンひとりだったら、彼はわが共産党内に潜りこんだ奴だといえばいい。問題は彼だけではないということだ。内モンゴルの党と政府の重要な機関内に、彼のような奴らが多過ぎる。誰が彼らを愛し、要職に就けて育成したのだろうか。それは、ウラーンフーだ。
偽満洲国駐日本大使館二等書記官のハーフンガは何と内モンゴル自治区党委員会委員にして人民政府の副主席となっている。日本の農民道場で特別な訓練を受けたヘシェルトはフルンボイル盟の裁判所所長の任にある。彼らの教官だったガルブセンゲは『内モンゴル日報』社の秘書長から党中央出版社に栄転している。王爺廟にあった日本の特務機関の長、金川耕作の側近だったドグルジャブ、匪賊徳王のモンゴル軍第九師団長だったウルジーオチルと李秀山らも庁長や党書記に任命されている。特にドグルジャブは師団長と軍区の政治委員や盟書記にまで昇進している。一九五八年、民政庁の庁長ウリートと某局長のラクシャンビリク（郝永芳）まで共産党に入っている。……（中略）このまま行けば、早ければ数年、遅くとも一〇年や二〇年経てば、わが自治区の重要な機関はすべて彼らに乗っ取られるだろう。

モンゴル人の朱風はこのように「偽満洲国時代に育った日本刀を吊るした奴ら」を批判することで、中国政府と中国人に媚びを売ろうとしている。しかし、自身もウラーンフーによって抜擢されて、国営の科学院歴史研究所所長という栄誉あるポストに任じられた事実を忘れている。このような朱風であるが、密告が終わると、彼もまた粛清された。

免罪符のないモンゴル人

朱風が密告しているモンゴル人たちの経歴をみてみよう。

まず、ドグルジャブ（一九一四～一九八九）は陸士五二期で、日本の撤退後には内モンゴル人民革命党が創建した東モンゴル人民自治政府騎兵第一師団の師団長をつとめ、後に中華人民共和国の成立後にはシリーンゴル盟盟長や自治区牧畜庁庁長等を歴任している。朱風の密告が原因ではないが、文革中は筆舌に尽くせないほどの暴虐を受けていたのを私は著書

『チベットに舞う日本刀』内で詳しく述べている（楊　2014c）。ラクシャンビリクはゴルロス旗出身で、陸士に留学した秀才である。

ウリートもジェリム盟の出身で、騎兵第二師団の師団長をつとめた後、中華人民共和国時代は自治区民政庁庁長となる。隣接する中国人の省からの農民は「解放後」も草原への入植を中止しないので、ウリートは阻止する為の対策をあの手この手で講じていた。

彼の対応は勿論、ウラーンフーに支持されていたが、文革期になると、ウリートは「中国人農民」を迫害し、「ウラーンフー王朝の領土を守った」とされて、一九六八年一二月一九日に中国人に殺害された。まもなく、ガルブセンゲも一九六九年一月五日に殺された（阿拉騰徳力海　1999）。モンゴル人が築きあげた近現代の自決史を批判すれば、早晩、その「罪」が自分自身に降りかかってくることを朱風は予想していなかったかもしれない。

以上、主として内モンゴル自治区言語委員会を中心に、知識人を主人公とする社会主義教育運動（四清）について述べてきた。続いては、内モンゴル大学が文革に巻きこまれていく前奏曲を紹介しよう。

四　内モンゴル大学の「反民族分裂主義運動」

内モンゴル自治区では遅くとも一九六五年末の段階で既に「民族分裂主義分子」に対する批判運動が始まっていた。具体的に内モンゴル大学の教師、ブレンサイン（一九二四年二月二二日～一九八六年一月一三日）に対する攻撃から始まっていた。

「民族分裂主義」の先駆

内モンゴル自治区における社会主義教育運動は「地方民族主義」に対する批判から始まり、次第に「反民族分裂主義」へと発展していく。その際に、最も有名な「民族分裂者」として断罪されたのが、内モンゴル大学講師のブレンサインである。

ブレンサインの「罪状」は一九六六年に出版された『内モンゴル大学における民族分裂主義に反対する資料集（第二）』に詳しく列挙されている。この資料集に寄稿しているのは中国人が一〇人で、モンゴル人は三三人、そしてムスリムの回族とオロチョン族がひとりずつで、計四五本の論文からなる。こうした構成は「多民族が一致して民族分裂に反撃」するパフォーマンスを演出しているのと、モンゴル人を多く並べることで、モンゴル人自身がモンゴル人を闘争するという「犬同士の喧嘩」（狗咬狗）を創出していた。

ブレンサインと夫人のツェベグマ。*Bürinsayin-u Jokiyol-un Čiɣulɣan, degedü*, 2007より

ブレンサインは一九二四年にチャハル盟タイブス左旗に生まれた。父親は地元の役人で、幼少のブレンサインにモンゴル語と満洲語、そして中国語を教えた。一九三九年になると、ブレンサインは徳王が張家口で設置した興蒙学院に入り、一九四一年秋に日本に留学する。一九四二年には東京高等師範学校に進み、一九四四年まで学んだ。

日本との関連でいうと、ブレンサインの夫人は司馬遼太郎の名著『草原の記』の主人公ツェベグマである。ツェベグマの自伝『星の草原に帰らん』にもブレンサインは登場する。ブレンサインは反右派闘争の時も「民族右派」として攻撃された経験を有し、やがてはもっと凄まじい政治運動に巻きこまれると予感して、妻のツェベグマを一九五九年にソ連へ避難させているし、母親もモンゴル人民共和国に逃れていた。家族を安全な場所に退避させて、ひとりで中国政府と中国人に立ち向かった男である。

民族分裂主義の性質

「反民族分裂」の論文集の巻頭を飾ったのは歴史学部の教師、郝維民（オデンビリク）である。彼は次のように断罪する。

内モンゴルの革命運動中にずっと二つの路線闘争が存在する。一つは内モンゴルの封建的な上層分子らを代表として、帝国主義と国内の反動的な支配階級と妥協して降伏し、祖国と民族の利益を裏切り、封建的な特権を守ろうとする路線である。もう一つは、中国共産党の指導の下で、内モンゴルのモンゴルと漢族《チャイニーズ》の労働者階級と農民、牧畜民、革命的な知識人を主体とし、革命的な各界や各民族と聯合して帝国主義と国内の反動的な支配階級と各民族内部の封建主義勢力に反対し、内モンゴル人民を解放する路線である。ブレンサインの民族分裂的な活動は、内モンゴルにおける二つの路線闘争の中の小さな間奏曲に過ぎない。彼もまた反動的な道を歩み、跳梁する小悪人に過ぎない。彼の分裂主義的活動は、内モンゴルにおける二つの路線闘争の本質を現している。

このようにまずブレンサインの人格を完全に否定してから、オデンビリクは清朝の崩壊後にモンゴルの独立運動を進めたハラチン部のグンサンノルブ親王と兵を挙げて武装闘争を展開したバボージャブらがいかに「帝国主義のロシアと日本と結託」したかの歴史を批判する。一九二五年に「わが共産党の統一戦線の対象である」内モンゴル人民革命党が成立するが、その指導権はまもなく「反動的な封建階級」に簒奪された、と断じている。実際、「わが共産党」は当時まだ南中国の山中でゲリラ戦に明け暮れていたので、遥か北方の草原に誕生したモンゴル人の政党を「統一戦線の対象」とする遠大な構想を持っているはずがない。

そして、一九六八年夏から内モンゴル人民革命党員たちを大虐殺の対象とするようになると、中国人の高官らは、共産党はモンゴル人の政党とは無関係だと話していた。

一九三二年に満洲国が成立する前後に活動していたガンジョールジャブ（バボージャブの次男）の「モンゴル独立軍」も「日本帝国主義の走狗」だと断じられている。ボインマンダフとシューミンガ、マンダフとジャルガラン、それにマニバダラらからなる「モンゴル自治準備委員会」が長春に赴いて国連の調査団に会い、日本による統治を認めたことを「売国的行為」だと罵倒する。そして、一九三六年四月二四に徳王が「モンゴル代表大会」を開催し、五月一二日に「モンゴル軍政府」を創建した歴史などもすべて「正しくない路線」だと描いている。ブレンサインはまさにこの「誤った路線」を歩み続けた人物だという。

独立と自治の模索者の運命

日本が内モンゴルから撤退した後、ブレンサインは他のモンゴル人たちと共に一九四五年九月に徳王の故郷スニト右旗で内モンゴル人民共和国臨時政府を組織した。内モンゴル人民共和国臨時政府の情報宣伝部の部長となったブレンサインはモンゴル人民共和国に入って統一合併を求め、「偉大な中国共産党による指導に頑なに反対し続けた」という。内モンゴル人民共和国臨時政府を脅威だとみた中国共産党は雲澤こと後のウラーンフーを派遣して選挙をやり直す。ウラーンフーが同共和国臨時政府の主席に選ばれると、彼は政府機関を共産党支配下の張北に移して消滅させた。

「ヤルタ協定」により、内モンゴルが中国に占領されることになると、一九四七年四月二三日に王爺廟《みなみ》で内モンゴル人民代表会議が開かれた。ブレンサインはここでも「内モンゴルには労働者階級が存在しないが故に、中国共産党による支配は認められない。内モンゴル人民革命党が内モンゴル自治政府をリードすべきだ」と「反動的な主張」を放棄しなかった。彼は漢族農民《チャイニーズ》がモンゴル人の地主を暴力的に闘争するのにも反対し、「一貫して漢族を敵視」してきた、と批判者は語る。

「解放後」になっても、ブレンサインの「反動的な思想」は衰えなかった。一九五七年になると、「国際的には帝国主義が反共の波風を立て、国内的にはブルジョアの右派どもがわが共産党を攻撃しだすと、ブレンサインもまた蠢いた」。「中国はモンゴル人の祖国ではない」とか、「モンゴル人と漢族はずっと対立してきた」とか、「モンゴルと漢族は分かれるべきだ」と彼は主張したという。

中国人の大学生はブレンサインが主張したとされる「独立」との言葉に強烈な憎悪を示しているものの、モンゴル人の近現代史については無知であるので、その批判文にも事実はない。モンゴル人学生は自らの故郷が「解放」後にいかに発展したかの「実績」を示してブレンサインの「謬論」に反論している。

スケープゴートにされたモンゴル人のブレンサインは一九六五年一二月一七日に「祖国の統一」を破壊した分裂活動をおこない、帝国主義と現代修正主義に追随した「民族分裂活動分子」として逮捕、投獄された。一九七五年一〇月一八日に大学の監督の下で労働するとの条件で釈放される。

そして、「逮捕投獄は冤罪だった」、と政府からの通知は一九八〇年八月一六日に届く。一九八五年一月二七日にブレンサインは祖国とみなすモンゴル人民共和国に渡って妻子と再会し、一年後に帰らぬ人となる（フスレ 2008）。彼の運命は、現代中国を生きるモンゴル人の縮図であるといえよう。

既述のように、師範学院と言語工作委員会、それに内モンゴル大学といったモンゴル人の知識人が集まる機関において、「民族右派」や「民族分裂主義者」との政治的な断罪は反右派闘争期と社会主義教育運動期からずっと持続的に使われていた。この点は、中国の他の省や自治区との大きな違いである。対外的には「反修正主義の前哨基地」にあたる内モンゴル自治区において、これほど多数の「民族右派」と「民族分裂主義者」が存在している以上、北京当局と毛沢東は安心して文革に専念できないだろう。

全国規模で階級闘争と反修正主義を一九六四年から進めようとしても、内モンゴルは逆に「反大漢族主義運動」を展開し、反修正主義にも不熱心だ、と党中央には映った。華北局による再三にわたる指導も効果はない、と判断した毛沢東の党中央は一九六六年五月一日に自治区の最高指導者ウラーンフーを北京へ召喚した。「すべての根は彼にある」と判断されたからであろう。

第二部　未完の民族自決と民族問題の表出

第三章　北京の謀略とオルドス高原の烽火

一　第一次資料の発掘

現代史を中国と関連して考える時に、モンゴル人は真先に思い浮かべるのが文革中の大虐殺である。中国政府と中国人による一方的なジェノサイドが二〇世紀モンゴル史を一言で概括できる代名詞となっている。

国際政治から生まれた二派の民族主義者集団

毛沢東と周恩来の指令を受けて内モンゴル自治区に入り、現場でモンゴル人を殺戮していたのは、「中国人民の子弟からなり、中国人民に熱愛されていた中国人民解放軍」で、その最高司令官は滕海清だったからである。滕海清将軍はモンゴル人の歴史を断罪し、人民解放軍と中国人を煽動した上で、組織的に大量殺戮を働いた。

モンゴル人は近代に入ってからずっと中国からの独立を望んでいた。これは、民族の宿願であり続けた。民族の独立を実現する為には、ロシアも日本も味方になりうる、とモンゴル人ナショナリストたちは判断した。かくして、モンゴル高原の北半分はロシア人の力を借りて独立し、後にモンゴル人民共和国を創設した。

南の半分は日本人と組んで一九三二年に満洲国を建設した。日本が敗退して一九四五年に列島に戻ると、モンゴル人は当然、同胞のモンゴル人民共和国との統一合併を求めた。しかし、モンゴル人がひとりも参加していない密約の「ヤルタ協定」が南モンゴルを中国人の中華民国に売り渡した。

モンゴル人民共和国の同胞と統一したいと主張したグループは主として旧満洲国のモンゴル人と徳王のモンゴル自治邦政府（蒙疆政権）のモンゴル人からなる。彼らは日本統治時代に日本型の近代文明の洗礼と薫陶を受けて育った知識人であるが、無学な中国人から「日本刀を吊るした奴ら（挎洋刀的）」と蔑称された。一方、「ヤルタ協定」の厳しい内容を受け入れて、中国内でソ連型の高度の自治を獲得しようと主張するグループもあった。こちらは主として南モンゴル西部のトゥメト出身のモンゴル人である。彼らは共産主義の大本営モスクワで学んだエリートだが、中国共産党の割拠地延安にもしばらく滞在していた。従って、彼らはまた「延安派」と呼ばれる。

二つのモンゴル人グループに一つの接点があった。それは、彼らは等しく一九二五年一〇月に成立した、モンゴル人の民族主義の政党、内モンゴル人民革命党の党員だったという共通点である。内モンゴル人民革命党はコミンテルンの指導を受けていたので、モスクワからの指令に忠実だった。

同胞との統一合併を優先すべきか、それとも現実的に中国人との共生を選ぶか、という熾烈な闘争を経て、二つのグループは合流した。全モンゴル人の力を結集して、一九四七年五月一日に内モンゴル自治政府は成立した。中華人民共和国の出現より二年半も前の壮挙である。モンゴル人は中国人よりも先にソ連型の社会主義制度を実現させていたのである。

虐殺中に暴露された自決の理論

中国人はモンゴル人の近現代史を建国後一七年間の歳月が経ってから再清算した。「日本刀を吊るした奴ら」にしても、「延安派」にしても、すべて「民族分裂主義者で、偉大な祖国から独立しようとした醜悪な歴史を有する」と断じた。

ウラーンフーはまず彼自身の名前が冠された「ウラーンフー反党叛国集団」のボスとされて、文革が発動される直前に粛清された。彼と共に延安に滞在していたモンゴル人たちもほぼ全員政治的な権力を奪われた。

やがて、「日本刀を吊るした奴ら」からなる内モンゴル人民革命党の指導者も実はウラーンフーだったと政府によって判断されると、この二つのグループ即ち「ウラーンフー反党叛国集団」と内モンゴル人民革命党は同一の「民族分裂主義者集団」と認定された。

その際に、ウラーンフーが以前から思い描いていた「中華民主連邦内での高度の自治論」

東部と西部を問わずに、あらゆるモンゴル人エリートを全員ウラーンフー反党叛国集団として描いた群醜図

が証拠とされた。彼の独自の思想と理論は「毒草」とされて批判された。皮肉にも彼の著作類は「毒草」とされて初めてモンゴル人と中国人に広く読まれるようになった（楊 2012）。文革が終了し、ウラーンフーが再び「中国の党と国家の指導者」として部分的に復活した後に、彼の著作も権威ある政府系出版社から刊行されるようになった。

しかし、オリジナルの「毒草」内にあった「民族自決」や「高度の自治」、そして「中華民主連邦」といった重要な表現と概念はすべて「区域自治」と「共産党指導下の国家」に改竄された。あたかもモンゴル人の指導者は最初から中国人の国家を熱愛し、喜んで中国人の支配下に入ろうとしていた、無能な輩のように矮小化されている。

ウラーンフーが粛清され、彼の同胞が大虐殺の対象とされた背景には中ソ対立もあった。ソ連とその「子分のモンゴル人民共和国」軍の侵攻を本気で想定していた中国政府は、いざ事態が悪化した場合には、内モンゴル自治区のモンゴル人たちは中国人と中国政府を愛さないだろうと客観的に判断していた。モンゴル人には「前科」があるからだ。一九四五年八月にソ・モ聯合軍が満洲国と徳王のモンゴル自治邦政府領に入って同胞のモンゴル人を解放した時に、モンゴル人はその歴史的出来事を民族統一の機会だと捉えていたからである。建国後の政策的な失敗を自覚していた中国政府は、未然の防止策として、ジェノサイドを発動して、モンゴル人のエリートたちを一掃したのである。

モンゴル人政治家を倒す深慮遠謀

内モンゴル自治区の最高指導者のウラーンフーは一九六六年五月一日に北京に呼ばれて失脚した。五月二二日から開かれた中国共産党華北局工作会議に参加していた彼は、七月二五日にすべての権力を剥奪され、罪を断定する宣言文が政府によって公布された。この時点で彼の正式の肩書は以下の通りである。

内モンゴル自治区党委員会書記
内モンゴル自治区人民政府主席
内モンゴル軍区司令官兼政治委員
内モンゴル大学学長
中華人民共和国党中央政治局候補委員
中国共産党華北局第二書記
中華人民共和国国務院副総理

中華人民共和国国防委員会委員
中華人民共和国国家民族事務委員会主任

上で示したように、彼は内モンゴル自治区における自治の実践者だけでなく、中国における少数民族の自治政策のシンボルでもあった。

華北局会議は北京市内の前門飯店というホテルで開かれていたので、「前門飯店会議」とも呼ばれる。内モンゴル自治区から選ばれた「左派幹部」たちと党中央の指導者ら計一四六人からなる前門飯店華北局会議で、真先にウラーンフーに批判の矛先を向けたのは自治区東部出身者だった。いわば、「日本刀を吊るした奴ら」が「根本から紅い延安派」を批判する構図だった。

これは何も中国政府と中国人が日本統治時代に育った、日本型の近代的な素養を持つ優雅なモンゴル人を愛し、自らの「革命根拠地の延安」で「育成」した「粗野な革命派」を切り捨てたことを意味しない。単なる陰謀である。東部出身者の不満を使って、西部出身者を打倒し、そして返る刀で東部モンゴル人を倒すという一石二鳥の策略だった。その背景と大まかな展開は次の通りである。

ウラーンフーの自治政策は一九六四年あたりから頓挫しはじめた。遊牧と農耕が混在する自治区において、彼は相変わらず経済重視の政策を進めようとしていたが、中国政府は人民の暮らしよりも階級闘争に力を入れるように変わった。

党中央の指導方針は大漢族主義の横行だ、とウラーンフーの目に映った。自治区の実状を無視した大漢族主義的な政策を実行しようとしているのは中国人だけでなく、モンゴル人もいる、と彼は理解した。大漢族主義思想を持つモンゴル人は東部出身者からなる。満洲国時代に育った彼らには先天的な「対日協力の烙印」が背中に焼かれている以上、西部出身者よりも党と中央政府に忠誠を尽くす必要があった。あくまでも独自の民族政策を優先したいウラーンフーにとって、信頼できるのはもはや自分たち延安派しかいなかった。

彼は一九六六年一月に一部の東部出身者を更迭し、代わりに西部出身者を充てる人事を決断した。自治区党委員会の代理常務委員会の設置である。一三人代理常務委員会の中でモンゴル人は九人で、そのうちの六人が西部出身者だった。残り四人は中国人だったが、彼らもウラーンフーの「反大漢族主義」の理解者だった。この代理常務委員会の設置は、東部出身者の不満を買い、火種が埋めこまれた（楊 2011a）。

中国政府は用意周到にウラーンフーを粛清した。早くも一九六四年から彼に関する情報を集め、大勢の密告者をその身辺に配置した。分厚い「証拠」が突き付けられたウラーンフーは自ら「罪」を認めざるを得なかった。政治家としてのウラーンフーを死のどん底に陥れるのに共産党中央は充分な理論を用意したが、最も鋭利な武器は「民族分裂」で、そして最大の原因はやはり、「ウラーンフーはモンゴル人だったからだ」。

二　西部に任官した東部出身者

謀略に嵌められたモンゴル人

中国政府と中国人の謀略行使に担ぎ出された東部出身のモンゴル人はボインバト（イケジョー盟第一書記）とゴンボジャブ（シリーンゴル盟第一書記）、バトバガナ（バヤンノール盟書記）、王再天らだった。彼らは中国政府があらかじめ定めた断罪のラインに沿うようにウラーンフーの具体的な「罪証」を並べた（楊　2011a）。ウラーンフーと彼の同郷の支持者たち、それに「延安派」と目された中国人の幹部たちは軒並み失脚していった。東部出身者の中には政府の陰謀に気づいた賢明な識者もいたが、もはや時勢を挽回できる力もなくなっていた。中国共産党華北局は会議と並行して、管轄内の北京市と河北省、それに山西省などから三〇〇人もの中国人幹部を内モンゴル自治区の各地と各機関に派遣して、権力を完全に奪った。自治区党委員会の中国人幹部たちの要請に応えた措置である。

続いて自治区南部の集寧市に駐屯していたモンゴル人兵士を中心とした騎兵第五師団も武装解除され、党中央と北京軍区の直接的なコントロール下に置かれた。ここから、内モンゴル自治区の文革は少しずつ、着実にモンゴル人をキリング・フィールドに追いこむ方向へと突き進んでいったのである。

前門飯店華北局会議において、モンゴル人の最高指導者を打倒するのに急先鋒をつとめた

右：王再天
左：左からボインバト、ジャラガル、ゴンボジャブ。『情糸大漠的暴彦巴図』より

ボインバトは、内モンゴルにおける中国文革研究において、欠かすことのできない重要な人物のひとりである。特に、運動の初期の展開は彼を軸にしていたといえるくらいである。

では、ボインバトとはいかなる人物であろうか。彼は一九二二年一月にジョソト盟ハラチン左翼旗の桃花池村に生まれた。ここは現在、ハラチン・モンゴル族自治県を形成している。元々は南モンゴル西部で遊牧していたトゥメト・モンゴルの一部だったが、後に東部へ移動したことから、「東トゥメト」とも呼ばれている。ボインバトが前門飯店華北局会議で批判したウラーンフーもトゥメトの出身で、東へ行かずに、ずっと西部に留まったグループの一員である。

ボインバトの故郷は清朝末期から中国人の侵略を受けて貧困の一途をたどった。一八九一年に勃発した中国人の秘密結社である金丹道は各地でモンゴル人を大虐殺し、その歴史の記憶が鮮明に残る地域にボインバトは生まれた。「中国人が進めた韃子《ダーツ》殺しの運動を経て、モンゴル人は漢民族《チャイニーズ》と通婚しなくなった」、とボインバトは書いている（暴彦巴図 2006）。中国人はモンゴル人を「韃子」と蔑称し、「韃子人殺しの運動」で、モンゴル人の草原が奪われていった。

ボインバトは幼少の時に私塾に通い、熱河省の承徳中学を経て、一九四二年に満洲国の法政大学経済学部に入学した。彼の第一志望は満洲建国大学で、法政大学は第二志望校だった。大学在学中は『チンギス・ハーン遠征歌』を歌い、終生の友であるゴンブジャブ（官布扎布）とジャラガルに出会う。この三人は後にホルチン右翼前旗で民族主義的な運動をリードし、「右翼前旗の三傑」と呼ばれるようになる。

『チンギス・ハーン遠征歌』は古くからハラチン・モンゴルの間で伝承されていた歌だとされている。満洲国時代には更に日本語の歌詞も作られ、「モンゴル復興」という至上命題を掲げる熱血青年たちを鼓舞した名曲である。ボインバトも例外ではなかった。

日本が満洲から敗退する前の一九四五年四月に法政大学を卒業したボインバトは王爺廟（現ウラーンホト市）にある興安総省の人事課に職を得た。日本人がモンゴル人の草原からいなくなった秋の一〇月五日には、彼は内モンゴル人民革命青年同盟の有力なメンバーになり、故郷のホルチン右翼前旗に赴任した。

この時の内モンゴル人民革命青年同盟は内モンゴル人民革命党の下位組織だったが、共に東モンゴル人民自治政府の建立に尽力していた。内モンゴル人民革命党は同胞のモンゴル人民共和国との統一合併を求めていたが、「ヤルタ協定」で南モンゴルが中華民国に売り渡された結果、独自の自治政府を設置する方向に舵を切っていた。ソ連の手引きで満洲に進軍してきた中国共産党は東モンゴル人民自治政府を乗っ取り、内モンゴル人民革命党を解散し、青年同盟を自らの傘下に組み替えた。

南モンゴルに侵入していた中国人農民にモンゴル人の草原を分け与える為に、中国共産党は熾烈な土地改革を実施した。かつての日本統治時代の有力者たちを「日本の協力者」として処刑し、モンゴル人の土地を奪っていった。

ボインバトも中国共産党の土地改革に参加し、抵抗するモンゴル人を容赦なく鎮圧した。

搾取階級の利益を守ったとされるウラーンフー。モンゴルの民族楽器馬頭琴を弾く姿で描かれており、民族文化そのものが侮辱されている。『批展戦報』,1967,7,5

中国共産党の過激な土地改革はモンゴル人の強い不満を買っている事実にも気づいたボインバトとジャラガルらはウラーンフーに進言し、より穏便な「三不両利政策」に変更していった。「三不両利」はウラーンフーの代表的な政策の一つとなり、「搾取階級を闘争しない、その財産を分けない、階級的な身分を画定しない。(搾取階級の)牧主と(被搾取階級の)牧工両方の利益を確保する」との内容だった。

異なる回想

若くして中共ホルチン右翼前旗書記となったボインバトは一九五六年三月に西へ移動し、オルドス高原にあるイケジョー盟党委員会書記として任官した。ウラーンフーによる抜擢である。ウラーンフーの故郷トゥメト出身のモンゴル人には「延安派」の光背があっても、彼らは少数派だった。近代的な知識を有する人材は東部出身者が圧倒的に多かった。自治区全体の近代化を急いでいたウラーンフーは、出身地域を横断して幹部を任用していた。ボインバトもこのような状況の中で、東のホルチン草原から西のオルドス高原に赴任してきたのである。

着任後まもなく、ボインバトは陰暦の五月に開催されるチンギス・ハーン祭祀に参加し、積極的に人脈を作った。当時、イケジョー盟で政治の実権を握っていたのは地元オルドス出身のモンゴル人と、隣の陝西省北部出身の中国人延安派だった。毛沢東の中華人民共和国政府はすべて南方出身の共産党員たちによって運営されていたし、陝西省北部出身の共産党高官は軒並み粛清されていなくなっていた。僅かに残る延安派の中級幹部たちも陝西省ではなく、ウラーンフーの内モンゴル自治区に安住の地を求めていた。ウラーンフーだけが彼らに同情し、守っていたからである。それに、内モンゴルの方が生活水準も高かったのである。

時の中国は牧畜民の財産である家畜を没収して公有化し、草原を国有化するという急進的な合作化運動を進めていたが、ボインバトは実状に合った穏便な政策を実施した。一九五八年から人民公社が導入された際も、彼は慎重だった。オルドス高原に入植していた中国人農民は現地の生態を無視して草原を開墾しようとしていたのに対し、ボインバトは「開墾禁止、牧場保護」の政策を制定し、農民らを開墾に適した地域に移住させた。

前門飯店華北局会議は内モンゴル自治区の最高指導者のウラーンフーを粛清する会議だったし、ボインバトは反ウラーンフーの先鋒に選ばれていた。前門飯店会議から約一年経った一九六七年六月一二日に、ボインバトはオルドスで「紅衛兵の若き将兵たちとの談話」を発表し、自らの闘争経験を次のようにふりかえっていた（楊　2015a）。

私は一九五六年にイケジョー盟に赴任してきた。……まもなく一九五六年の陰暦五月一五日にチンギス・ハーン祭祀に参加した。チンギス・ハーン祭祀の時もアルビンバヤル盟長は率先してチンギス・ハーン像に向かってお辞儀していた。共産党員がこんな馬鹿なことをやるなんて信じられない。祭殿の近くの招待所に泊まった盟長のアルビンバヤルとバヤンドルジ（馬富綱）は更に酒を飲んで醜態をさらしていた。……

私はまた一九六三年にエジンホロー旗に調査に行ったが、エジンホロー人民公社の秘書王勤安は中国語ができるのに、私に対してモンゴル語で返事していた。これらの問題もすべてアルビンバヤルと関係がある。

右の発言からみると、ボインバトは急進的な中国共産党員としてオルドスに着任してきていたようである。彼はアルビンバヤルやバヤンドルジなど地元出身のモンゴル人幹部たちを「封建的」とみている。モンゴル人であるにも関らず、中国語で話すのを「進歩的」だと当時のボインバトはそう信じこんでいたかもしれない。母国語のモンゴル語を疎かにして中国語を優先する人物をウラーンフーは「モンゴル人でも大漢族主義的な思想を持つ者だ」と批判していた。ボインバトはこの点でもウラーンフーと対立していたと標榜している。

しかし、晩年のボインバトは別の形で当時の様子を回想している（暴彦巴図 2006）。

前門飯店会議の際に、私は党内闘争の習慣に従って、発言しただけだった。しかし、私の発言は歪曲されて利用された。私は何と、反ウラーンフーの英雄に仕立てられてしまった。私はただ、一九六六年四月に開かれた自治区党委員会の席上において、ウラーンフーがおこなった反大漢族主義の発言について、少し意見を述べたたけである。しかも、ウラーンフーの発言の性質を反革命的だとか断定するような趣旨もなかった。他人の発言を繰り返しただけだった。ところが、後になって、前門飯店会議において、ウラーンフーを批判した最初のモンゴル人は私ボインバトだと言われた。どう弁明しようと、私は利用される運命だった。モンゴル人だったから、私は。前門飯店会議から帰ってきてから、私は二度とウラーンフーについて発言しなかった。

「ボインバトは前門飯店会議において、真先にウラーンフーに反旗を立てた左派だ」と称賛されていた。しかし、予想外のことに、彼が北京で「反ウラーンフーの旗手」となっていた頃に、地元のオルドスでは逆に早くも六月二〇日に「ボインバトこそウラーンフーの黒い手先だ」と題する壁新聞が貼りだされていた。ウラーンフーが北京で吊しあげられたとの情報をオルドスに伝え、「反ウラーンフーの旗手」ボインバトを打倒しようと目論んだのは、中国人の延安派たちだったのである。

三　北京の謀略

中国文革は、内モンゴル自治区の最高指導者のウラーンフーの打倒から始まった。ウラーンフーに政治批判の罵声を最初に浴びせたモンゴル人政治家は、オルドスにあるイケジョー盟書記のボインバトだった。東部出身のボインバトが西部のウラーンフーを攻撃するという政治的な構図である。西部のモンゴル人政治家が追放された後、東部のモンゴル人たちも生き残れなくなり、最終的には中国政府と中国人に大虐殺されたのである。

ボインバトは一九六六年五月一六日から九名の幹部たちを連れてオルドスから北京に入り、中国共産党華北局が主催する前門飯店工作会議に参加した。出発する前のボインバトはウーシン旗のウーシンジョー人民公社で社会主義教育運動即ち「四清運動」に参加していた。一〇人のうちの七人も各旗の「四清前線」にいた。華北局会議の内容についても、何ら詳しい指示はなかった。

オルドスからの一〇人は、共産党イケジョー盟書記ボインバトと共産党イケジョー盟書記兼副盟長の郝文広（中国人）、イケジョー盟副盟長の呉占東（モンゴル人）、イケジョー盟党宣伝部副部長のトトクチ、イケジョー盟公安処処長の張青雲（中国人）、エジンホロー旗第一書記のマンダフ、ダルト旗の旗長のゲレルト、東勝県党書記の郭治祥（中国人）、ウーシン旗副旗長の包栄（モンゴル人）、海勃湾市副市長の唐宝山（モンゴル人）である。

では、北京市内の前門飯店でボインバト書記はどのような発言をして、それまでの上司のウラーンフーに矛先を向けたのだろうか。この問題は、今日までの文革研究が解明してこなかった謎の一つである。

東部モンゴル人の口

中共中央華北局工作会議の秘書処は、ボインバトの発言を書き残して、公的記録『簡報』に載せていた。題して『イケジョー盟党委員会書記のボインバト同志の発言記録』である。

一九六六年六月二〇日午後、ボインバトは次のように発言した。

彭真と羅瑞卿、陸定一と楊尚昆の問題に関する党中央から出された決定を私は完全に支持する。これは、毛沢東思想の偉大な勝利である。……ここ数日間に出てきた資料から、ウラーンフーをボスとする連中は内モンゴル自治区を邪悪な道に引きずりこもうとしていることが証明された。彼らには計画的で、綱領を有し、実行性のある陰謀があった、と断定できよう。

公的な記録を見る限り、ボインバトは舌鋒が鋭く、攻撃的な言葉を用いている。彼の発言は二つの部分からなる。ボインバトの批判の主旨を以下に示しておこう。

ウラーンフーは一九六六年四月に開かれた自治区共産党常務委員会拡大会議を利用して反党活動をおこなった。民族問題ばかりを強調し、毛沢東思想を学習しようとする政治運動の障害を作った。「ウラーンフーの側近」で、西部出身の雲北峰は大胆にも東部出身のモンゴル人の呉涛と王再天にも大漢族主義思想がある、と会議で話した。

ボインバトは、ウラーンフーが西部トゥメトのモンゴル人を優遇し、東部を冷遇している、と言わんとしている。日本統治時代の「蒙地奉上」政策を持ちだしたのも、その為である。これには、次のような歴史的な経緯がある。

モンゴル草原は歴史的に「天の賜物」だと遊牧民は理解してきた。万人に平等で利用する権利があるが、その管理権はチンギス・ハーンの直系子孫である旗の王にある、と清朝期以前から定められてきた。日本は満洲国時代にモンゴル人の草原を「蒙地」として天皇に奉上するという形式で国有化を図り、モンゴル草原も満洲国の国有地となった。

中国共産党は「日本に略奪されて国有化された土地を奪還して、解放した人民に平等に分け与え」て、旧満洲国領内では土地改革を実行した。土地改革を経て、侵略してきた中国人もモンゴル人の草原を手に入れることができたのである。これが、満洲国の公有化政策の上で進められた中共主導の土地改革である。

西部は異なる。中国人農民が多数、入植していたとはいえ、土地は一度も公有化されることなくモンゴル人に共有されたまま中華人民共和国時代を迎えた。当然、土地を侵略者の中国人に分割しようとした時にモンゴル人は抵抗した。西部においては、これは初めて公有化される試行で、満洲国のような土地喪失の経験はなかった。しかも、モンゴル人は中国人より貧しく、均等に土地を分割すると、貧困化が一段とすすむ恐れがあった。

そこで、ウラーンフーはモンゴル人の抵抗を和らげ、かつモンゴル人の貧困化をも未然に防ぐという二つの目的から、「モンゴル人に少し多めに土地を分け与える」政策を断行した。彼のこの政策は中国人と東部出身の急進的なモンゴル人幹部の不満を招いた。「西部モンゴル人を優遇している」というイメージが作られたのである。

中国人は、自分たちは後から来たに過ぎないし、先住民に敬意をはらい、先住民の権利を確保すべきだとは絶対に考えようとしない。東部出身のモンゴル人幹部も中国共産党に対する不満をシンプルにウラーンフーに転嫁している。

モンゴル人からの批判のポイント

ボインバトは続ける。

ウラーンフーが進めた反大漢族主義のキャンペーンは一つの陰謀だ。彼は共産党華北局に不満だった。華北局は内モンゴルの実情に理解がなく、大漢族主義的だ、とウラーンフーは話していた。……ウラーンフーは何故こんなことをするのだろうか。ソ連修正主義とモンゴル人民共和国の修正主義者たちがいつも中国は漢人《チャイニーズ》の国だと非難して、少数民族と漢族との関係を離間させようとしているのではないか。モンゴル人民共和国の指導者ツェデンバルも内外モンゴルの合併を呼びかけている。ウラーンフーも彼に呼応しているのではないか。あなたたちには密約があるのだろう。……三五宣言を印刷して配ったのも、クーデターの為だろう。

中国共産党華北局書記処の記録がもし事実であるならば、ボインバトの発言はウラーンフーの政治生命を剥奪するのに充分過ぎるほどの威力を有していた。反大漢族主義云々は軽く、実際は「三五宣言」の印刷配布こそが問題視されていた。ボインバトは臭覚が鋭く、みごとに中国政府と中国人の要望に応えている。もっとも、華北局書記処の記録もボインバトと無関係に偽造された可能性も否定できない。ボインバトが実際に発言したかどうか、また彼の人柄も別として、華北局書記処がタイプした「発言録」が重要である。

では、「三五宣言」とは何で、どうして問題になるのかを述べておく必要がある。

ウラーンフーは一九六六年一月二七日から何回かに分けて毛澤東の「三五宣言」を印刷し

て自治区の幹部たちに配った。この宣言は一九三五年に「中華ソヴィエト政府の対内モンゴル人民宣言書」との題で公布された。中国南部から長逃して内モンゴルに隣接する陝西省北部の延安に辿りついた直後の宣言だ。その重要な内容は以下の通りである（毛澤東文献資料研究会 1970）。

内モンゴルのモンゴル人たちは我々と共に、我々の共通の敵である日本帝国主義と蒋介石と戦おう。我々と共に闘ってはじめて、チンギス・ハーン時代からの栄光をた持つことができて、民族滅亡の結末を避けることができよう。そして、民族を復興させ、トルコやポーランド、それにウクライナやコーカサスの諸民族のように独立と自由を獲得できよう。……内モンゴルのモンゴル人には自分たちの政府を創り、他の民族と連邦を結成する権利がある。

毛沢東はこのように独立と自由こそ「チンギス・ハーン時代からの栄光」を維持する手段だ、と慇懃にモンゴル人にリップサービスをしている。弱小の紅軍を率いて南国から内モンゴルに近い陝西省北部に逃亡してきたばかりで、遊牧民が日本軍と共に攻めてくるのではないか、という恐怖心からモンゴル人に媚びていた。毛沢東は更に中国人軍閥に占領された土地をモンゴル人に返還させよう、とも「三五宣言」で明言していた。

ウラーンフーも毛沢東が生き残る為に「三五宣言」を出したと分かっていても、「内モンゴルの領土的統一」にそれを利用した。領土的統一は、「中国に分割されて統治されてきた歴史」への反抗であると同時に、再度、分割されないようにとの戦略的な布石でもある。モンゴル人の領土は大きいほど中国人の侵略に抵抗できる、と彼は理解していた。ウラーンフーは毛沢東の「三五宣言」を法的な根拠にして隣接する諸省や自治区に占領されたモンゴル人の草原を取り戻そうとしたが、中国人からは彼の主たる意図は宣言書内の独立と連邦制云々にあるのではないかと疑われた。

政治的な死刑判決の性質

ボインバトは続いて「ウラーンフーの過ちの性質」について、前門飯店で発言した。

ウラーンフーの過ちは個別の仕事上の問題ではない。認識の問題でもない。彼の間違いは毛主席と党中央に反対し、毛沢東思想に反対し、プロレタリア独裁に反対するという、大きな問題である。国際的には帝国主義と修正主義と反革命主義に呼応し、国内的には反動派と極悪分子、それに右派どもに呼応する為である。

ボインバトの口を借りた華北局の政治的な断罪は致命的である。ここに至って、モンゴル人の最高指導者には政治的な死刑判決が下された、と理解していい。これらの断罪は、約一カ月後の七月二七日に毛沢東と党中央に出した華北局の「ウラーンフーの過ち問題に関する報告」とほぼ同じである。前門飯店華北局会議は長く、「慎重」にウラーンフーの「過ち問題」について検討したと演出しているが、実際は会議が開催される前から内容は既に内定されていたことが分かる。

　ボインバトが話したかどうかよりも、華北局が利用した「ボインバトの口」が重要である。東部モンゴル人の口から西部のウラーンフーの地元トゥメト旗の「罪」が暴露されている。トゥメトのモンゴル人は公有化によって生活レベルが低下し、「共産党の工作隊は日本の悪魔どもよりもひどい」と話していた事実がある、とボインバトは話す。「ウラーンフーよ、お前らは内モンゴルの人民を資本主義の道に引きずりこもうとしている」、とも断じている。

「首謀者は誰だ」

　との問いかけがボインバトの口から出た。「ウラーンフーは当然、首謀者だし、浩帆や奎壁、ジヤータイと雲北峰らもリーダーだ。彼らはみな反大漢族主義のやり手だ」、と断罪している。反大漢族主義のキャンペーンに中国政府と中国人は強烈な反感を示している。そもそも、「大漢族主義と地方民族主義の双方に反対しなければならない、それも主として大漢族主義に反対しなければならない」と提唱したのはほかでもない毛沢東である。

　ただ、それはあくまでもパフォーマンスに過ぎず、「他の諸民族よりも優れている」と信じこんでいる中国人は一度も自分たちに「大漢族主義」があるとは絶対に認めようとしなかった。モンゴル人のウラーンフーは大胆にも中国人のパフォーマンスを信じただけでなく、実際に政治運動を通してそれを一掃しようとした為に、粛清されたのである。これが、中国流少数民族政策の本質である。華北局前門飯店会議のポイントもここにある。

「ウラーンフーよ、お前はここ数年もう牧畜地区にも行かなくなったし、モンゴル人のミルク・ティーの味も忘れただろう」

とボインバトの口は最後にこのように自民族の最高指導者を侮辱している。ボインバトの口から出た批判は当たらない。ウラーンフーは一九六五年秋から複数回にわたって草原地帯に調査に行っていた。ウラーンフーは前門飯店会議で失脚し、それから故郷の内モンゴルに短期間帰るのは、一一年後のことである（楊　2013b）。この一一年間にわたる中国政府による幽閉生活の中で、彼は確かに故郷のミルク・ティーから遠ざかっていたのである。

四　オルドス高原から立ち上がる中国人延安派

ボインバトは北京の前門飯店会議においてウラーンフーを批判したが、オルドスに戻った後は、地元の「革命的群衆」から攻撃された。「ボインバトこそがウラーンフーの黒い手先だ」と断罪された。ボインバトと一緒に上京していた中国人の延安派の郝文広と田万生らが仕掛けた闘争である。郝文広と田万生は陝西省北部出身の中国人で、「ウラーンフーをボスとする延安派」内の中国人幹部である。彼らが前門飯店開会中にオルドスにいる親戚や部下たちに指示して、ボインバト追放を用意していたのである。

中国革命の主流になれなかった中国人延安派

ここでまず、郝文広と田万生、白漢臣と閻耀先といった中国人の延安派と、アルビンバヤルやバヤンドルジのようなオルドス出身者たちとの複雑な人間関係を整理しておこう。アルビンバヤルとバヤンドルジは地元出身のモンゴル人幹部で、共産党の紅軍が長逃して陝西省北部の延安に到着した時から毛沢東らと面会していた。彼らは共産主義者というよりも、地元オルドスの利益を優先する民族主義者だった。

郝文広と田万生、それに白漢臣といった陝西省北部出身の中国人たちは早くからオルドスで革命活動をし、民族主義者のアルビンバヤルらと親しかった。郝文広と田万生、それに白漢臣は中国人即ち漢族であっても、延安に落ちてきた毛沢東ら南方出身者とは異なるグループに属し、「陝北邦」（陝西省北部組）のメンバーである。この「陝北邦」は、歴史的にはオルドス・モンゴルとの交流が長く、共産党の南方出身者を「南蛮子《ナンマンツ》」と呼んで、折り合いが悪かった。

「陝北邦」も勿論モンゴル人の草原を占領し、オルドスまで入植したいとの野望を持っていたが、当時はまだ力の面でモンゴル人に及ばなかった。陝西省北部における共産党の権力がすべて逃亡してきた毛沢東ら南方出身者に握られると、「陝北邦」とオルドス・モンゴル人有力者たちとの結束は以前よりも強まった。中華人民共和国建国後になると、毛ら南方出身者は北京に入城して偉くなったが、「陝北邦」は相変わらず黄土高原の僻地に取り残された。「革命根拠地の延安」とは名ばかりで、忘却された存在となった陝西省北部出身の中国人た

上：1950年代のオルドス高原のモンゴル人たち。写真提供:ソノム
下：1963年のオルドス高原のモンゴル人幹部と牧畜民たち。人民服と伝統的な衣装の両方がみられる。著者蔵

ちは、進出先のオルドスでモンゴル人との共生を求めていた。オルドスでの地位を保つ為にも、彼らはより穏便な政策を取らざるを得なかった。陝西省北部出身の中国人は延安派のウラーンフーに親近感を感じ、かつ忠誠を示した。こうした行動が、内モンゴル自治区の東部

からやってきたボインバトの目には、「封建的、保守的」に見えたのである。

人民公社の公有化が一九五八年に導入された時に、モンゴルのチベット仏教の寺院は破壊され、女性の民族衣装や装飾品も没収された。こうした政策に対し、アルビンバヤル盟長は激怒していたし、中国人の趙会山や郝文広と田万生、それに白漢臣も同調していた。一九六三年に自治区政府が「民族分裂主義と修正主義に反対するキャンペーン」を進めた際も、延安派の闔耀先らは「オルドスに民族分裂的な活動はない」と話して抵抗した。「アルビンバヤル盟長は赤裸々に王公貴族と搾取階級の牧主の利益を守ろうとするし、田万生と郝文広らは階級闘争に反対している」、とボインバトは理解していた。

反大漢族主義をめぐる闘争

既に触れたように、共産党華北局は一九六四年から解学恭書記らを内モンゴル自治区に派遣してウラーンフーに関する資料を収集していた。これに気付いたウラーンフーも一九六五年七月から闔耀先と雲祥生らを抜擢して自陣を補強した。そして、一九六六年三月にはウラーンフーは側近の雲北峰をオルドスに派遣してボインバトの仕事ぶりを調べさせた。こうしたウラーンフー陣営の動きについて、ボインバトは一九六七年六月一二日に次のように語っていた。

一九六六年四月二六日と二七日に、内モンゴル自治区党委員会の席上において、ウラーンフーは悪意で以て反大漢族主義のキャンペーンをはじめた。彼は、各盟や市の書記たちにも反大漢族主義のキャンペーンを支持するよう呼びかけていた。私は彼の陰謀に気づき、「イケジョー盟の民族関係にどんな問題があるのか、まだ分からない」と反論した。すると、会議の休憩時間にウラーンフーの側近の奎壁がやってきて、「ボインバトさん、あなたに問題があるとみんな話している」と圧力をかけてきた。その後、雲北峰もまたオルドスに来て一カ月間滞在した。彼と一緒に来ていたマンダフも「イケジョー盟の生産活動が進んでいないのは、大漢族主義がのさばっているからだろう」と指図するが、私は否定した。昨年の前門飯店会議の際も、郝文広はウラーンフーを批判しなかった。……

ボインバトは、自分自身と前門飯店会議でウラーンフーを批判した幹部たちがオルドスに帰還した後に郝文広ら陝西省北部出身者によって一時的に追放された経験を述べている。実は一九六六年四月に郝文広の妻劉桂潔はフフホト市に入り、ウラーンフーと同じトゥメト出身の李振華の夫人を通して、ボインバトの動向について報告していた。田万生と閻耀先、それに張如崗らも同様な行動を取った。すべて延安派である。

七月中旬、北京前門飯店会議に参加していた閻耀先からの手紙がオルドスの関係者に届き、まもなく劉桂潔らは「反革命修正主義者ボインバトの罪を暴露する」、「政治的な野心家のボインバト」という大字報を貼りだした。この時、ボインバトは北京でウラーンフー批判の急先鋒に任じられていたが、地元では既に彼自身が「ウラーンフーの黒いグループに属す者」

とされていた。「ボインバトは狡い奴だ。北京から戻る前に彼を倒さなければならない」、とオルドスの中国人幹部たちは迅速に動いていたのである。

「リトル北京」

死活の闘争は続く。オルドスの文革は複雑化し、自治区全体の政治の台風の目のような様相を呈してきた。文革の初期においては、中国政府は主としてウラーンフーを首領とする西部出身のモンゴル人幹部たちを粛清しようとしていたからである。その為、自治区全体がオルドスでの政治闘争に巻きこまれた。北京と同じように、オルドス高原でも立ち上がった群衆は造反と保守の二つの陣営に分かれた。オルドスの混乱ぶりを一九六七年九月二二日付の『工人戦報』(第三〇、三一合併号)は詳しく伝えている。

フフホト市の労働者新聞『工人戦報』によると、一九六六年九月二二日前は、イケジョー盟共産党委員会常務副書記の楊ダライと副書記の康駿らが「盟委員会文化大革命弁公室」を構成していた。党中央からの文革発動の指示に応える為の組織だ。二二日以降には内モンゴル自治区党委員会が正式に「イケジョー盟の文化大革命指導組」の成立を許可し、組長には山西省から派遣されてきた劉忠が任命された。これは、華北局前門飯店会議の結果、内地からの中国人幹部たちがモンゴル人の権力を奪う為の布陣である。副組長は楊ダライと康駿で、メンバーには郝文広と劉雄仁らが加わり、計七人からなる組織だった。

一一月二五日になると、郝文広は「オルドス無産階級革命造反聯絡総部」(略してオルドス）を形成したのに対し、ボインバトを擁護する楊ダライと康駿らは「イケジョー盟革命造反聯絡委員会」（略して聯委）を作った。「オルドス無産階級革命造反聯絡総部」は最初「毛沢東思想を守る戦闘隊」（捍衛毛沢東思想戦闘隊）と名乗り、後に膨れ上がって「イケジョー盟紅色革命造反団」となる。その傘下には「永紅」と「井崗山」、「衛東彪」、「伏虎」など一〇いくつもの「戦闘隊」があった。ちなみに「衛東彪」とは「毛沢東と林彪を衛《まも》る」との意味である。

一方、ボインバトを守ろうとする「聯委」側は一九六六年一一月一一日に成立した「紅色戦闘隊」からスタートしている。こちらも複数の下位組織を糾合して「イケジョー盟無産階級革命造反聯合委員会」と名乗ったのは一九六七年一月二三日の夜だった。

どちらも「造反」を標榜しているが、一般的に「オルドス」は急進的な造反派で、「聯委」は保守派と理解されていた。文革初期において、オルドスのすべての人たちがこの二つの組織のどちらかを支持するかの態度を表明しなければならなかった。わが家では父親が「聯委」で、母親が「オルドス」派だったのである。

「革命造反派」が「オルドス」と「聯委」に分かれた最大の原因は、ボインバトを暴力的に闘争するかどうかだった。郝文広の「オルドス」は「ボインバトこそウラーンフーの黒い手先だ」として一九六六年八月から壁新聞を貼りだして批判していたが、楊ダライらの「聯委」は「ボインバトは前門飯店会議でウラーンフーと戦ったし、ウラーンフー陣営の者ではない」と擁護した。

楊ダライと康駿らは自治区党委員会の中国人書記の王鐸や王逸倫らとも連携し、更には内モンゴル軍区とも繋がっていた。いわばウラーンフーが失脚した後の自治区の体制側のメンバーだった。内モンゴル軍区は文革の最初の段階で師範学院の大学生の造反派を射殺するなど厳しい弾圧体制を敷いていたので、「路線的な間違いを犯した」と一九六七年四月に党中央から批判されて退潮する。

軍の一時的な撤退で造反派の正統性が確立されるが、ウラーンフーと同じく延安派に属す中国人の郝文広らがオルドスで造反派を形成して、反ウラーンフーの先鋒をつとめたボインバトら東部出身のモンゴル人を逆に打倒したプロセスは、まるで「小北京」のように、複雑な政治闘争が繰り広げられていたのである。

「反ウラーンフーの積極分子」が明示する未来

保守派の「聯委」は一九六六年八月一〇日に『ウラーンフー反党集団の黒い手先はイケジョー盟まで伸びている』という大字報を書き、中国人の田万生を批判した。陝西省北部出身の田万生は一九四〇年代からオルドス西部のウーシン旗あたりで活動していたし、中国人延安派の代表格のひとりである。

「聯委」は早くから陝西省北部出身の延安派をターゲットにしている。「聯委」側の白銀柱はまた『イケジョー盟書記ボインバト同志問題の真相』という文を一〇回にわたって配布し、ボインバトこそ「反ウラーンフーの積極分子」だと強調した。白銀柱は一九六四年に大学を卒業した者で、イケジョー盟第一中学校の代理書記だった。オルドスに駐屯する人民解放軍も「聯委」側と連携していたが、「聯委」と「オルドス」はそれぞれの支持者たちを擁して大規模な「武闘」を展開していた。

中国の政治運動は一種の巨大なミキサーのようにあらゆる人物を巻きこむ。まもなく反ウラーンフーのボインバトも、延安派にして造反派を逸早く作った郝文広もその仲間の田万生と共に「郝・田宗派」を形成したと批判された。造反派の立場に立つ『工人戦報』は最後に次のような結論を出している。ボインバトは絶対に打倒しなければならない人物で、彼には次のような「罪」がある。

一、偉大な毛主席を攻撃した。二、「ウラーンフーこそが民族の指導者であり、民族問題でも発言権がある」と話して、ウラーンフーの思想を宣伝した。三、大躍進政策と人民公社化政策に反対した。四、生産請負制を推進し、資本主義政策を実施した。五、ウラーンフーの意向に沿って、民族分裂主義者の金漢高と楊ダライらを抜擢して重用した。六、「文革はモンゴル人ばかりを打倒している」と発言していた。『工人戦報』は最後に結論を示している。

前門飯店会議においても、ボインバトは最初から積極的ではなかった。ウラーンフーの問題が暴露され、もう守りきれないとみた彼は「積極的な振り」をしたに過ぎない。……彼はウラーンフーが打倒された後も、ウラーンフーのいないウラーンフーの政策を実施していた。ボインバトが共産党と社会主義に反対するのは偶然ではない。搾取階級出身の彼は必然的に反党反社会主義にならなければならなかった。彼は地主の家に生まれ、その父親も土地改革の運動中に農民に殺された。彼の四番目の伯父は日本統治時代に旗公署の役人だったし、彼本人も偽満洲国の法政大学で学ぶなど、日本の奴隷化教育を受けている。興安省人事課に勤務し、ハーフンガの内モンゴル人民革命青年同盟に入って、独立運動をやっていた。……

以上が造反派新聞の見解だが、内モンゴル自治区における文革の方向を示す指針的な論文である。以後、ボインバトのような「偽満洲国が育成したモンゴル人」は「独立運動という民族分裂的活動」を推進した「罪」で粛清されるし、中国人の延安派もまた政治闘争の犠牲になっていくのである。

延安派の逆襲

ボインバトを擁護する「聯委」側は「ボインバト同志に関する華北局・内モンゴル党委員会の指導者の同志たちの談話と指示」との公文書を出して、延安派に対抗した。この公文書は一九六六年七月一五日から翌年二月一六日までの自治区の指導者の高錦明や雷代夫らの言葉を網羅している。

公文書によると、前門飯店会議が終わった後の一九六六年八月には雷代夫がオルドスにやってきて、ボインバトはウラーンフーの陣営に属す者ではない、とイケジョー盟の幹部たちを説得していた。しかし、イケジョー盟では既に郝文広らが「ボインバトこそウラーンフーの黒い手先だ」とする主旨の大字報を貼りだしていた。

一九六六年九月二〇日、イケジョー盟第一中学校の学生たちは盟委員会に闖入してボインバトを引きずりだして批判闘争しようとしたが、ここでも自治区党委員会の高錦明らが指示を出して阻止した。二一日の早朝、自治区党委員会はたて続けに二通の電報をオルドスに打って、ボインバトを暴力的に闘争するのを阻止したが、時は既に遅かった。

「ボインバトを闘争しよう」とするオルドスの「革命的な学生と政府直属機関の幹部たち」を前にして、高錦明は一九六六年一一月一二日に次のような主旨を話した。

ボインバト同志とシリーンゴル盟のゴンブジャブ書記にも間違いはある。ひどい間違いでもある。ただ、彼らはウラーンフーの黒い手先ではない。……内モンゴル自治区は真先にウラーンフーを揪みだした。ウラーンフーが反大漢族主義の旗を掲げて民族分裂的活動をし、反党反社会主義をやっていたからだ。……内モンゴル自治区の九つの盟と市の書記の中で、ボインバトとシリーンゴル盟のゴンブジャブ、バヤンノール盟のバトバガナら三人はウラーンフーの黒いグループのメンバーではない。

内モンゴル党委員会の王宏烈も一〇月三日に「イケジョー盟のボインバト書記とバヤン

ゴンボジャブ

ノール盟のバドバガナ書記、それにシリーンゴル盟のゴンボジャブ書記はウラーンフーの黒い手先ではない」と革命群衆を説得している。三人のモンゴル人書記は全員「偽満洲国出身の日本刀をぶら下げた奴ら」で、ウラーンフーに抜擢されて自治区西部に任官していた。彼らは前門飯店会議で中国人側に立ってウラーンフーと訣別したが、自治区に帰ってくると、自身の日本時代の経歴が問題視されたのである。

日本とモンゴルという「罪」

造反と保守の両派が鋭利な批判文章を用意して相互を攻撃したのも、北京と同じである。「オルドス」側は一九六七年八月二日に「ボインバトのブラック・スピーチ集」を整理して、相手の「罪」を列挙した。まずボインバトの出身と「階級的な身分」を詳しく分析し、いかに「党中央と毛主席、社会主義に反対する言論をしてきたか」を罪証としている。

ボインバトは日本の偽満洲国の法政大学を卒業し、日本の天皇に忠誠を尽くしていた。卒業後も偽満洲国の中央職員訓練所で研修し、ファシズム当局に派遣されて、外国へ観光に行ったこともある。帰国後は興安総省の人事科につとめ、日本の偽満洲国の協和会にも参加した。一九四五年に日本が投降した後の二カ月間の行動は不明だ。その後はハーフンガに追随してジャラガルとゴンブジャブらと結託してホルチン右翼前旗自治政府を作り、反動的な内モンゴル人民革命青年同盟ホルチン右翼前旗の内防科長のポストに就いた。それだけではなく、彼はまた反動組織の「興蒙会」にも加わった。……その後はウラーンフーにみそめられて、「ウラーンフーの八大青年」のひとりとなった。前門飯店会議の時、風向きが変わったとみた彼は机を叩いたり、大声で怒鳴ったりして反ウラーンフーの急先鋒を演じたりしたが、それは革命の左派を騙す為の演技に過ぎなかった。

批判文はまたボインバトはずっとモンゴル人搾取階級の利益を優先し、プロレタリアート独裁を否定する政策を実施してきたと断罪する。ボインバトはまた「その主人のウラーンフーに習って中国人即ち漢族を馬鹿にした」という。

陝西省の楡林《テメート》地域は貧しいところだ。楡林の漢族《チャイニーズ》の連中は冬になると一、二キロのタバコの葉っぱを持って出かける。オルドスにやってきてタバコの葉っぱをモンゴル人に売りながら、モンゴル人を騙す。「サンバイノー（こんにちは）」しか言えない彼らが、モンゴル人の家を三カ月間も回っているうちに一冬を過ごす。モンゴル人の食糧をただで食べて一冬を過ごす。牧畜地域では外から来た人に戸籍を与えてはいけない。外から来た者は全員が漢人《チャイニーズ》ではないか。

これらはボインバトが一九六二年と一九六五年五月に話したことだとされている。ボインバトの発言の内容は事実である。私も子どもの頃はオルドスにいた。陝西省からの中国人たちはモンゴル人社会に接待《もてなし》の文化があるのを知っている。その為、モンゴル人社会に来たら、ただで飲み食いできる。彼らは大挙してモンゴル人の家庭にやってきて、転々と回って過ごし、腹一杯食べて、数カ月間過ごしてから貧しい故郷の中国本土に帰っていった。

「今回の運動はモンゴル人ばかりを迫害している」

とボインバトは文革が始まった直後にオルドスに帰って楊ダライにこぼしていた。勿論、これは「無産階級文化大革命を否定する発言」として重い罪となった。ボインバトは中国人の高錦明と李雪峰らに唆されて前門飯店会議で確かにウラーンフーを批判した。彼がウラーンフーに突き付けた「罪」がそのまま自身に及んだところに、中国の政治運動の過酷さが認められよう。ボインバトは一九六六年一一月三日から自治区の首府フフホト市で「自治区三級幹部会議」に参加していた。一九日の早朝、「イケジョー盟紅色革命造反団」のメンバー六三〇人がフフホト市に乱入し、ボインバトを拉致して、トラックに載せてオルドスに帰った。ボインバトは前門飯店会議で反ウラーンフーの急先鋒をつとめたものの、オルドスに帰ってくると、地元イケジョー盟の文革指導組には彼の名前はなかった。郝文広を中心に、陝西省北部出身の中国人の延安派で固められた文革指導組に彼の椅子はなかった。中国人の延安派は露骨に「反ウラーンフーの積極分子ボインバト」を外したのである。指導組のこうした構成に対して、自治区の指導者たちも問題だとは分かっていながらも、特に有効な対策がとれなかった。

五　共産党史の闇の発見

「高崗反党集団」

「あなたはウラーンフーと関係があったのか」

と郝文広に尋ねたのは、内モンゴル自治区の著名な造反派領袖の高樹華である。高樹華が一九六七年六月下旬にオルドスを訪問した時のことである。「それはあったさ。関係がなければ、ウラーンフーは私を抜擢するか」と郝文広は大胆な返事をしていた。中国人の延安派たちをウラーンフーと結びつけるだけでは、火力が足りなかった。中国人の延安派たちはボインバトこそが「ウラーンフーの黒い手先」だと主張しているので、ボインバトを擁護する「聯委」は一九六七年六月四日に新しい、致命的な攻撃の材料を発見した。「高崗反党集団」である。「郝文広と田万生はウラーンフーの反党集団の成員であるばかりでなく、高崗反党集団のメンバーでもある」、と断じた。

実はボインバトは華北局前門飯店会議からオルドスに帰ってまもなく、側近の呉占東を北京に派遣して、直接党中央の意図を探っていた。モンゴル人の呉占東は北京の政局についてボインバトに報告した。南中国出身の毛沢東の党中央が陝西省北部出身の高崗と習仲勲らを「反革命分子」と断定した意思は固い、と察知した呉占東は、郝文広と田万生らを「高崗反党集団」と結びつけるようボインバトに伝えていた。

陝西省北部出身で、オルドスに来ていた中国人の幹部たちを「高崗反党集団」のメンバーだと断罪した批判文は、私が発掘し、公開した資料群の中でも特に重要である。以後、ウラーンフーと共に延安で暮らしていた陝西省北部出身の中国人幹部たちも「ウラーンフーの反党集団と高崗反党集団の二重のメンバー」とのレッテルが貼られて粛清される。

高崗は一九〇五年に陝西省北部の横山県に生まれ、中国共産党の「陝北革命根拠地」を創建した主要な人物のひとりである。一九三五年九月に毛沢東の紅軍が南中国から長逃して陝西省北部に落ち着くと、「陝北の革命家たちは紅軍を絶滅の危機から救った」と宣言した。

紅軍は南中国を出発した時は三〇万人だったが、陝西省北部の延安に到着した際にはわずか三万人程度に減少していたので、敗軍を受け入れた陝西省北部の革命家たちは確かに功績を立てた。しかし、毛沢東はまもなく地元で人気の高い劉志丹を殺害して権力を簒奪すると、共産党内部の南方系と陝西省北部出身者との間で熾烈な権力闘争が長く続いた。

陝西省北部出身者はほぼ全滅するが、かろうじて生き残ったのが高崗と習仲勲の二人である。高崗は毛沢東に忠誠な態度を示してきたが、それでも政権獲得後の一九五四年に自殺に追いこまれた。罪名は「ソ連に通じて毛沢東と劉少奇に反対したこと」だった。残された習仲勲も一九六二年に失脚し、文革中に批判闘争された。この習仲勲から習近平は生まれた。「反党集団を結成して偉大な領袖の毛沢東に反対した罪」で歴史の彼方に葬り去られた高崗は陝西省北部の共産党の割拠地を守り、拡大させた人物である。しかし、彼とその同志たちが南方系の毛沢東によって追放された以上、郝文広と田万生ら中堅幹部たちも尻尾を巻いて北京から遠いオルドスで息をひそめて暮らすしかなかった。高崗はモンゴル人のウラーンフーと共に延安民族学院で仕事をしていた過去もある。

高崗が粛清された以上、陝西省北部出身者たちにとって、モンゴル人のウラーンフーは最高位の保護者だった。中国共産党内の南方出身者たちもウラーンフーと高崗との親密な関係を知っていたが、まだモンゴル人指導者層を打倒する気配がなかった時代、内モンゴル自治区は陝西省北部出身たちの大本営だった。

高崗の「罪」が「平反」（名誉回復）されない以上、文革までの陝西省北部出身者たちは慎重に慎重を重ねて、党内闘争のタブーに触れないよう生きていたのである。高崗の自殺は毛沢東と劉少奇らが一方的に主導した粛清劇だと分かっていても、党と国家のあらゆる権力が「南蛮子」に掌握されている以上、どうしようもなかった。従って、内モンゴル自治区における文革の中で、オルドスの「聯委」側が「高崗反党集団」を武器として持ちだした戦略はみごとに成功した。

日本よりも危険な「高崗残党」

造反派の「オルドス」がボインバトの日本統治時代の経歴を問題視しているのに対し、保守派の「聯委」は、郝文広らは「高崗の残党だ」と反撃してきた。どちらも歴史を持ちだして相手を攻撃しているところが特徴的である。「聯委」は一九六七年八月一〇日に「高崗の残党を徹底的に除去しよう」との批判文を公にした。この批判文は「オルドス」と「フフホト市大学中等専門学校紅衛兵革命造反第三司令部」（略して呼三司）、天津紅代会南開大学八一八火炬《たいまつ》縦隊が合同で執筆したものである。

偉大な無産階級文化大革命の中で、内モンゴルのイケジョー盟の大勢の紅衛兵たちと無産階級の革命造反派たちは毛沢東思想の旗を高く掲げて、万難を排して郝文広（盟の副書記兼副盟長、盟公署党組織委員会書記）と田万生（盟の副書記、内モンゴルの監査委員会委員、全国人民代表大会委員）、白漢臣（盟の党常務委員会委員、統一戦線部長）をボスとする反党集団を揪みだした。これは、毛沢東思想の勝利であり、人民に喜ばれた快挙である。

イケジョー盟の郝・田・白反党集団は高崗の残党であり、ウラーンフーの代理人でもある。彼らと高崗反党集団やウラーンフー反党集団との汚い関係は長い。イケジョー盟の南西部は陝西省北部の三辺地域、横山地域と隣接しており、高崗とその徒党たちは既に一九三五年からこれらの地域で活動していた。

一九三五年冬、高崗と田万生ら七人からなる臨時の工作組は陝西省北部からオルドス南部のオトク旗とウーシン旗に入り、「内モンゴル工作委員会」を作った。高崗が主任に、趙通儒が秘書長に、田万生が「ウーシン県ソヴィエト」の主席にそれぞれなった。一九三七年に「内モンゴル工作委員会」は「少数民族委員会」に名を変えたが、高崗は主任に変わり、李維漢が書記となった。それ以降、一九四五年に高崗が中国西北部を離れるまで、イケジョー盟の仕事はすべて彼の指導下にあった。

オルドスはまたウラーンフーの活動の拠点であり続けた。彼の巣窟でもあった。一九三八年にウラーンフーは新編第三師団と共にオルドスのトーリムに入り、この軍の政治委員やイケジョー盟と綏遠省軍政委員（主任は趙通儒）などを歴任した。

高崗とウラーンフーがオルドスで活動していた頃に、自らの側近たちを育てた。郝文広は、高崗の残党である趙通儒が育てた者で、延安民族学院でウラーンフーと王鐸の弟子となったし、ウラーンフーの妻雲麗文とも同窓生である。田万生は高崗と義兄弟の契りを交わしており、親友である。白漢臣は高崗と同郷にして同窓生で、その上で義兄弟の契りを結んでいる。彼らは高崗反党集団の主要なメンバーである。一九三八年からオルドスにいた高崗とウラーンフーの残党たちは互いに結託し合い、決死隊を形成した。高崗が打倒された後、その残党はすべてウラーンフーの門下に入った。

このように、毛沢東と抗争した高崗は容易にモンゴル人の指導者であるウラーンフーと結びつけられた。ウラーンフーの故郷である南モンゴルのトゥメトが陝西省北部と隣接し、共に延安で活動し、そして恐らくは二人ともソ連に憧れていたからである。

中国人の白漢臣はいつも、「高崗は陝西省革命根拠地の創始者だ」と宣伝していたという。「高崗同志は党中央の食糧政策に不満だった。党中央に意見を述べただけだったが、毛主席から功名の為だと批判されて、反党分子にされてしまった。高崗は圧力を受けて、睡眠薬を飲んで亡くなったのだ」、とも話していた。「毛主席は笑いながら高崗に薬を渡した。高崗が家に帰ってその薬を飲んだら、死んじまった」、と毛沢東が直接、高崗を殺害したような話を白漢臣は一九六二年にしていたという。

「高崗は功績が大きい。毛主席の紅軍が陝西省北部に来た時、高崗と彼が創った根拠地がなかったら、全滅しているよ」

と白漢臣はまた語ったという。私も子どもの頃から経験しているが、高崗や劉志丹など陝西省北部出身者の歴史はずっとタブーであった。そのタブーを公然と打ち破り、しかも高崗らの功績を口にした白漢臣らは当然、打倒される運命にあった。

毛沢東ら中国南部出身の共産党主流派からすれば、高崗の歴史はある意味で「日本の偽満洲国」の存在よりも危険だった。日本と「偽満洲国」は共産党によって追放された対象とされていたが、高崗の粛清は党内の不名誉な政治闘争史を意味しているので、決して人民に見せられる内容ではなかったのである。従って、ボインバトを守る「聯委」側の反撃は破壊力が大きかったのである。

多重の罪と延安派の底力

高崗反党集団に習仲勲という男がいた。今の習近平総書記の父親で、一時は国務院副総理をつとめていた。習仲勲もまたウラーンフーと親しかったとされる。習仲勲はウラーンフーの息子の仲人であり、共に反党活動をおこなっていたという。一九六五年六月に山西省の太原市で共産党華北局会議が開かれた後、ウラーンフーは「私は民族問題で孤立してきた。これからは延安民族学院の卒業生を使うしかない」と発言し、ますます高崗反動集団と「固く結託」しはじめた、と批判する。

このように、文革が発動された最初の段階で、内モンゴル自治区では西部出身のモンゴル人高官たちが真っ先に粛清された。彼らは延安で一時暮らしていた過去があった為、陝西省北部出身で、中国共産党内の非主流派の「高崗反党集団と連携した罪」も冠された。多重な「罪」を用意することで、二度と政界に戻れないよう徹底した戦略である。この時期、共産党中央に協力していた内モンゴル自治区東部出身のモンゴル人たちもやがては「対日協力」と「分離独立」という二重の「罪」で惨殺されていく結末をまだ予想していなかっただろう。

オルドスにおける人民群衆の造反と保守両派の対立と、共産党内部での延安派と「偽満洲国出身者」らとの熾烈な政治闘争は天津から経験交流に来ていた紅衛兵たちの報道によって、全国的にも知られるようになった。北京からの支援があったかどうか不明だが、「聯委」側は一九六七年九月に「イケジョー盟党委員会記録から郝文広と田万生らの陰謀をみよう」と

天幕のなかでくつろぐウラーンフー（左）と習仲勲。1984年の一枚

の文書を公開した。これは、イケジョー盟党委員会内部にいたボインバトを擁護する人たちが共産党の内部の秘密の記録を公にすることで、造反派を撃退しようとした策略である。文書はいう。

郝文広と田万生は高崗の残党で、ウラーンフーのイケジョー盟における代理人でもある。彼らは長い歳月の中で古参の右派と大物の裏切り者、封建的な王公、そして反党分子からなる反党集団だ。この反党集団は実質的にはウラーンフーがオルドスに設置したブラック司令部だ。反党集団はボインバト同志を打倒しようとしているだけでなく、更に大勢の革命的な同志たちをも死に追いやろうとしている。

党委員会の記録集によると、一九六六年八月一五日に開かれた会議の席上で、中国人の田万生と劉雄仁らは「ボインバトが文化大革命指導組に入るのに断固反対する」と強く主張した。イケジョー盟文化大革命指導組の実権を掌握することで、北京前門飯店会議から戻ったボインバトを不利な立場に立たせた。

盟党委員会だけでなく、オルドスの各旗や県の文化大革命指導組もほとんど陝西省北部出身の幹部たちや彼らと付き合いの古い地元のモンゴル人たちが占めるようになった。かくして、南モンゴル東部から西部オルドスに赴任してきたボインバトは、運動の初期において完全に包囲されていたことが分かる。延安派の底力はまだ残っていたのである。

延安派に対する断罪する方式

「聯委」側は更に体系的に延安派に反撃する。中国共産党内部の政治闘争史が武器となるのを彼らも熟知していたので、例の高崗を墓の中から蘇らせることだ。一九六七年九月二一日、「聯委紅総司の専ら高崗の残党を揪みだす連絡センター」は「高崗の陰湿な魂は未だ消えず」との批判文を公開した。

「オルドスはもはや高崗の残党の巣窟になってしまった」と批判文は冒頭で主張する。「毛主席は北京入りしてから、延安をすっかり忘れた」、と「高崗の残党の趙通儒」は一九五六年に話して「偉大な領袖を攻撃した」と断罪する。高崗の「罪」はソ連のトロツキーやブハーリンほどは重くないにも関らず、毛沢東に粛清されたのは不公平だともこぼしていたそうだ。高崗の義兄弟の田万生もまた「劉志丹と高崗の死に対して、陝西省北部の人民は不満だ」と周辺に語っていた。「地主出身の郝文広は一九六二年に反動的な漢詩を書いて、毛主席の人民公社を悪意で以て攻撃した」、とも書いている。

ボインバト側の「聯委」はまた一九六七年一〇月二〇日に「高崗とウラーンフーの反党言論集」を公開した。この冊子は第一部分が「高崗の反党言論」で、第二部分が「ウラーンフーの反党言論集」である（楊 2015a）。高崗の「劉志丹は共産党西北根拠地の創始者だ」との発言が問題視されている。

ウラーンフーの場合だと、彼が以前に「チンギス・ハーンの子孫たちは連携し合おう」とか、「大漢族主義に反対し、民族の自決を獲得しよう」などと主張していたことが「反党の証拠」だと断じられている。すべて中国共産党自身が唱えながらも、建国後にはいとも簡単に翻意したスローガンばかりである。冊子はまた習仲勲の「反革命的行動」をも批判している。

「聯委」側の攻撃は続く。彼らは一一月一日に「ウラーンフーのイケジョー盟における罪行」との文章を書いて、延安派の「高崗の残党を徹底的に駆除しよう」と呼びかけた（楊 2015a）。「ウラーンフーと高崗の罪行」は以下の通りである。

ウラーンフーは内モンゴル自治区における最大の走資派であり、現代のチンギス・ハーンでもある。彼は民族主義の外套をまとった狼で、一度も革命をやったことがない。彼は日和見主義者にして裏切り者だ。……

高崗は共産党西北局の書記だった時代から毛主席に反対する路線を歩んだ。高崗が延安民族学院の学院長だった頃に、ウラーンフーは同学院の教育長だった。延安民族学院にいた雲北峰と浩帆、ウラーン、雲曙璧、雲曙芬、雲麗文、キョールゲン（克力更）、寒峰、李振華、郝文広らは全員大モンゴル帝国を創る為のメンバーたちだ。……一九四五年以降に高崗が東北局の書記になり、ウラーンフーはモンゴル民族の指導者にそれぞれなった。二人は結託し合って内モンゴルで「搾取階級を闘争しない、その財産を分けない、階級的な身分を画定しない」という三不政策を実施した。……

一九六一年には習仲勲が西北へ行こうとしてフフホト市に立ち寄った際に、ウラーンフーは宴会を開いて接待した。習仲勲が北京に戻ってからもウラーンフーの問題を党中央に報告しなかった。ウラーンフーも北京に行くと、習仲勲の家に行き、飲み食いをした。

ボインバトはもはや「革命的な左派」として生き残れなくなった。一九六八年三月二七日、造反派の「オルドス」は「イケジョー盟における中国のフルシチョフの代理人が牧畜生産活動において犯した反革命修正主義の罪行を徹底的に批判せよ」との文章を公表し、「ボインバトこそ忠実にウラーンフーの三不両利政策を実施し、社会主義化に反対した」、と断じた。ボインバトが自民族の最高指導者のウラーンフーを真先に批判してまで中国共産党に忠誠な態度を示しても、彼が同胞のモンゴル人たちとモンゴル語で話し合ったりしただけで、「地方民族主義的な思想がある」と断罪されている。いわば、文革中にモンゴル人が造反と保守のどちらの陣営に立とうとも、「民族主義的な思想を持つ」との一言でいつでも粛清される立場に立たされていたのである。

中国共産党華北局は前門飯店会議の閉幕後にひき続き北京で東方飯店会議を招集した。ウラーンフーを追放した高錦明と権星垣らはボインバトを自陣に受け入れ、彼と対立する郝文広は間違いを犯したと結論づけた。北京からオルドスに帰ると、中国人の幹部たちは郝文広側に、モンゴル人幹部たちはボインバト側にそれぞれ立った。ボインバトは文革が発動された際の北京前門飯店会議ではモンゴル人の最高指導者のウラーンフーの「反大漢族主義と民族分裂主義」を批判した。

二〇一三年一〇月一五日、北京の人民大会堂で「習仲勲生誕一〇〇周年記念座談会」が開かれた。この座談会には九〇歳に達する高崗の未亡人も列席し、夫の名誉回復を求めた、と『讀賣新聞』は伝えている（二〇一四年一月一七日・朝刊）。中国共産党内部の権力交替の歴史的構図からみると、陝西省北部出身者が国家と党の最高ポストに就くのが、習近平が最初となる。

第四章　共産党が醸成する反「分裂主義」の世論

共産党にすべての権力が集中する中国において、各省や自治区の党委員会は首都北京に次ぐ政治の中心である。内モンゴル自治区の場合だと、首府フフホト市にある党委員会は北京の党中央と連動し合って、モンゴル人の「民族分裂主義的活動」を断罪する最前線であった。

一　政府の急先鋒をつとめる自治区の中国人

モンゴル人政治家の抵抗と敗北

反大漢族主義を進めてきたウラーンフーは、一九六五年八月三一日に北京にある国家民族事務委員会から浩帆を呼んできて党委員会副秘書長に任命した。浩帆はウラーンフーと同じトゥメト旗出身のモンゴル人で、いずれは秘書長に抜擢する予定だった。この時、中国人の張魯が秘書長代理として残っていたが、彼は当然、自分が排除されたと思った。

翌一九六六年一月二五日にウラーンフーは自治区代理常務委員会委員に一三人を任命するが、これにも浩帆は入っていた。一三人中九人がモンゴル人で、そのうち浩帆と陳炳宇、雲世英、雲北峰、チョルモン、ブヘ（ウラーンフーの長男）の六人がトゥメト人だった。こうした人事は、中国人と東部出身のモンゴル人の間で怨恨の種をまいた。張魯と党委員会弁公室主任の楊敏、宣伝部部長の郭以青、書記処書記の高錦明ら中国人は華北局に密告の書簡を送り、「内モンゴル党委員会は極端に狭隘な民族主義の情緒に包まれている」とし、上級機関による調査を求めた。

春の四月二五日にウラーンフーは自治区党委員会拡大会議を開き、反大漢族主義の必要性を強調し、参加者からも支持を獲得した。当然、「大漢族主義的思想」の持ち主とされた高錦明と権星垣、周明と雷代夫らは反発し、再度、北京の華北局に密告する。華北局は四月三〇日に書記処書記の解学恭と李樹徳、魯鳳儀、曲友仁らを派遣して、ウラーンフーの「狭隘な民族主義思想」を調査し、批判した。

五月一日、権星垣は一三頁に及ぶ長大な密告文をしたためて解学恭に提出し、ウラーンフーと浩帆の「民族分裂的な活動」を詳しく例示した。中国政府と大勢の中国人政治家たちを前にして、モンゴル人の敗北は瞬時に訪れた。

ウラーンフーは一九六六年五月二一日から七月二五日にかけて開催された中国共産党華北局工作会議で吊るしあげられて失脚する。華北局は最後に、ウラーンフーには「クーデターを準備し、民族分裂的な活動を進めて独立王国を創ろうとした罪がある」と毛沢東の党中央に報告した。

新聞などの政府メディアではウラーンフーが粛清されたことに関する公式な報道は一切なかったものの、内モンゴル自治区の各界にはことの真相が漏れていた。北京と同様に、ウラーンフーこそが内《みなみ》モンゴルの最大の「敵」だと真先に感知したのはほかでもない自治区党委員会弁公室のメンバーらである。自治区の政治の中枢にいた彼らは無数の大字報（壁新聞）を貼りだして、モンゴル人批判の論陣を張った。大字報の書き手たちが共産党委員会の幹部であることと、一般の人民よりも豊富な内部情報に接し、かつまた多くの事実を暴露した内容からなっている為に、自治区党委員会の大字報は文革研究に欠かせない重要な第一次資料である。

以下、私は一九六六年六月一三日から九月一一日まで続く自治区党委員会の大字報による批判キャンペーンの展開に則して、中国共産党がどのようにモンゴル人の「民族分裂活動」を批判したかを描写する。一般的に大字報は壁に貼りだされて公開され、群衆はそのうちの関心のある内容を書き写して広げるので、言論の自由のない中国における数少ない政界の動向を知るシールの一つである。

第一号の大字報の意義

北京の前門飯店華北局工作会議に呼ばれたウラーンフーは政治情勢の変化を感じ取り、党委員会副秘書の浩帆に「自分のスピーチの記録を厳封して北京へ届けるよう」指示した。華北局も五月六日に自治区党委員会拡大会議が去る四月二五日に開催された時の記録類を提出するよう求めていた。

華北局は自治区党委員会のオリジナルの記録を用いてウラーンフーを断罪しようとしていたが、ウラーンフーは認めなかった。六月七日、自治区党委員会組織部長の李子敬が率いた「革命的群衆」は党委員会に乱入し、浩帆を「ウラーンフーをボスとする反党のブラック・グループ（黒幇）のメンバーとして揪《つま》みだした」。一週間後の六月一三日に、自治区党委員会弁公室は第一号の大字報を公開した。

内モンゴル自治区党委員会弁公室と機密局の幹部、職員たちは、浩帆のすべての職務を停止させて隔離審査し、反省させたと聞いて大いに喜んだ。みんな完全に、熱烈に党委員会の英明な決定に賛成し、迅速に戦闘に入ると決心した。反党の謀略家に対する満胸の憤怒と、党中央と毛主席、それに社会主義を守ろうという忠誠な紅い心臓で以て毛沢東思想の偉大な紅旗を高く掲げて、反党反社会主義分子の浩帆に対して、猛烈な砲火を浴びせよう。

党委員会が列挙した浩帆の「罪」は以下の通りである。

一、一九六六年四月二五日に開催された自治区党委員会の席上で、民族問題について発言した一〇人のオリジナル記録を上級機関の華北局に提出しようとしなかった。華北局と繋がりのある人物たちを排除した。二、反大漢族主義を推進した。例えば、「党中央はいつも地方民族主義に反対する運動には熱心だが、大漢族主義に反対するのには難癖を付けてくる」、と話していた。

中国人は自身に大漢族主義的な思想があるとは絶対に認めようとしないし、ましてや「立ち遅れた」モンゴル人に反対されるなんて論外だと思っていた。ウラーンフーとその部下たちは四清運動中に反大漢族主義のキャンペーンを推進したことが逆に文革前から「狭隘な民族主義的情緒の表れだ」とされ、次第に「民族分裂主義的活動」だと批判されていく。内モンゴル自治区党委員会の第一号の大字報がモンゴル人の反大漢族主義キャンペーンに対する反論からスタートしている事実は、それ以降に展開される文革が両民族の対立を軸に推進されていく趨勢の予兆だと位置づけることができよう。

階級闘争と性的スキャンダル

モンゴル人粛清の方法は既に決まっていた。ウラーンフー一派の「問題」を発見することだ。浩帆が副秘書長になってから、フルンボイル盟副盟長だった鋭軍（モンゴル人）やゴニら三六人を抜擢したことも、「自治区西部出身者を重用している」と批判された。

浩帆は、実は同じトゥメト出身のビリクバートルと陳炳宇と共に自治区党委員会の運営を上京中のウラーンフーから任せられていた。浩帆が隔離審査させられた以上、他の西部出身者の立場も微妙になってきた。「浩帆の問題は人民内部の矛盾ではなく、敵と人民との矛盾だ」と党委員会の革命的な群衆たちはビリクバートルに迫る（楊 2016a）。

大字報の中で、中国人はウラーンフーが改組して任命したトゥメト出身の党委員会代理常務委員の浩帆と陳炳宇、チョルモンとフフ（厚和）、それに雲世英らを正面から攻撃している。浩帆はトゥメト出身者たちと「ブラック・グループ」を作っただけでなく、ウラーンフーの夫人雲麗文とも「結託」していたと批判する。

中国では政治家が失脚すると、絶対にその夫人ら家族も連座で打倒されるので、雲麗文を待ち受けているのは過酷な政治闘争であることを、六月一五日の大字報は宣言している（楊 2016a）。「雲麗文はトゥメトの小営子の地主階級の出身だ」、と階級闘争論に基づいた批判が始まっている。以後、彼女に対する人格否定はウラーンフーへの攻撃と共に最後まで続くことになる。

雲麗文だけでなく、他の「民族分裂主義者」の夫人たちも例外なく中国人によって「反党にして反社会主義、そして反毛沢東主義思想の三反分子」に認定された。浩帆夫人の路錦雲と雲北峰夫人の奇琳花、ブヘ夫人のジュランチチクとチョルモン夫人の白燕、雲治安夫人ゲレルトと鋭軍夫人の斉蔓莉、それに李貴夫人の閻達麗などである。尚、奇琳花については、拙著『墓標なき草原』（下）に詳しい記述がある（楊 2009c）。

ウラーンフーには何ら「罪」がない、と主張し抵抗を続けた人がいた。党委員会政策研究室のエルヘだった。エルヘはウラーンフーが北京の前門飯店華北局工作会議で吊しあげられて失脚した後も夫人の雲麗文に自治区内の情報を伝えていた。自治区党委員会で誰が反ウラーンフーの発言をし、誰が権力を握ったかなどの変化を逐一、北京の雲麗文に報告していた。六月二四日に王逸倫書記と権星垣書記がウラーンフーを批判したと知ると、「エルへはみんなの前で悔し涙を流した」。

上：批判闘争大会での陳炳宇と浩帆、そして李貴
下：党中央との関係も絶つべきだ、と主張したとされる雲麗文

七月一四日になり、ウラーンフーの「民族分裂的な罪状」が列挙されても、エルへは動揺しなかった。「俺は地方民族主義者で、首が切られてもいい。大漢族主義に反対し、大漢族主義に関する資料を集めてきたのも俺だ」と話していた。

中国では、政治家を打倒しようとする時に、その人のスキャンダルを発見して利用する。相手の名誉と人格を否定してから更に政治的に断罪する方式である。その為、大字報はまた誹謗中傷の手段ともなる。自治区党委員会の「革命的な群衆」らはウラーンフーの側近、李景山に「婦女レイプの容疑」があるとした大字報を貼りだした（楊　2016a）。女性に暴行を働いても処罰されていないのは、「ウラーンフーが彼を庇っていたからだ」とも書く。

中国では政治家が失脚すると、必ずといっていいほど「大勢の女性と不正な関係を結んでいた」とされる。文革中も例外ではなかった。これは、中国共産党員はみな道徳性に優れた人物からなるのが理想的で、多数の女性と関係するのは党の「優良的な伝統」に違反しているとの解釈があるからだ。勿論、このようなルールを毛沢東とその他の高官には適用していなかった（李志綏　1994）。

中国人の鋭い洞察

長城以南の中国人地域に比べて、内モンゴル自治区の文革は盛り上がりをみせないので、華北局に直接指導を求める、と六月一七日に表れた大字報は要請している。内モンゴルに移住してきていた中国人は自分たちの力だけではモンゴル人を一掃できないと理解して、華北局に援助を乞うている。「直ちに強力な工作隊を派遣して、あらゆる権力を奪取できるよう」要請している。そして、北京の前門飯店華北局工作会議に参加しているモンゴル人幹部を内モンゴル自治区へ帰さないよう提案している。

結末を先に示しておくが、党中央華北局はこのような内モンゴルに侵入していた中国人の要望に応えて、七月二八日から総数三〇〇以上の中国人幹部を河北省や山西省から集めてモンゴル人の自治区に派遣し、モンゴル人幹部らを追放して政府機関内の要職を奪った。このような事実から、中国人は実に戦略的に行動して政府と一丸となってモンゴル人を排除していたことが分かる。

「内モンゴル党委員会には華北局に反対する黒い風が吹いていた」

と六月一六日に内モンゴル検査院副検査長の劉耿が大字報を書いて指摘する。劉は具体的な証拠として、内モンゴル自治区党委員会は一九六四年から階級闘争をまったく進めないで、逆に華北局の指導者の「李雪峰と解学恭らの指導を批判」していたという。

そして、最も問題なのが、一九六六年一月に『中華ソヴィエト中央政府対内モンゴル人民宣言（三五宣言）』を印刷して配布したことだと分析している。この宣言には「内モンゴル民族には他の民族と連邦を結成する権利と、分離する権利がある」とあった。「そのような文言も紅軍が長征を終えたばかりの頃のものに過ぎず、今の反修正主義の形勢には合わない」と論じている。

実は華北局書記処書記の解学恭は早くも五月七日の段階で、ウラーンフーが『中華ソヴィエト中央政府対内モンゴル人民宣言』を印刷して配っていた行動を「重大な問題」だとして上司の李雪峰に報告していた。前門飯店華北局工作会議では、後半の七月一九日になって高錦明が「『中華ソヴィエト中央政府対内モンゴル人民宣言』を印刷して配布したのは民族分裂活動を推進し、独立の王国を創る為だ」と断罪していた。

従って、フフホト市にある自治区党委員会で現れた大字報も六月一六日の時点で既に『中華ソヴィエト中央政府対内モンゴル人民宣言』の印刷と配布を問題視している事実から考えると、フフホトは北京の為に世論作りをしていたとみていい。大字報の書き手は、「華北局から自治区の文革を指導する人員の派遣を要求する」と発言していた。自治区党委員会での批判闘争の論調はそのまま北京の華北局工作会議に伝えられていたのである。

李保義という四清工作隊員がいた。彼はトゥメト旗における四清運動は「組織的な民族分裂活動だった」と暴露する。単に「大漢族主義に反対しただけでなく、『中華ソヴィエト政府対内モンゴル人民宣言書』を印刷して配布したのは、もっと大きな狙いがある」、と李保義は分析している。

毛主席は一九三五年当時、国内外の情勢と無産階級の利益から、内モンゴル人民を抗日の統一戦線に入れる為に、内モンゴル人民に分離独立の権利があると書いた。それも当時としては正しかった。しかし、今日では既にわが国の各民族は党中央と毛主席の指導の下で、社会主義祖国の大家庭を作ったので、『三五宣言』を読む必要はもはやない。あなたたちは、毛主席の名を借りて、何をしたいのか。反大漢族主義の時に「分離独立してもいい」と書いた『三五宣言』を配る目的はどこにあるのか。

このように、内モンゴルに入植してきていた中国人は鋭敏にウラーンフーの自治政策の性質を嗅ぎとっていた。彼らも自分たちは他所からの入植者に過ぎないこと、中国共産党が一九三五年にはモンゴル人の分離独立権を認めていたこと、そしてモンゴル人は中国政府の統治に不満であること、などを認識していた。

認識していたからこそ、文革前の社会主義教育運動（四清）期からウラーンフーに抵抗し、階級闘争論と反修正主義論が一段と強まり、ついには文革が発動されると、瞬時に問題の核心的な部分に照準をあてたのである。それは、全国的に「資本主義の路線を歩む実権派に反対する運動だが、内モンゴルでは民族分裂的活動に反対するのが急務だ」と最初からモンゴル人粛清を目標に定めていたからである。

北京当局も内モンゴルに侵入していた中国人の「忠誠な要請」に応えたので、モンゴル人ジェノサイドが断行できたのである。中国人が進出したところは中国の領土となる方程式である。

援護支援を希求する中国人

「華北局は速やかに工作団を派遣して内モンゴルの文革をリードするよう」

と六月一九日にも中国人幹部たちは再び大字報で主張してから、師範学院における「テムールバガナをボスとする民族分裂的な組織」をターゲットにした。この時点で「民族分裂主義者」として批判されていたのは主としてウラーンフーの故郷西部トゥメト出身者たちだったが、東部生まれで、「師範学院の元党書記で、自治区教育庁副庁長のテムールバガナも徹頭徹尾の修正主義分子にして民族分裂主義の悪しきボスだ」、と六月二三日に貼りだされた大字報は主張している（楊 2016a）。

「彼は三八万字にも及ぶ日記を書いて、共産党と社会主義を悪意で以て攻撃した」、と書き手の張福栄と王孝卿は唱える。テムールバガナの日記の中のモンゴル人政治家や知識人との交流を詳しく綴った内容が「民族分裂の証拠」とされたのである。彼の日記は既に六月の時点で没収され、その内容も精査されていた。

「モンゴルよ、私はあなたの過去を誇りに思い、あなたの現状を悲しむ」とテムールバガナは「反革命の民族分裂的な詩文を書いた」のが問題視された。テムールバガナは「偉大な毛主席を貶し、修正主義者のフルシチョフを絶賛し崇拝した」ことと、モンゴル人民共和国を祖国だとみなしていたことも批判されていた。

さまざまな「罪証」が大字報によって列挙された中で、ウラーンフー一派の最終的な目標は何かということが問題となった。それは、「反革命のクーデターを実現させることだ」、と六月二二日に中国人の呉春舫が書いた（楊 2016a）。この呉春舫という女は一貫してモンゴル人を迫害する急先鋒をつとめ、一九六九年一月五日に自治区人民政府副秘書長のガルブセンゲを殺害している。しかし、彼女は文革が終わってからも法的な裁きを受けずに、逆にウーハイ市党委員会組織部副部長に昇進していた（阿拉騰徳力海　1999）。

二　中国人が民族政策を敵視するわけ

中国人の本音

六月二一日になると、中国人の羅天柱と李逢時は「十項目の緊急の呼びかけ」を大字報に書きこんだ（楊　2016a）。

一、内モンゴル自治区における反党反社会主義の黒幇集団《ブラック・グループ》の根を抉《えぐ》りだす為に、党中央華北局に工作団の派遣を要請する。二、ウラーンフーの夫人雲麗文とトゥメト出身の陳炳宇とチョルモン、雲世英とブヘ、趙戈鋭とフフ、雲北峰らと「漢奸」の李貴と張如崗、姚玉光らを闘争しよう。三、「反党反社会主義にして祖国の統一を破壊する民族分裂集団」が制定した政策を見直すよう求める。四.シリーンゴル盟の叛国案件と師範学院のテムールバガナの分裂活動の案件を迅速に処理するよう要求する、などである。

同じ日の大字報はまたシリーンゴル盟でも「極端に反大漢族主義を強調する動きが社会主義教育運動中にあった」と指摘し、フフホト市では陳炳宇が「大漢族主義的な現象」に関する資料を集めていた、とも批判する。中国人は心の奥からモンゴル人がいうところの「反大漢族主義」に強烈な嫌悪感を抱いていた事実が分かる。

「わが自治区は祖国の反修正主義の最前線に位置し、極めて重要な戦略的な要衝である。……しかし、自治区は反修正主義を一向におこなわずに、かえって反大漢族主義ばかり進めている」

と中国人は怒る。繰り返し強調しておくが、中国人の共産党員たちは文革が発動されてまだ一カ月しか経っていない時期からこれほど熱心に「民族分裂的活動」の存在を批判している事実からみると、彼らは以前から少数民族の自治政策に不満だったことが分かる。自分たちは万里の長城の南からの入植者に過ぎず、中国政府も当時はモンゴル人に名目的であるとはいえ、区域自治を与えると標榜していた政策すら完全に否定しようとしていたことが分かる。

「大漢族主義に反対すれば、祖国の統一は破壊され、民族分裂活動を助長する」

と自治区書記処書記だった王鐸の妻周潔らは書く。毛沢東は一応、「地方民族主義と大漢族主義の双方に反対する」とのポーズを取ったが、中国人は心底では、「党中央の本音は反地方民族主義」だと理解していた。大漢族主義者は少数民族をどんなに抑圧し、搾取しても「祖国の分裂には繋がらない」と中国人は確信していた。いや、中国の政策と統治は他者を抑圧し搾取していると考えることすらなかったに違いない。

抑圧も搾取も「野蛮にして立ち遅れた少数民族を助けている」と確信してきたからである。このような独善的な中国人中心思想が文革前の中国で極端に膨張していた事実からみれば、共産党が唱える「民族間の平等と団結」も空論だったことが分かる。こうした少数民族を差別する思想がモンゴル人大虐殺の原因になったと指摘できよう。

ウラーンフーは一九六五年一二月五日から故郷のトゥメト旗に帰って「四清前線」を視察し、指導していた。ウラーンフー自らが滞在して、反大漢族主義のキャンペーンを直々に主導したトゥメト旗前朱堡人民公社は「特別な四清前線」だった。モンゴル人は九五戸の三二九人で、中国人は二八五戸の一〇〇六人という両民族混住村落だった。

トゥメト旗前朱堡人民公社で四清運動に参加し、指導していた頃のウラーンフー（右）

四清工作隊長の姚玉光はモンゴル人のみを幹部に任命し、「漢族は狡い」と話していた。外来の漢族《チャイニーズ》はモンゴル人から土地を提供されたにも関らず、まだ先住民のモンゴル人が優遇されているとみて不満を抱いていたので、「狡い」と映ったからだ。当然、こうした発言も「民族分裂的」とされた。

ウラーンフーが前朱堡に滞在して四清運動に参加していた。中国人たちは執拗にトゥメト旗前朱堡でおこなわれた四清運動を取りあげては批判した。自治区の最高指導者ウラーンフーがここに滞在して運動を指揮していた為に、深く追及すればどんどん発見できるからだ。前朱堡のモンゴル人幹部たちはウラーンフーに守られていたので、中国人も委縮して彼らの中の「資本主義の路線を歩む実権派」を闘争できなかったと指摘する。モンゴル人幹部の「資本主義路線」は放置され、逆に反大漢族主義ばかりを推進したことが、中国人の不満を買っていた。トゥメト地域の一般のモンゴル人も「大胆にも反漢族に走った」のは、自治政府内の同地域出身の高官たち、即ちチョルモンや趙戈鋭、浩帆らがいたからだと大字報は唱えている。

反大漢族主義即ち民族分裂的活動

自分自身には絶対に大漢族主義的な思想はない、と確信する中国人はモンゴル人が少しでも生来の自治の権利を主張するとたちまち「狭隘な民族主義的思想だ」として攻撃する。中国人の陳興貴は六月二五日にトゥメト出身のモンゴル人鋭軍の「狭隘な民族主義的観点」を批判する大字報を自治区党委員会内の壁に貼りだした（楊　2016a）。具体的には鋭軍が以下のように話していたことが「狭隘な民族主義の事実」だという。鋭軍の問題のスピーチである。

トゥメト旗には素晴らしい革命の伝統がある。歴史上、一度も誰かに征服されたことがない。しかし、今日では漢人たちがモンゴル人を抑圧している。民族間の関係も緊張しており、何とかしなければならない。トゥメトのモンゴル人は外来の漢人《チャイニーズ》に土地を譲ったのに、まだ漢人は不平不満をいう。あのような漢人は歴史も何も分かっていない。

再び自治区の土地改革を振り返ってみよう。トゥメト地域は土地改革を断行する際に、モンゴル人は農耕に不慣れの上、貧困化が進んでいる背景から外来の中国人農民より少し多めに分け与えた。土地は元々モンゴル民族が共同で所有してきたので、侵略者の中国人に分譲するのに抵抗感が強かったこともあり、このような融和的な政策が導入された。それでもモンゴル人は不満だったが、入植者の中国人も先住民のモンゴル人もどちらも「中国人民」となった以上は、他に選択肢がなかった。この政策は中国人に「ウラーンフーが地元のモンゴル人を優遇している」と批判された。

「毛主席は全世界の人民の領袖で、ウラーンフーなんか比べ物になるものか」

との罵声も大字報に書きこまれている。鋭軍や李永年らのモンゴル人は自治区にやってきた中国人の大漢族主義的な思想と行動を批判したのに対し、中国人は逆に「いわゆる大漢族主義思想はすべて偽造されたものだ」と反論する（楊 2016a）。「偽造」だけでなく、「組織的に、理論的に、そして思想的に反大漢族主義のキャンペーンを強引に進めて、反党と反社会主義の運動をおこなった」と断罪する。

中国政府と中国人の眼中には大漢族主義は元々存在しないし、もし少数民族の誰かが大胆にも大漢族主義に反対すると話しだしたら、それこそが民族分裂的行動の表れだとの論理である。反大漢族即ち民族分裂との飛躍である。こうした性質は今日の中国においても、まったく変わらない。漢族《チャイニーズ》は反対してはいけない「神聖な存在」である。

モンゴル人への正面攻撃

「ここ一、二年の間で、重大な反革命の事件が相次いで発生した。すべてモンゴル人の職員と学生が引き起こしたものだ」と鉄道部門につとめるモンゴル人をターゲットに絞った大字報である（楊 2016a）。

一、一九六三年八月に反革命的な叛国事件が摘発されたことがある。包頭鉄道学院の学生で、モンゴル族のボインナソが一九六二年からバヤンバートルをボスとする「モンゴル統一党」に参加していたことが判明した。ボインナソとバヤンバートル、それに宝良らはモンゴル人民共和国へ逃亡しようと企てていた。

二、一九六五年一月、集寧―エレーンホト間で運行されている国際列車でも反革命事件が発生した。元サイハンタラ機関区に属するモンゴル族のリンチンは一九六二年からトゥメンジャラガルと包文全らと反革命集団を結成して暴動を起こし、モンゴル人民共和国へ逃亡して内外モンゴルを統一させようと計画していた。彼らは毛主席と社会主義、それに漢族に反対していた。……（中略）彼らはまた、「万里の長城は古くからモンゴルと中国との境界で、長城の北側はすべてモンゴル人の領土だ」と話していた。そして、「モンゴル人の木材や肉類は漢人に奪われ、モンゴル人は漢人に抑圧されている」、とも語っていた。

これほど正面からモンゴル人を攻撃した大字報は六月二七日までは他になかった。モンゴル人は信用できない、と宣言した大字報である。自治区党委員会の幹部が書いた大字報である以上、彼らが挙げている事例がもし事実であるならば、「中国の模範的な自治区」とされていた内モンゴルには建国当初から激しい民族間の紛争が存在していた実態が明らかである。

1956年1月3日に開通した南北モンゴル間の国際鉄道。北京とモスクワにも通じる国際線だった。テープカットに臨むウラーンフー(中央)とソ連、モンゴル人民共和国の代表

失われた文化を復興させようとした「罪」

「トゥメト地域出身のモンゴル人幹部たちが悪事を働いたのはウラーンフーがいたからだ」

とある東部出身のモンゴル人が大字報を書いた。「悪事」の一つにモンゴル語専門学校に「モンゴル語専修班」を設置したこ

とが挙げられている。大字報によると、一九六四年に大学受験の結果が発表されると、トゥメト地域出身の学生たちの成績は芳しくなかった。そこで、ウラーンフーらはモンゴル語専門学校内にトゥメト出身者を対象とした「モンゴル語専修班」を設けて、モンゴル語教育を強化した。このことが、「モンゴル族社会内の階級的な身分を問わずに、モンゴル人地主の子弟にも教育の機会を与えた」と批判された。

トゥメト地域のモンゴル人は寛容な精神に基づいて一七世紀から中国人の難民や宗教的な弾圧を受けていた白蓮教教徒を受け入れてきた為に、早くから中国語をも操るようになっていた。二〇世紀に入ると、人口の逆転現象が生じ、この地のモンゴル人の大半が母国語を忘却してしまった。

母国語の忘却は内《みなみ》モンゴルが中国の殖民地に転落したからだ、とモンゴル人の政治家や知識人は民族自決運動を始める際には例外なく喪失した文化の復興を唱えていた。徳王は一九三〇年代から日本軍の力を借りて中国からの独立を獲得しようとした時も、「特に漢化してしまったトゥメト地域のモンゴル人たちが母国語を再度学び、話せるようになることを優先していた」。

トゥメト出身のウラーンフーが自治区でモンゴル語重視の政策を実施したのも社会主義の民族政策に合致したことである。政策に合致していても、時の政治的な情勢に合わせて批判されると、政策そのものが無意味と化してしまうのが、中国の特徴である。

トゥメト地域出身の西部モンゴル人とその「東部出身の協力者」は自らの「反党反社会主

中国政府によって占領された草原を取り戻そうと抗議活動を展開する2015年春のモンゴル人たち。彼らは容赦なく鎮圧されている。写真提供,SMHR

義にして民族分裂的な活動」を着実に実現させる為に、「側近」たちで自治区の各組織のポストを独占して、上級機関の「共産党華北局に対して情報を封鎖した」、と批判した大字報が六月二九日から七月四日にかけて現れた。大字報に署名する中国人は一時、二四人にも達した。なかでも特にウラーンフーの夫人「雲麗文は悪意で以て反大漢族主義のキャンペーンを推進し」、「漢人がモンゴル人を抑圧している」とか、「内モンゴルで春に砂嵐が発生するのも河北省や山西省からの漢人が草原を開墾してしまったからだとか話していた」、と大字報は断じる。

雲麗文夫人は事実を語ったに過ぎないが、中国人もそれは事実だと分かっていても、自分たちの非を絶対に認めようとしない。草原を開墾したのも、遊牧より「先進的な農耕」を導入して、「野蛮な蒙古人」を開化させる為だと信じているからである。こうした政治的な対立は現在も変わっていない。

三　理論の面からの攻撃

政府と一体化する中国人

七月二一日になると、自治区党委員会内の壁に貼りだされる大字報の論調はすっかり変わった。ウラーンフーに対して「同志」というまくら言葉を付けなくなった。「ウラーンフーは反党反社会主義、反毛沢東思想の民族分裂主義者集団のボス」だ、と直截的に断罪されるようになった（楊 2016a）。

この時点で、北京の前門飯店で開催されていた華北局工作会議はまだ閉幕していない。「内モンゴル自治区に存在する反党反社会主義、反毛沢東思想の民族分裂主義者集団のボスはウラーンフーだ」と華北局工作会議が正式に結論を出すのは七月二三日で、毛と党中央に同じ趣旨の最終報告書を提出したのは七月二五日である。その為、二一日の時点で既にウラーンフーに対して「反党反社会主義、反毛沢東思想の民族分裂主義者集団のボス」との「罪」を突き付けている事実からみれば、北京の前門飯店会議を主催した劉少奇と鄧小平、それに李雪峰書記らはフフホト市にある内モンゴル自治区党委員会内の中国人幹部たちと緊密に連携し合っていたと断定できる。

自治区党委員会の中国人幹部は大字報による批判運動を通して北京を応援し、党中央もまた自治区の革命的な群衆の行動を利用していた、という上下連携の運動である。陰謀を知らなかったのは自治区東部出身のモンゴル人で、彼らは懸命に中国政府と中国人に協力して西部トゥメト出身者を攻撃して忠誠を尽くしたが、やがては自分たちも粛清される運命にあるのを悟ってはいなかった。

「ウラーンフーのもうひとりの策士――トク（突克）を揪みだした」

と六月三〇日付の大字報は宣言する。トクも代理常務委員会の委員のひとりで、自治区経済計画委員会党委員会の副書記兼副主任だった。「トクはウラーンフーの反党の綱領である『三つの基礎理論』の設計士であるばかりでなく、その忠実な執行者でもある」、と中国人の崔志縦はいう。

「三つの基礎理論」とは、ウラーンフーが一九六五年一一月に自治区党委員会において出したもので、「党員などを増やす時にはモンゴル人を優先とする政治的基礎、農業と牧畜業が相互に支援し合う経済的な基礎、そしてモンゴル語と中国語を併用する文化的基礎」を指す。彼はこの理論に依拠して、共産党が標榜する民族自治政策をより一層、内モンゴル自治区の実態に合ったものにしようと努力していた。

トクはその「三つの基礎理論」のうちの経済的基礎論について執筆したとされ、かつその政策が着実に施行されるよう、人事の面でもモンゴル人を抜擢したのが、「民族分裂主義的行動だ」と批判されている。モンゴル人が党の民族政策を具体化しようとした試みもすべて分裂主義的活動だと解釈されたのである。

「労働者階級は共産党内の先鋒だ」、と社会主義中国の公的な思想である。内モンゴル自治区でもそのような「先鋒」を育成するのに、モンゴル人労働者の雇用を促進しなければならないとウラーンフーは強調していた。伝統的な遊牧経済から近代的な工業化社会へと脱皮する手段でもあった。

ウラーンフーと同じ西部出身の李振華は「全国工業交通会議」の席上で、「モンゴル人の労働者は少な過ぎる」と発言したことがある。当然、李振華の発言も「モンゴル人採用を優先した」と批判された。「李振華は神秘的な人物だ。感情を表に出さないで、自らはあまり発言せずに、部下の李斌三と斉永存、それにボインらを使って反大漢族主義のキャンペーンを進めた」、と中国人はみていた。モンゴル人は誰であろうと、李振華のように漢族《チャイニーズ》に反対すれば、たちまち「反党反社会主義の民族分裂主義者」にされた。漢族だけが社会主義の代名詞になっていたのである。

中国人が民族政策を敵視する理由

繰り返し指摘しておかねばならないが、中国人は他所からモンゴル人の領土に侵略してきたにも関らず、モンゴル人以上に経済的な利益を確保して、モンゴル人を支配しようと行動してきた。その為、彼らは共産党の少数民族政策に不満を抱き、党の政策こそが民族分裂的活動を誘発している、と文革中に主張しだした。七月一日に書かれた「誰がトゥメト地域の民族間の矛盾を激化させたのか」と題する大字報にはそうした観点が貫かれている（楊 2016a）。

トゥメト旗における民族間の矛盾は複雑化し、一層ひどくなってきた。その根本的な原因はウラーンフーをボスとする一握りの黒幇《ブラック・グループ》のメンバーらが反党反社会主義、そして反毛沢東思想の活動をしている点にある。彼らの罪悪に満ちた活動の鉄の如き証拠をみよう。まず、階級間の境界を否定した。内モンゴルの西部は一九四九年九月に解放され、一九五一年冬から土地改革が実施された。階級の身分を画定する際には、モンゴル人の大地主を中クラスの地主に、中クラスの地主をまた小地主にという風に降格して扱った。……（中略）こうしたやり方は党中央の土地改革の政策に反しているし、階級の陣営を攪乱し、多くの地主どもを逃してしまった。そして、モンゴル族と漢族との団結を破壊した。

中国人は後からの侵略者であっても、先住民の経済的、歴史的状況を一切無視して、完全に「同等」な原則で、あるいはモンゴル人以上にモンゴル人の土地を分割したかった。その目的が果たせなかった恨みから、民族間の団結を破壊したとのレッテルをモンゴル人の政治家に貼っている。要するに、モンゴル人以上の権利を手に入れようとしてモンゴル人を敵視していたのである。

自決と連邦、そして「独立王国」

「内モンゴルは自治区か、それとも独立の王国か」

三反分子ウラーンフーを批判する大会

との政治的殺傷力の強い文章が七月二日に貼りだされた。陝西省北部出身で、自治区交通庁長も歴任したことのある韓是今（1908-2005）という中国人高官の書いたものである。彼の大字報は正面からモンゴル民族全体を断罪している。韓是今は西部トゥメト出身者だけでなく、東部の「偽満洲国時代」に育ったモンゴル人にも不信の視線を浴びせているので、彼の大字報は重要である。

まず、幹部の任用からみよう。各級と各部門の革命的な幹部が淘汰されて、すべて日本統治時代の者になっている。……（中略）次に、政権の形式をみてみよう。自治区との名を借りて、自決の独立王朝を創ってきたのではないか。既に革命的な各民族によって打倒された王公貴族の利益を守り、領域が広く、資源も豊富だとの点を利用して封建的な割拠を維持してきたのではないか。王公貴族やスパイども、それに殺人犯の少数民族の特務どもを裁かずに、かえって彼らを重要なポストに任命してきた。……（中略）かくして自治区の革命機関は有名無実な廃墟と化し、連邦王国になった。モンゴル民族が上から下まで漢族を排除するという構造ができたのではないか。チンギス・ハーンと帝国主義の寡頭政治が実現できたと言える。

実に記念碑的な大字報である。ここまで例示してきたように、自治区党委員会の大字報はその攻撃の矛先を「ウラーンフーをボスとする民族分裂主義分子」に向けていていた。「民族分裂主義分子」はモンゴル人からなっているのは自明のことである。モンゴル人が民族を挙げて、一九世紀末から闘争してきた崇高な目標はまさに自決であった。

最低でも毛沢東が一九三五年に「中華ソヴィエト政府対内モンゴル人民宣言書」の中で標榜しているように、中国とは連邦を創る権利を有する、との目標を掲げてきた。中国共産党も結党当初はそのような美しいスローガンを標榜して諸民族を騙していたが、その後は撤回した。政府高官の韓是今はモンゴル人の近現代史を理解していたが、共産党が嘘をついたという事実には触れようとしない点に瑕疵が残ると言わざるを得ない。

モンゴル民族を断罪する記念碑的大字報

師範学院の中国人である陳漢楚は六月二六日に自治区党委員会に手紙を出して、自治区計画委員会主任のチョルモンが「師範学院の民族分裂主義者たちを庇って、反大漢族主義のキャンペーンを展開した」と密告した。陳漢楚によると、師範学院が一九六五年六月に書記の「テムールバガナの民族問題を暴露した際に、チョルモンはモンゴル人ばかりが攻撃されている」と反論した。

チョルモンの発言は民族主義を助長した為に、「テムールバガナの支持者のジグミドやオユーン（女性）らが摘発から逃れた」という。チョルモンはまた「何でもすぐに民族分裂主義的とのレッテルを貼ってはいけない」と師範学院で演説していたので、「モンゴル人民共和国へ逃亡しようとしたナスンとアグーラ」や、師範学院附属中学校のバトムンフとフルンボイル盟エベンキ旗党書記のトゥメンバヤルらと「結託した反党叛国事件」は処分されなかった、と主張する。

師範学院には民族分裂の深い根がある。この根は、自治区の上層部が育てたものである。一九六四年前からハーフンガとトグスらは既に師範学院書記のテムールバガナらを通じて民族主義を醸成し、多くの民族分裂的な活動を展開した。一九五七年の反右派闘争時も、また一九六二年に叛国事件が発生した時も、そして一九六五年にテムールバガナが摘発された後も、チョルモンと趙戈鋭らは専ら大民族主義に反対し、民族主義的思想を有する者たちを支持してきた。……（中略）

師範学院には三つの逆流がある。一つは、一九四七年と一九五七年に結成した古参の民族分裂主義者たちだ。サンジャイジャブとムンフジャヤー、チンダマニら一〇人がこれにあたる。彼らはもう名声を失っているが、まだ教師と学生たちを煽動している。もう一つは一九六二年以降に民族分裂主義的活動を実施している、セデンとジグミド、ダランタイとメルゲンら一六人だ。……そして更にもう一つ暗流があり、ジョーナスト（政治部責任者）とジョルムト（副教務長）、オユーン（化学学部党書記）とソユラー（政治歴史学部総書記）、セルグレン（生物学部党副書記）、ムングン（学院長弁公室主任）、ウルジー（共産主義青年団書記）らだ。彼らの問題はまったく暴露されていない。……

師範学院における暴力的闘争の風景

テムールバガナの民族問題を暴露する大会が開催された晩に、ナソンムンフは自殺した。彼の自殺により、ひどい民族問題を抱えている奴らは動揺している。しかし、これは偶然のことではないし、孤立した現象でもない。彼らは外国の修正主義と国内の民族分裂主義者たちと連絡し合っていた。一部の学生たちの中にもまた民族主義の思想が突出しており、中国語からの単語の借用に反対している。……

中国人の陳漢楚の大字報に三つの意義がある。第一に、自治区の東部出身の高官ハーフンガとトグス、そしてテムールバガナも民族分裂主義的活動を進めてきた、と指摘した点である。これまでは、自治区の東部出身で、日本統治時代を経験した幹部たちはどちらかというと中国人と一緒になって、ウラーンフーら西部出身者を批判して、革命的な立場を鮮明にしていた。しかし、中国政府と中国人に尻尾を振って忠誠な態度を示しても、彼らの過去もまた掘りだされた。東部出身の受難も知識界から正式に始まったと宣言した大字報である。

第二に、師範学院のモンゴル人教師はほぼ全員、打倒される対象に認定された。一九四七年に自治政府が成立した当初の主張や、一九五七年の反右派闘争時に「党の整風運動を手伝った」際の発言などが再び「罪証」として利用されるようになったのである。一つの政治運動は次の政治運動を推進する為に基礎固めをしていたことが分かる。

第三に、モンゴル人の民族分裂的活動は複数の「逆流」を形成しているとか、「暗流を成している」とかの断罪は、後に一九六七年七月から「内モンゴル人民革命党員を抉りだして粛清する運動」の為に理論的、戦略的な環境を創りあげた。毛沢東と周恩来から派遣されてきた滕海清将軍は、モンゴル人の民族分裂主義集団は「表裏二つのグループ（明暗両個班底）」からなるとして、「深く抉らなければみつからない」として、徹底的に虐殺を働いた。滕海清が陳漢楚の大字報からヒントを得たかどうかは分からないが、少なくとも中国人はこのような思考と立場でモンゴル人社会を理解していたという事実は明らかである。

モンゴル哲学とチンギス・ハーンという「罪」

チョルモンはウラーンフーの指導の下で、自治区党委員会宣伝部副部長をつとめていた。

「チョルモン支配下の宣伝部門は毛沢東思想を学ぼうとせずに、かえってモンゴルの哲学思想なんかを研究しようとした。モンゴルの哲学思想なんか、ラマ僧のお経の中にあるものだろう」、と『実践』誌の副編集長の沙駝（1926-）は批判する。「チョルモンがいうところのモンゴル哲学なぞは、民族分裂の為の道具に過ぎない」との断罪も九月一日にも現れていた。沙駝はフルンボイル出身のエベンキ族で、王爺廟にあった興安学院で学んだ知識人である。彼は西部出身の「ウラーンフーの側近チョルモン」を貶しているが、やがて自身も「日本刀を吊るした奴」として打倒される。

八月一三日になると、チョルモンはチンギス・ハーンと結びつけられて批判された。民族の開祖チンギス・ハーンは中国にとって常に扱いにくい対象であり続けた。賞賛すればモンゴル人の民族主義の高揚をもたらし、中国人の心情を傷つける。批判すれば、内モンゴル自治区のモンゴル人の離反を招く。「大侵略者」なのか、それとも「中華民族の英雄」なのか、時の政治的な

共産主義の幹部チョルモン

必要性から変幻自由に解釈されていた。大字報はいう（楊 2016a）。

一九六二年に国際社会の帝国主義者と修正主義者、それに各国の反動派どもが連帯して中国に反対し、国内的には反修正主義と反民族分裂の闘争が高まっていた頃に、チョルモンらの黒幇《ブラック・グループ》のメンバーは修正主義と民族分裂主義に反対しないで、かえってチンギス・ハーン生誕八〇〇周年を利用して大規模な祝賀活動をし、いろんな妖怪変化どもを自治区に呼んできて有害な言論を広げた。……（中略）こうした活動は、チョルモンらがウラーンフーを「モンゴル統一帝国のハーン」、「現代のチンギス・ハーン」に推戴する為だ。

大字報はまたチョルモンがモンゴル人のトクトフの著書『内モンゴル発展概述（上）』内の「民族分裂的な思想を庇っていた」と批判する。この著作は既に一九六五年四月三〇日に内モンゴル歴史研究所の代用通とアラーに批判されていたことを本書第二章で述べた。華北局は内モンゴルを「反モンゴル修正主義の重点的なフロンティア」にしようと位置づけていたのに、チョルモンは逆に自治区を「反大漢族主義の基地」にした。

また、清朝が進めた「移民して辺境を充実化させる政策（移民実辺）」を批判することで、「わが国の現行の政策を貶した」という。注目すべきは、この大字報の主な執筆者は自治区宣伝部部長の郭以青と、もうひとりの副部長トグスだということである。郭以青はウラーンフーによって師範学院書記から内モンゴル大学副書記に抜擢され、更には自治区宣伝部長に任命されていた。彼は中国共産党の情報機関のトップ、康生から直接指示を受け、粛清すべきモンゴル人高官のリストを作成していた。

トグスは自治区東部出身で、内モンゴル人民革命党の中堅としてハーフンガを支えていたが、早くからウラーンフーに追随するように変わっていた。トグスはやがてウラーンフーとハーフンガに次いで、「三番目の重犯」として中国政府と中国人に打倒されるが、この時点で彼はまだ中国人と同じ陣営に立っている。

チョルモンを批判した大字報は八月二九日にも現れた。こちらでは彼が文化委員会の党書記だった頃に、「モンゴル語学習を強調し、反大漢族主義を進めたことが民族分裂主義的活動にあたる」、と断じている。

蒸し返された反右派闘争時の「罪」

トゥメト地域出身者への攻撃は続く。

「奎璧！お前はラジオ放送局の民族右派ゲンデンとどんな関係を結んできたのか」との大字報は、ジャラガルという人物が七月二七日に公にしたものである。大字報によると、「民族右派のゲンデン」は一九六三年から長編小説『真正のモンゴル人』を書き、「封建的な王公貴族の功績を賞賛した」という。既に五〇万字ほど完成した小説の主人公はウラーンフーと奎璧で、「階級間の闘争を強調せずに、ひたすら搾取階級との調和を謳歌している」、と大字

批判闘争大会における奎璧。高齢に達した彼は椅子の上に立たされている

報は批判する。

「民族右派のゲンデン」はまた一九五三年から「修正主義のモンゴル人民共和国」のボー・リンチン博士と交流し、リンチンが一九五七年にフフホト市を訪問した際には面会して「結託」したという。奎璧は政府高官であるにも関らず、「世界各地に住むすべてのモンゴル人が結束すべきだ」と「右派的な言論」を宣伝していたゲンデンと親しくしていたのが問題だとジャラガルは指摘する。

奎璧はまた「腐敗しきっていた妻の李方と共に公費で旅行した」とか、他の「右派にも同情的で、経済的な援助を惜しまずに送っていた」と批判された。このように、文革期に入って、再び一九五七年の反右派闘争時の言論が蒸し返された点が特徴である。「過去から現在までのすべての罪を清算する」という政治闘争である。

奎璧を打倒する為には、性的なスキャンダルも発見された。「奎璧はソ連人とモンゴル人の混血児の女と不正な関係を結んでいた。彼がつきあっていた女はたぶん、反革命分子だろう」と証拠もない煽動をしている。「奎璧は自治区書記処の書記であるにも関らず、ずっと腐敗しきった生活をし、公費で全国を豪遊し、多くのレイプ犯たちを庇った」と批判された。このように、モンゴル人高官たちのプライバシーに斬りこむことで、一般の中国人群衆の憎しみを喚起しようとしている。

四　西部「延安派」粛清の戦略

西部トゥメトの傘下の東部出身者

ウラーンフーの長男ブヘには「一〇大罪証」がある、と七月六日に現れた大字報は列挙する（楊　2016a）。

反党と反社会主義の民族分裂主義者の黒幇《ブラック・グループ》のボス、ウラーンフーの息子ブヘは、この集団の中堅である。こいつには人徳も才能もない。彼はただその父親ウラーンフーの威光を借りて昇進し、自治区文化芸術聯合会主任と文化委員会党書記、内モンゴル自治区党委員会代理常務委員会委員などのポストについた。ブヘは良いことは何一つしておらず、ずっとその父親が進めてきた祖国を分裂し、民族間の団結を破壊するという罪悪に満ちた活動に参加してきた。

日本留学僧だった彫刻家の文浩。巴義爾著『蒙古写意』二、より

文化芸術聯合会の主任だったブへは多くの「悪人」を重用してきたという。例えば、舞踏家の賈作光は「日本帝国主義の忠実な走狗」だったが、ブへによって自治区芸術院院長に任命された。作家のナ・サインチョクトは徳王の政務秘書をつとめた「戦犯」であるが、文化芸術聯合会の副主任に抜擢された。

文浩というモンゴル人は日本に留学していたラマ僧だったが、自治区博物館副館長に昇進した。作曲家のトンプーは搾取階級の出身で、「反革命のハダ派の一員」だったが、全国人民代表大会の代表になった。このハダ派とは、日本の早稲田大学に留学していたハダという人物とその仲間たちが組織した民族自決の団体で、私は『続　墓標なき草原』（2011b）で詳しく述べたことがある。

ブへはまた「作家は一冊の本を書かなければならない」という「一冊本主義」を強調していた。その結果、「搾取階級地主の息子で、裏切り者のウラーンバガナ」は『草原の烽火』

を出したし、マルチンフーやムンフボインらも文壇に登場したと批判する。作家のウラーンバガナは後に粛清すべき内モンゴル人民革命党員のリストを作成して中国政府と中国人政治家に出したとされている。

また、教育庁副庁長のガワーは『一層楼』をモンゴル語から中国語に翻訳して出版した「罪」を犯し、エルデニトクトフの『モンゴル語ことわざ集』、前出の黄静涛（トクトフ）の『内モンゴル発展概述』などもすべて「民族分裂活動を進める」為の作品だという。「ブヘの反動的な文芸観は徹底的に批判されるべきだ」と題する大字報も八月四日に出てきた。

ブヘはウラーンフー黒幇集団の主要な成員で、反党の急先鋒でもある。彼は長期にわたって自治区の文化芸術界の仕事を牛耳り、修正主義の観点を広げるなど、無数の悪事を働いた。彼は悪意で以て毛沢東文芸思想を否定した。……（中略）ブヘはいつも民族問題を強調する。彼のいうところの民族問題とは民族間の紛争や民族間の不和で、それらを書くことで諸民族の団結を破壊し、党と人民との関係を破壊しようとしている。

ウラーンフーの娘、雲曙碧はジェリム盟党委員会につとめていたが、八月二日には彼女に対する批判も現れ、長男ブヘと共に親族たちへの連座が拡大しつつある実態が判明する。このように、実際に民族問題が存在していても、ひたすら「民族間の団結」のみを謳歌していればいい、と中国人のスタンスである。誰かが、問題を提起し、解決しようとしたら、たちまち「民族分裂主義者」だと批判されるのが、中国の特徴である。

西部から膨らむ粛清の雪だるま

モンゴル人同士の内紛が激しくなると、中国政府と中国人は喜ぶ。雲北峰は一九六六年五月二五日にダルハンムーミンガン旗とドルベンフーフド旗で反大漢族主義を強調していたことも中国人の郝慎豊らに批判された。

「大漢族主義者たちはモンゴル人を虐待し、モンゴル人を追いだそうとしている。今もバヤンノール盟とウラーンチャブ盟、それにジョーウダ盟のモンゴル人が漢族によって沙漠へと追いだされている」、と雲北峰は話して「民族間の団結を破壊した」。雲北峰はまたモンゴル人民共和国との国境地帯に住む遊牧民に銃を配り、「民族分裂を実現する為の武装勢力を準備していた」という。「トゥメトはモンゴル人の土地だ。内モンゴルがなければ、中国は万里の長城の南だけからなる、小さな国になる」とか、「祖国を分裂させようとした話を雲北峰はいつもしていた」という。

雲北峰が話していたのはどれも事実だが、中国人の目にはすべて「民族分裂的行為」に映るし、モンゴル人を追いだして草原を占領して開墾することも「大漢族主義の表れではない」、と中国人は理解していたのではなかろうか。

ウラーンフーと雲北峰を攻撃する七月二六日の大字報にもまたモンゴル人全体に対する憎しみが滲みでている（楊　2016a）。

反大漢族主義のキャンペーンを極端に進め、四清運動の工作隊の中でもとにかく何回も反大漢族主義を強調する。事実を捏造して、革命的な漢人幹部を排除した。

このように、批判者はウラーンフーと雲北峰らがいかにモンゴル人の利益を守り、中国人を排斥したかとの「民族分裂的な活動」を暴露している。「自治区の党委員会にモンゴル人高官がいたから、トゥメト地域の一般のモンゴル人まで跋扈するようになった」という。「ここはモンゴル人の土地で、ここの天もモンゴル人の天空だ」、とトゥメトのモンゴル人たちは「放言」していたそうだ。

雲北峰よ、お前らのボス、ウラーンフーはもう揪《つま》みだした。お前らの陰謀も青天白日の下に暴露された。それでもまだ頑迷に抵抗するならば、待っているのは滅亡のみだ。

このように、中国人たちは暴力の行使を宣言しはじめている。

八月二二日は公安庁長ビリクバートルが受難する日となった。公安庁の中国人王秀珍ら一〇数人が「ビリクバートルの仮面を剥がそう」と題する大字報を貼りだした。ビリクバートルは「ウラーンフーの忠実な下僕だった為に、公安庁長と自治区党委員会書記に抜擢された」。彼はいつも「ウラーンフーは最も早く革命に参加したモンゴル人で、中国の民族問題の解決に貢献したと話して、媚を売った」と批判する。ビリクバートルはまた「漢族《チャイニーズ》の幹部を排除して、テンへとハルーン、ナムジャルらモンゴル人幹部ばかりを重用して、ウラーンフーのクーデターの下準備を進めていた」。

ビリクバートルは親蒙排漢の民族分裂主義者だ。彼は公安庁の会議で次のように話したことがある。「私には民族的な感情がある。モンゴル人と付き合うのが好きで、漢族の幹部と接触するのは苦手だ。モンゴル人と会話すると、気分もいいし、漢族に会うと、忸怩たる感じがする」。彼はそういう風に、公安庁の幹部を任用する時も親蒙排漢の路線を堅持していた。

「ビリクバートルにはモンゴル修正主義国家に住む、ツェレンデレゲルという愛人がいた」、と暴露された。公安庁庁長の権限を使って、トゥメト旗の「雲継成の民族分裂事件」とウラーンチャブ盟で発見した「二〇六事件」の解決にも熱心ではなかったという。「二〇六事件」とは、一九六三年二月六日に自治区南部の集寧でモンゴル人民共和国宛に送ろうとした「民族分裂の手紙」が検閲で発見されたことを指す。事件を受けて一〇〇人以上ものモンゴル人高官が逮捕され、厳しく取り調べられた。今日では、中国政府によるモンゴル人を粛清する為の、自作自演の政治的陰謀だと理解されている。

反大漢族主義というタブーを破った「罪」

盛夏の七月二一日に、自治区工業庁の中国人は重工業庁の元庁長で、統一戦線部部長のキョールゲン（一九一六―）を批判する大字報を貼りだした。キョールゲンの夫人は東部出身のウラーンで、自治区軽工業庁副庁長だった。キョールゲンに対する批判もまた、東部出身者への攻撃が近づいていることを意味している。この時期において、東部出身のモンゴル人たちは熱心にキョールゲンのような西部トゥメトの出身らを批判していた。

しかし、その西部出身者が東部の「日本統治時代の者を庇ってきた歴史」も次第に暴れるようになる。東部と西部は錯綜した人間関係を構築してきたし、中国政府と中国人はモンゴル人全員を一掃しようと計画していたので、やがては民族全体に災難が降ってくる前兆といえる大字報である。

八月四日、元重工業庁庁長のキョールゲンに対する批判も一段と厳しい内容となった。前に七月二一日に出た大字報では彼が「日本統治時代の者を庇っている」と軽く触れただけだったが、今回は「キョールゲンはずっと昔から反大漢族の急先鋒だった」、と論じている。「私は八、九歳になってもひとりで家の外に出る勇気はなかった。漢族《チャイニーズ》の子どもたちに苛められていた。食べ物も本もいつも、漢族の子どもたちに奪われていたのだ」とキョールゲンが発言していたそうだ。当然、過去の発言も「漢族への憎しみを喚起し、民族分裂的活動を進めた」と断罪された。モンゴル人が幼少期の経験を語っただけで、中国人の不快を買っていたのである。

青年時代のキョールゲン

一九六五年九月一七日にトゥメト旗で幹部訓練大会が開かれた時と、冬の旧正月の統一戦線部幹部会議の席上で、キョールゲンは「民族分裂的なスピーチ」をした。このスピーチから、モンゴル人の祖国はいったいどこなのかとの問題がまた現れた（楊2016a）。ちょうどこの時期にインドネシアで華僑が虐殺されるという「九・三〇事件」が発生していた。キョールゲンは「トゥメト旗のモンゴル人はインドネシアの華僑のようで、しょっちゅう殺されている」と発言した。

トゥメト旗はモンゴル人の土地で、モンゴル人は主人で、漢人は客に過ぎない。トゥメトのモンゴル人は漢人に二五万畝から三〇万畝もの土地をただで譲渡した。今や本末転倒し、客が主人を苛めている。解放して二〇年も経つが、モンゴル人は未だに立ち上がっていない。東モンゴルの各旗にはみな王様がいた。王様たちはちゃんとモンゴルの利益を守っていた。トゥメトには王がいなかったので、虐待されている。

キョールゲンの主張はすべて事実で、どれもモンゴル人の心の奥からの気持ちを少し代弁したに過ぎない。心底からの発言だったから、「反大漢族主義の急先鋒にして、偉大な中国を祖国だとみなさない民族分裂主義者」に認定された。

どんなに中国政府に抑圧され、いかに中国人に虐殺されても、「モンゴル人民共和国ではなく、中国こそが祖国だ」と嘘をつけば、「優秀な共産党員」になれたが、それができなかったので、粛清されたのである。キョールゲンは北京で会議に参加していたが、フフホト市に戻ると、八月一六日と二三日に大学生たちに拉致され、闘争された。

西部出身者に対する批判が引き起こす連座

西部出身者を批判すればするほど、東部のモンゴル人たちも巻きこまれていく。七月八日に現れた大字報は内モンゴル大学の副学長バトと医学院の副院長ムレン、自治区公安庁第四処副処長のナムジャルらをターゲットにしている。これら東部出身のモンゴル人たちが一九六五年三月から四月にかけて何回も「長時間にわたって密談し合っていた」と暴露する。少しずつ東部出身のモンゴル人も着実に粛清される運命へと駆り立てられたのである。

自治区党委員会は『実践』という理論誌を発行し、その総編集長はフフ（厚和）だった。『実践』は「フフに簒奪されて、毛主席の民族問題に関する理論を宣伝しないで、専らウ

右：ウラーンフーの理論陣地を守ったとされるフフ
左：批判闘争大会で吊しあげられた潘新発と劉景平

ラーンフーの民族分裂主義の思想を広げ、反大漢族主義のキャンペーンを推進して人民に混乱をもたらした」、との大字報も七月八日に出てきた。

フフとウラーンフーはその「反毛沢東思想の民族分裂主義の思想」を分かりやすい形で流布させる為に、言語学者で、東部出身のチンゲルタイの文章を『実践』に掲載していたと批判する。モンゴル人の「民族分裂主義的思想」に対する批判は政策と「活動」だけでなく、理論の面からも体系的に攻撃されるように深化してきた。

自らの「潔白」を示す為なのか、東部出身のモンゴル人高官も再度、西部出身者を批判しだした。七月一一日には畜牧庁副庁長ドグルジャブが浩帆と雲北峰の「陰謀」を暴露する大字報を貼って、波紋を広げた。ドグルジャブによると、一九六六年二月二五日に開かれた農牧委員会の処長会議の席上で、戦争になったら誰がどういう立場を取るのか分からない、と雲北峰は話したそうだ。

それ以降、雲北峰と陳炳宇、それに浩帆ら西部出身者は自治区の幹部たちの档案を極秘に集めて調べ、過去の政治問題を利用して粛清を進めたという。

ドグルジャブ自身も一九六六年一月にウラーンフーによって改組された新しい農牧委員会の責任者に任命されているにも関らず、一部の東部出身者が更迭されたことを「政治的な粛清」だと表現している。ドグルジャブはこのように文革の初期に反ウラーンフーの大字報を貼ったものの、やがて彼もまた「日本のスパイ」と「ウラーンフー反党叛国集団の幹部」としてリンチを受けることになる。

モンゴル人のウラーンフーが「民族分裂主義的な活動」を進めることができたのは、中国人即ち漢人の協力者がいたからだ、と革命的な群衆は気づいた。そのような「漢奸」とされたのは、フフホト市党委員会第一書記の李貴である。李貴に積極的に協力していたのは潘新発だという。二人は「結託し合って、フフホト市で反革命の拠点を作った」と中国人が批判する。

五　自治区の「司令部を砲撃せよ」

大字報の広がりと威力

既に述べてきたように、ここまで紹介した大字報は自治区党委員会内の壁に貼り出されたものである。厳重な警備に守られた共産党の政府機関に一般の人民は簡単に入れない。その為、自治区党委員会内での大字報の内容もまだその全容が人民に知られていなかった。そこで、八月二五日に、内モンゴル水利電力学校の関係者で、王恭ら一六人が「我々もウラーンフー批判の大字報がみたい」との壁新聞を公開した（楊 2016a）。「ウラーンフーとその黒幇《ブラック・グループ》の人たちがどのように反党にして反社会主義、そして反毛沢東思想で、祖国の統一を破壊してきたかの具体的な内容を閲覧したい」、との内容である。

運動の深化に伴い、自治区党委員会もその内部の大字報を公開せざるを得なくなる。閲覧した者は書き写して広げ、運動は更に拡大していく。そして、それぞれの勤務先でまた別のモンゴル人からなる「黒幇」を発見していく。自治区の幹部たちには網の目のように貼り巡らされたネットワークがあり、その末端の「黒幇分子」もまた「民族分裂主義者」として摘発されていく。

こうして、モンゴル民族全体を対象としたジェノサイドの環境が完備されていくのである。翌二六日になると、「ウラーンフーとその黒幇のメンバーに政府公文書をみせてはいけないこと、彼らを北京からフフホト市に連れ戻して、暴力的に闘争しよう」との主張も現れた。

「司令部を砲撃せよ」

と題する大字報を毛沢東は一九六六年八月五日に書いて、「ブルジョアの打倒」を呼びかけた。毛沢東の呼びかけをみた内モンゴルの大学生の目には、一般の群衆に大字報をみせようとしない内モンゴル自治区党委員会も「ブルジョア司令部」のように映った。八月二八日、内モンゴル大学化学学部の「紅心」という紅衛兵組織は「司令部――内モンゴル党委員会を砲撃せよ」など複数の大字報を貼りだした。大字報はいう。

我々はこれまで二回も自治区党委員会に行き、大字報をみようとしたが、断られた。「ここの大字報は自治区直属機関の党員と幹部だけにみせる」とか、「大字報の内容は内モンゴル大学と無関係だ」とかの理由で拒絶された。……（中略）「あなたたちは国家の重大なことに関心を寄せよう。プロレタリアートの文革を徹底的に推進しよう」、と毛主席はおっしゃった。我々は毛主席の呼びかけで国家の重大なことに関心があり、大字報がみたい。黒幇分子のボス、ウラーンフーはわが内モンゴル大学の学長だったので、無関係と言えるのか。

この時期に自治区党委員会で権力の座に付いていたのは中国人の高錦明と王鐸で、この二人が「保守的だ」と学生たちは批判する。

「司令部」への鋭い攻撃と暴力の勃発

「司令部の内モンゴル自治区党委員会を砲撃せよ」

との大字報はその後、八月二九日と三〇日にも相次いで現れた。紅衛兵たちは「死で以て毛主席を守り、司令部に隠れている妖怪変化を粉砕せよ」と攻撃している。こうして、紅衛兵たちが各大学から出てきて自治区党委員会を包囲するようになる。学生たちの目には、党委員会の高官らがいくら文革を擁護する態度を表明しても、保守的にみえた。八月三〇日のある大字報は次のように自治区党委員会を問い詰めている。

ウラーンフーをボスとする黒幇は資本主義の復活を狙い、革命的な幹部書記を排除してきたのは以前からの陰謀だった。あなたたちは何故、もっと早くから察知しなかったのか。どうしてウラーンフーの黒幇と闘争しなかったのか。また、誰がウラーンフーらと闘争し、誰が動揺していたのか。

大字報はまた自治区党委員会が意図的に党中央と毛主席の講話を隠蔽し、ウラーンフーらとの関係を隠そうとしたのではないか、と批判する。そして、毛主席の文革を着実に前進させ、ウラーンフーの夫人「雲麗文を殺さなければ、人民の憤怒は収まらない」、と党委員会に属する印刷廠の王一松ら一九人は大胆な提案を書いている。

文革中にモンゴル人がジェノサイドの対象とされ、各地で大虐殺されるが、党委員会に現れたこの種の大字報による煽動が果たした役割を決して過小評価してはならない。歴史的に専制主義に虐待され、共産党政権になっても特権階級に虐められていた中国人はその不平と不満の捌け口を無関係のモンゴル人に向けたのである。モンゴル人は寛容精神に基づいて、草原を開墾して環境を破壊する中国人を受け入れたにも関らず、民族分裂主義者として惨殺されていったのである。

文革の初期に積極的に政治に参加したモンゴル人たちは次第に不利な立場に立たされるよ

うになる。例えば、内モンゴル芸術学校（現内モンゴル大学芸術学院）はほとんど純粋にモンゴル人からなる学校で、モンゴルの伝統的な歌や踊りなどを藝術として学ぶ教育機関だった。

八月三〇日、同校の二一人が大字報を公開し、自分たちが「民族分裂分子の妖怪変化」として迫害されていると訴えている。また、造反した紅衛兵が八月二六日に同校の教師たちの家宅を襲撃し、日記や手紙、それに日常生活用品まで没収したという。自らの故郷において、後から来た中国人にリンチされ、殺害される時代が始まったのである。

首都北京からの紅衛兵らの流入もあり、造反した学生と労働者の暴力がエスカレートし、自治区の首府は完全に混乱に陥った。中共内モンゴル共産党学校の「紅衛班」と称する青年らが書いた宣言書も八月三〇日に貼りだされた（楊　2016a）。

モンゴル語で「毛沢東万万歳」と表現した写真。文革の深化に伴い、モンゴル語は次第に消えて行った

プロレタリアート文化大革命の主要な任務は、あらゆる搾取階級の旧思想と旧文化、旧風俗と旧習慣を一掃し、新思想と新文化、新風俗と新習慣で以て社会の精神状態を変えることである。それは即ち新世界を創成することだ。フフホト市だけでなく、全国

も同じだ。

新世界の創成を目指す紅衛兵からすれば、旧内モンゴル自治区党委員会はもはや文革運動の趨勢に合わない存在となった。旧党委員会のメンバーたちも造反し、ウラーンフーをボスとする反党黒幇と「立場を異にした」と表明しても、さまざまな形でモンゴル人と繋がっているようにみえた。実際、毛の書いた「司令部を砲撃せよ」との大字報の内容を自治区党委員会は遅々として伝えなかった。自分たちが「内モンゴルの資本主義路線を歩む司令部」だと「砲撃」されるのを恐れていたからである。

造反派の矛先

大学生たちの不満はまた、高官が享受してきた、特権的な等級制度《ノーメンクラツーラ》に向けて爆発した。ソ連に倣ったシステムで、一～七級は超高級幹部で、八～一三級は高級幹部で、一四～一七級は中共幹部とされる（矢吹　2007）。「高級幹部専用の病院を直ちに廃止せよ」とか、「非合理的な等級制度は廃止すべきだ」との内容の大字報が瞬時に現れた。「高官がもし病気になったら、良い病室に入院し、良い薬を注射し、良い食事をし、優れた技術を持った医師と看護婦が世話をする」特権を無くし、平等を実現しよう、と学生たちは主張する。

「パリ・コミューンはすべての公務員を選挙で選んでいた。党委員会もこれからあらゆる政府機関の幹部と公務員を選挙で選ぶよう提案する」

と大学生の要求には民主化的な要素も含まれていた。しかし、こうした動向は逸早く毛沢東に見破られた。パリ・コミューンへの憧れこそが共産党一党独裁に対する脅威だと感じた毛はすぐさま学生たちを農山村へと追放する。

「何故だ?!」

と題する大字報を書いた内モンゴル大学の「紅心」は自治区党委員会に文革をおこなう気がない、と指摘する。セチェンゴワと周紅兵ら一二人は、「大字報はあらゆる妖怪変化の真の姿を照らしだす鏡で、奴らの反党反社会主義の真の面目を曝しだすものだ」と書いている。「これ以上我々に自治区党委員会内部の大字報をみせないならば、毛主席の呼びかけであなたたちが設けた制度をぶちこわずぞ!!!内モンゴル自治区党委員会という司令部を砲撃するぞ!」、と「紅心」は気焔を挙げている。

「内モンゴル」との名称を廃止せよ!

内《みなみ》モンゴルは自治区と称されている以上、高官層の一部はモンゴル人からなっていた。モンゴル人高官は「腐敗」していただけでなく、「反党反社会主義、反毛沢東思想で、かつ民族分裂的な活動を進めてきた」と政府から断罪されると、内モンゴル自治区党委員会機関の文化革命弁公室は八月二九日に有名な大字報を公開した。「地名と都市名を変更するよう提案する」と題する大字報は全モンゴル人を震えあがらせ、まさに「モンゴル民族の司令部を砲撃せよ」との役割を果たした。大字報は次のようになっている(楊　2016a)。

民政庁と食糧庁、財政庁と農牧学院、交通学校と師範学院附属第一中学校などの群衆は以下のようなことを要求する。一、「内モンゴル」という名称を革命的なものに変えよう。「反修正主義省」や「華北モンゴル族自治区」、「反帝国反修正主義省」などの候補がある。二、盟と旗の名称を廃止して、全国と同じく県や自治県を使おう。三、フフホト市の名前を「東風城」に変えよう。

誰がみても分かるように、大字報はあからさまにモンゴル的な色彩を抹消しようと提案している。モンゴル人の領土に侵略し、入植してきた中国人は、モンゴル文化と制度そのものを「修正主義的だ」と侮辱している。国境を挟んで、同胞の「モンゴル修正主義国家」と同じ文化と制度を歴史が始まって以来、ずっと共有してきた事実への恨みである。中国政府と中国人はモンゴル人が共有してきた文化と制度を中国内地のものに改編して同化を推進しようと計画し、実施しようとしていた事実の証拠である。

中国人は内モンゴル自治区にかろうじて残っていた微々たるモンゴル文化的な要素まで完全に抹殺しようとした。九月一日、「牧業地区社会主義教育運動弁公室」に属する王恒福ら一五人が「フフホトという修正主義の毒素を帯びた地名を取り消せ」との大字報を書いた。モンゴル語の「フフホト」とは「青い都」の意であるが、漢字で「呼和浩特」と書いている以上、「平和を呼ぶ都（浩特）とも解釈できるが、それだけでは満足できない」と主張している。翌二日、軽化工業庁の房暁東ら三四人は自治区党委員会と中華人民共和国国務院宛に公開の書簡を送り、モンゴル人の盟という行政組織を廃止して内地の「省」を導入するよう要求した。

「盟」のような組織は「ウラーンフーをボスとする反党黒幇どもが民族分裂的活動を推進し、独立の王国を創る為のものだ」、と中国人は力説している。モンゴル人の歴史を消し去り、モンゴル人そのものを肉体的にも虐殺してはじめて満足するというやり方である。

実際に文革を経験した自治区党委員会宣伝部副部長だったトグスは後日に次のように指摘している。「内モンゴル自治区」を「中国共産党反修正主義省」に変更しようとした行動は決して文革中の「一時的な衝動」ではない。モンゴル文化を抹殺し、モンゴル人を大虐殺したのは、中国政府が理解するところの「民族問題を解決する方法だった」（特古斯　1993）。要するに、モンゴル人を肉体的に殺害すると同時に、文化的ジェノサイドもまた同時に進められていたのである。

ブルジョアの実権派とウラーンフーの関係

「自治区書記処の書記たちは毛主席の著作をまじめに学んだか」と学生らは再び問い詰めてくる（楊　2016a）。

自治区党委員会書記処の同志の皆様、あなたたちはいつも反党分子のウラーンフーと一緒に会議を開き、重大なことを決定してきたのではないか。ウラーンフーがあんなに昔からずっと反党の陰謀を進めてきたのに、あなたたちはどうして気づかなかったのか。

学生たちからの疑問は正しい。そもそもウラーンフーに「反党の陰謀」などない。毛沢東の党中央と中国政府がモンゴル人の政治家と知識人を全員粛清したいから「民族分裂」のレッテルを貼って、因縁を付けてきただけである。そのウラーンフーは一九四七年からずっと自治区の党と政府、軍と大学の指導者であり続けてきたし、ほとんどの中国人幹部もまた彼によって抜擢されたし、幹部たちの大半も当然忠誠を尽くしてきた。

学生らは「偉大な領袖毛沢東」が文革を発動した目的や手法を疑おうとはしなかったが、自治区の高官たちとウラーンフーとの癒着を指摘した点で、実は中国共産党そのものが内包している矛盾に直面したことになる。毛沢東は「資本主義路線を歩む実権派」の打倒を呼びかけたが、内モンゴルでは「人民より広い邸宅に住み、豪華な絨毯を敷いて優雅に暮らしている書記処の書記たち」が実権派にあたると映った。

中国人の王鐸と王逸倫、それに高錦明ら書記処書記たちは「革命の幹部よりも、ブルジョアの殿様のように振る舞っていた」と批判された。「書記」や「部長」といった役職を付けて、「ブルジョアの等級観念」で呼称するのではなく、幹部の等級と関係なくすべて「何々同志」と呼ぶべきだと造反派は主張する。

「司令部」とウラーンフーとの繋がり

「内モンゴル党委員会を砲撃せよ」と題する過激な大字報が八月三一日に登場した。大字報は再び書記処の高官たちに照準をあてている。「革命的な群衆が暴露した資料からみると、ウラーンフーは確かに以前から反党反革命の民族分裂的活動を進めてきた。しかし、どうしてあなたたちは彼と長く付き合いながらも、その陰謀を見抜けなかったのか」、との疑問が出された。

ウラーンフーは一九六五年末から「中華ソヴィエト対内モンゴル人民宣言書」を印刷して配布したが、その「謀略と目的」を何故、見破れなかったのか、との問い詰めも九月二日に提示された。自治区党委員会はまた毛沢東思想を学習するのにも不熱心で、幹部の登用政策も経済政策も、そして宣伝政策も誤っていたと批判された。

モンゴル人のウラーンフーは北京の前門飯店華北局工作会議で粛清された。ところが、一九六六年九月一日に毛沢東が天安門の城楼上に立って紅衛兵を接見した際に、同行者の中にウラーンフーも入っていた。この事実が内モンゴルの中国人たちに衝撃を与えた。九月三日、フフホト市郊外の閻忠義ら一〇六人と、自治区文化革命弁公室の白植品ら一一人が大字報を書いて、政府に疑問を呈した（楊 2016a）。

内モンゴル自治区党委員会から敬愛する党中央と、最大に敬愛する（最最敬愛的）領袖毛主席に転送していただくよう。大物の反革命分子で、毛沢東思想に反対し、民族分裂的な活動を進め、祖国を裏切ったウラーンフーは地主や牧主の立場に則して四清運動に反対した。ウラーンフーは既にフフホト市でクーデターを成功させて、ファシズムの統治を敷いていた。……（中略）しかし、私たちはどうしても理解できないが、一九六六年九月一日の中央人民ラジオ局の放送によると、反革命のボスであるウラーンフーが何と、天安門の城楼に登って、毛主席が全国からの紅衛兵を接見した行事に参加したという。このニュースを聞いた時、信じられなかった。多くの同志たちは自分の耳を疑っている。どうして、こんなことが起こるのだろうか。

このように疑問と落胆の気持ちを伝えた上で、「ウラーンフーを直ちにフフホト市に連行し、闘争したい」と要請している。自治区に侵入してきていた中国人は北京当局よりも過激で、モンゴル人のいない内《みなみ》モンゴルの実現を狙っていた。中国人はこうした要求を自治区党委員会に突き付けているが、その党委員会は「支離滅裂の司令部」と化して、もはや機能しなくなっていた。

文革全体における大字報の性質

以上、内モンゴル自治区党委員会のメンバーと大学生が貼りだしていた大字報を紹介してきた。自治区党委員会はフフホト市内にあり、共産党の書記たちが陣頭指揮する政治機関で、自治区の中でもっとも権威ある場所である。党委員会の建物は厳重な警備に守られ、人民は簡単に入れない、「神聖」なところである。党委員会のメンバーは党政府機関の中枢を動かすエリートたちである。

モンゴル人のウラーンフーが北京に呼ばれて失脚した後、実質上、自治区を動かし、党中央と連絡し合っていたのは自治区党委員会内の中国人幹部たちである。従って、彼らが発揮していた政治的な役割は極めて大きい。彼らが公開した大字報は内モンゴル自治区における文革運動の推進方向を決定する機能を有していた。その特徴と意義を次のように示しておこう。

第一、ウラーンフーが北京の前門飯店会議で吊しあげられて失脚した後、自治区全体の権力機関を掌握したのは中国人即ち漢族の幹部たちである。彼らは戦略的に党中央華北局に中国人幹部の派遣と支援を要請し、終始、運動の主導権を握った。華北局も自治区党委員会の要請に応えて人員を増派し、自治区の末端レベルに至るまでのポストを独占した。権力を掌握する点で、自治区党委員会の中国人幹部と党中央華北局は相互に緊密に連動しあっていたのである。

第二、自治区党委員会は成立した当初からウラーンフーの政策を執行してきた為に、その政策の性質についても熟知していた。その為、文革が勃発した直後から、ウラーンフーの問題の核心は民族問題だと決めつけた。一九五七年の反右派闘争時と一九六四年からの社会主義教育運動（四清）中に発見した「反大漢族主義の事実」が再利用、再解釈されて「民族分裂的活動の証拠」に認定された。

中国の民族政策に沿って、民族問題を解決しようとしたウラーンフーの実践は「民族分裂的活動」だと断罪された。モンゴル人の政治家を打倒するのに最も鋭利な武器は「民族分裂的活動」だと論じる自治区党委員会の幹部たちの認識は中国共産党華北局の政治判断と一致していた。それ以降、モンゴル人大虐殺運動中において、「民族分裂的活動」に対する摘発はずっと政府公認の断罪方式であり続けた。

第三、モンゴル人が推進したとされる「民族分裂的活動」の具体的な証拠はウラーンフーとその部下らがおこなった反大漢族主義のキャンペーンであった。「大漢族主義と地方民族主義の双方に反対する」と毛沢東の党中央が標榜していたとはいえ、中国人は少数民族側から反対されるのに心底、強烈な嫌悪感を抱いていたので、反大漢族主義即ち民族分裂的活動だと認定されたのである。

ウラーンフーは反大漢族主義のキャンペーンを着実に進めるのに毛沢東が一九三五年に発表した「中華ソヴィエト政府対内モンゴル人民宣言書」を印刷して配布したが、逆に彼には連邦制への拘りと分離独立の思想があると断定された。

第四、内モンゴル自治区に侵入してきた中国人幹部はずっとウラーンフーの政治運営に不満だった。ウラーンフーは中国政府が制定した少数民族政策を実行したのも、「少数民族を優遇している行為だ」と歪曲された。自分たちは外来の殖民者であるという自己認識はなく、先住民以上の権利を要求していただけでなく、文革勃発を利用してモンゴル人の生来の自治権を一掃して統治者になろうと大字報の論陣を張った。

こうした政治的な行動には、自治区東部出身の一部のモンゴル人幹部も同調した。東部出身のモンゴル人の目には、ウラーンフーは自分と同じ西部のトゥメト出身者らを「優遇」しているると映ったからだろう。中国人は夷を以て夷を制す戦略に則して、積極的に東部出身者を動員してウラーンフー批判の先頭に立たせた。やがて、ウラーンフーは彼自身が属する「ウラーンフー反党叛国集団のボス」だけでなく、東部出身者が組織した内モンゴル人民革命党の指導者でもあると認定されると、旧満洲国時代に教育を受けた「日本刀を吊るした奴ら」も受難していく。

一九六六年秋までの政治闘争の中で、まだ中国政府と中国人の謀略に気付かなかった東部出身も大勢いたが、大字報の中には既に東部出身者たちの経歴を疑問視する論調が出ていた。第五、自治区党委員会の大字報の批判内容を詳細に分析した結果、従来からの研究を抜本的に見直す必要が出てきた。私自身も含めて、今後は以下の二点を全面的に見直さなければならない。

一、「ウラーンフーの黒いラインに属する者をえぐりだし、その毒害を一掃する運動（挖烏蘭夫黒線、粛烏蘭夫流毒）」は一九六七年一一月に自治区革命委員会が成立した後からスタートしたと従前の研究者たちはそう理解していた。私が分析した大字報の内容からみると、ウラーンフー一派に対する断罪は文革勃発と同時に開始していた事実が判明した。

二、内モンゴル人民革命党の党員たちに対する摘発と虐殺は一九六八年春から始まったとされてきた。本章で取りあげた大字報の中には既に同党の活動を民族分裂的だと批判する内容が一九六六年五月から現れている事実に沿って判断するならば、同党の党員に対する粛清の準備も早まる。中国政府は一九六六年五月に文革を発動した直後から自治区党委員会内に出現した、内モンゴル人民革命党批判の大字報の存在を重視し、利用したとみて間違いなかろう。

このように、モンゴル人大虐殺運動の世論は北京当局が喚起し、自治区に住む中国人が積極的に呼応して形成された。政府主導の人民戦争により、モンゴル人ジェノサイドが「成功」したと位置づけることができよう。

第五章　延安派を襲う「青い都」の赤い嵐

舞台をフフホト市にある自治区党委員会の高い壁の外に移そう。首都北京では一九六六年六月一日に政府新聞『人民日報』が「すべての妖怪変化を一掃しよう」という社説を掲載して文革発動の気焔をあげた。同じ日の午後に北京大学の聶元梓ら七人が連名で書いた大字報も「全国初のマルクス・レーニン主義の大字報」としてテレビとラジオで放送された。

これらの党中央からの号砲を受けて、内モンゴル自治区では党委員会よりも早く、六月三日に師範学院大学の高樹華ら四人が大字報を貼りだして北京に呼応した（楊　2011a）。北京もフフホトも、大字報の矛先は「走資派」とされる幹部たちだったが、毛沢東にはもっと深遠な戦略があったのをまだ誰も知らない。

一　打倒されるウラーンフー・ファミリー

政治家家族の受難

北京では劉少奇と鄧小平たちが工作組を各大学に派遣して文革運動を従来の政治運動同様に政府主導でリードしようとしていたのと同じように、内モンゴル自治区でもウラーンフーの長男ブヘをはじめとする文革指導小組は工作組を各大学に回した。

工作組は共産党の既得権益者の利益を守ろうとしているのではないか、とみた学生たちは抵抗をはじめた。ウラーンフーが北京の前門飯店会議で粛清されたとの情報が内モンゴル自治区に伝わると、六月一八日にブヘの文革指導小組の組長のポストは早速、剥奪された。ここから、ウラーンフーのファミリーと彼を中心とする延安派は一掃されるコースをたどる。

八月一七日、林学院大学と文化芸術聯合会（略して文聯）の「革命的な群衆」たちはウラーンフーの長男ブヘの夫人、ジュランチチクを「揪みだして闘争」した。「揪みだして闘争する」ことは、暴力を加えて人格を凌辱する行為を指す。中国人が最も得意とする行動である。九月四日の夜、「紅旗文工団」の張文挙らはウラーンフーの息子ブヘとその夫人のジュランチチクを捕まえてリンチした。彼らはジュランチチクの頭髪を十字の形で切りこんで侮辱した。

まもなく、ウラーンフーの夫人雲麗文も「現代の西太后」として打倒された。ウラーンフーは「現代の殿様」（当代王爺）や「第二のチンギス・ハーン」と批判された。モンゴルや中央ユーラシア諸民族の英雄であるチンギス・ハーンも「封建的な領主」だと貶された。モンゴル人の歴史は完全に否定され、肯定すべきところは何一つなかった。暮れの一二月六日にはジュランチチクは再び暴力を受けた。彼女は自身に冠された「罪は成立しないし、拉致監禁も党と国家の法律に違反する」と抗議したものの、逆に何倍もリンチされた。

紅衛兵たちからの暴力を受けるブヘと夫人のジュランチチク。
矢吹晋著『文化大革命』より

周恩来の煽動

乱立する各種の「革命的な群衆組織」はどちらも自らこそが真の造反派だと自称し、対立する陣営を保守派だと批判した。一九六七年二月五日正午一二時一五分に、内モンゴル軍区の正門前で抗議活動をおこなっていた師範学院大学の中国人学生の韓桐を解放軍の将校が射殺した。解放軍はそれまでに自治区の中国人幹部たちを擁護する態度を示していたので、保守派だと学生たちから批判されていた。死者が出たことで双方の対立は深まり、北京に赴いて党中央に直訴した。

周恩来総理らは複数回にわたって造反と保守派たちに面会し、最終的には一九六七年四月一三日に「中共中央の内モンゴル問題を処理する決定」を出した。八項目からなっていたので、「紅い八カ条」とも呼ばれた。内モンゴル自治区に駐屯する「解放軍は左派を支持する運動の中で誤りを犯した為」、軍事管制が導入された。

周恩来は何回も群衆組織と大学生たちに向かって、「内モンゴルが混乱に陥ったのはウラーンフーがいたからだ。根はすべてウラーンフーにある。矛先をウラーンフーに向けよう」と繰り返し悪質な煽動をした。周が品格のない言葉で以てモンゴル人の指導者ウラーンフーを批判し、中国人の「走資派への憎しみ」をモンゴル人に転換させようとしていた事実は、中国政府が編集して発行した『内モンゴル問題を処理する為の党中央の文件（公文書）と指導者たちの講話集』に詳しく載っている（中央関於処理内蒙問題的有関文件和中央負責同志講話滙編　1967）。

このように、内モンゴル自治区でも北京と同じように、一般的な「革命群衆」の関心は「走資派」の打倒にあった。自治区であるゆえに、その「走資派」の一部はモンゴル人だった。自治区とはいえ、実態はとっくに中国人があらゆる機関内でモンゴル人以上に実権を掌握していたので、「走資派」も中国人とモンゴル人の双方からなっていた。それでも、周恩来のような党中央の指導者たちが繰り返し「問題の根はウラーンフーにあり、ウラーンフーの存在が内モンゴル混乱の原因だ」とモンゴル人の指導者を断罪すると、運動の流れは至極自然にモンゴル人打倒、全モンゴル人粛清とモンゴル人大虐殺へと発展していった。

結論を先に示すと、内モンゴル自治区におけるモンゴル人大虐殺は北京当局の周恩来が発令したものである。周恩来はむろん、「中国人民の偉大な領袖毛沢東」の指示に従っていたのである。この点を研究者と読者は見落としてはいけないのである。モンゴル人ジェノサイドという人道に対する犯罪に責任を負わなければならないのは、ほかでもない周恩来である（呉廸　2006）。

子を批判して親を打倒する

一九六七年五月九日、著名な造反派「魯迅兵団」に属する「内モンゴル人民出版社紅旗戦闘縦隊」は一枚の大字報を貼りだした。「抗議する！何故、ブへを闘争できないのか」と題するこの大字報は、ウラーンフーの長男ブへを「揪みだして闘争せよ」と強く主張している（楊　2015a）。

ブへを討伐し、出版社における彼のブラック・ルーツ（黒根子）を掘り起こすのは我々の革命的な要求である。この権利は毛主席が私たちにくださったものだ。フフホト第三司令部（呼三司）を代表とする造反派が戦って獲得した権利だ。

「内モンゴル人民出版社紅旗戦闘縦隊」はブへを暴力的に闘争しようとしていたのに対し、

政府系の工作組はブヘを守ろうとしている、と大字報は書いている。大字報は最後に、「ウラーンフーが文化芸術の領域に差し伸べてきた黒い手先を断ち切り、その修正主義の根本を掘り起こさないかぎり、我々は絶対にあきらめない」、と締めくくっている。

中国には政治家が失脚すると、その家族と親友たちも全員連座する伝統がある。昔も今も、基本的に変わらない。上で示した大字報は、モンゴル人の最高指導者のウラーンフーが中国当局によって粛清された事実を受けて、内モンゴル自治区でも彼の家族と友人や部下たちが倒されていくプロセスを物語っている。

呼三司と略称される内モンゴル自治区の造反派は、その名を中国全土に轟かせていた。呼三司の機関紙は『呼三司』で、後に『紅衛兵』に改名する。この『呼三司』は一九六七年一二月二日発行の第四六期に「素晴らしい形勢に乗って闘志を燃やし、赤い嵐で長空を席巻しよう」と題する社説を載せた。

社説はブヘを「ウラーンフーの皇太子」と表現した上で、「ウラーンフーのブラック・ルーツを掘り起し、その大小さまざまな残党グループや反党叛国集団を一掃しよう。ソ連とモンゴル修正主義者集団のスパイどもを殲滅しよう」、と呼びかけている。ブヘは内モンゴル自治区党委員会の文化委員会の主任をつとめていたので、ブヘを打倒しない限り、文化芸術界の文革はありえない、と論じている。

ブヘを批判するのは表層で、造反派の真意もウラーンフーにある。「ウラーンフーこそが民族問題を利用して階級闘争を隠蔽し、反大漢族主義の旗を掲げてスパイどもを集めて反党叛国の活動をくりひろげた」、と断罪している。

「生きている閻魔大王のブへを打倒せよ」

と『呼三司』は長い論文を載せている。「生きている閻魔大王」や「ウラーンフーの犬のような皇太子（狗太子）」などは、独特な社会主義風の中国語である。中国文化のコンテクストの中で、閻魔大王と狗は極悪な存在だとされている。

伝統的な「巨悪」を新しい共産主義のイデオロギー上の「悪」と結びつけて、分かりやすい形で中国人民の憎しみを喚起している。このようなユニークな中国語を研究者はナチス・ドイツ流の言語と併せて、「二〇世紀独特な政治言語」と呼んでいる（吉越 2005）。

毛語録を手にした呼三司系統の女性紅衛兵。著者蔵

「ウラーンフーの犬のような皇太子」ブへには「民族分裂主義の文藝路線を制定した罪」と「資本主義の自由化を招いた罪」、そして「有名なスパイどもを集めてその父親ウラーンフーが準備するクーデターの急先鋒をつとめた罪」がある、と『呼三司』は批判する。本人の経歴を歴史的に遡って探すのは、中国政府と中国人の得意技である。『呼三

司』はまずブへが一九四五年にウラーンハダ（赤峰）で「赤峰自治学院」を創った時から「文藝工作団」を設置して「民族分裂的な活動を進めてきた」と述べる。

中国共産党は結党当初からプロパガンダを重視し、具体的には文藝工作団や歌舞団のような団体を組織して、歌や踊り、そして演劇といった分かりやすい形で宣伝工作をしてきた。こうした工作は無学の中国人農民への効果も功を奏し、国共内戦を勝ち取った。

ブへはその父親のウラーンフーの指導下で、親中国共産党的な宣伝工作を主導してきた。具体的には同胞のモンゴル人民共和国との統一よりも、中国の中でソ連型の高度の自治を目指すという理念だった。ウラーンフーの理念と努力はことごとく中国に裏切られ、有名無実の区域自治だけが諸民族に与えられたのは周知の事実である。「ブへは何と、馬獲り竿《ウールガ》と鋤をマークとした反動的な旗を立てて、民族分裂主義者たちを糾合した」と『呼三司』はいう。

「馬獲り竿と鋤」を交叉させたマークは一九四六年一月に王爺廟で成立した内モンゴル人民革命党の「東モンゴル人民自治政府」の旗である。一九四七年五月一日にウラーンフーが内モンゴル自治政府を建立した際も会場にその旗が掲げられていた。その歴史が「民族分裂的行為」とされたのである。

二　断罪されるモンゴルの近代的な文藝

罪証たる文藝作品

「ブヘはウラーンフーの反動的な思想を鼓吹する為に、『雲澤行進曲』や『内モンゴル青年行進曲』、『内モンゴル騎兵行進曲』、『モンゴル舞踊』のような歌とダンスを創作した」と『呼三司』は批判する。上で挙げた歌やダンスは日本風の近代的なメロディーをモンゴルの伝統的な歌曲と併せた、軽快なリズムで、典型的な社会主義のプロパガンダ風の文藝作品である。そうした洗練された近代モンゴル文化が、「すべて賊ウラーンフーがモンゴル独立国を創る為の道具だ」、と中国人たちは罵倒する。

一九世紀後半に書かれたモンゴル語の小説も受難した。インジャーナシの『青史演義』と『一層楼』、そして『泣紅亭』である。これらの「封建社会の残滓のような小説もどれもブヘの主導で出版された」。ブヘはまた作家のマルチンフーの「毒草のような小説」『茫々たる草原』（茫々的草原）を公刊し、『ダナバル』や『チンギス・ハーン遠征歌』のような「反動的な歌」をヒットさせた。彫刻家にして内モンゴル博物館館長の文浩に「犬のような形をしたウラーンフーの頭を彫刻させた」と中国人たちは憤慨している。

ブヘがリードして創造した内モンゴルの社会主義のプロパガンダ文藝には中国的な色彩は薄かった。ブヘが抜擢したダンサーの賈作光は「偽満洲国の芸術家」で、日本型の近代文藝

右：1958年に人民文学出版社から出された『茫々たる草原』
左：造反派たちの著名な新聞『新文化』。最後まで造反すれば、勝利が得られる、とある

の実践者だった。「蒙奸セーラシ」が歌う『チンギス・ハーン遠征歌』もモンゴルのハラチン部の古い民謡を日本風に洗練化させたもので、日本語の歌詞まで再創作されていた。

「文明人」を自称する中国人から「野蛮人」と見なされるモンゴル人が洗練した社会主義の近代文化を創出しているのに、共産党は激怒していたことが、『呼三司』の論調から読み取れる。その為、中国人たちは「ブへを地獄の最下層に蹴り落とそう」、と結論している。

内モンゴル自治区宣伝教育関係の造反派が編集し発行していた『新文化』は一九六八年六月一〇日に「内モンゴル文藝界の走資派のトップ、ブへを打倒し、その名誉を剥奪せよ」との批判文を掲載した。

私が「打倒し、その名誉を剥奪せよ」と日本語訳したオリジナルは「批倒批臭」である。「批臭」は直訳すれば、「臭くなるまで批判せよ」と

の意味である。社会主義のプロレタリアートたちは、ブルジョアジーが愛用する香水や化粧品は「腐敗のシンボル」だと断罪していた。その代り、労働人民が働いて流す汗も本当は良い匂いで、「香水と化粧水も実際は臭いものだ」、と独特の嗅覚理論を創出していた。『新文化』との新聞の名称も一九一九年五月四日に勃発した「封建社会を粉砕する為の新文化運動」を猿真似した行為に過ぎない。批判文はいう。

ウラーンフー反党叛国集団の嫡系幹部で、彼の犬のような皇太子ブヘは、老犬ウラーンフー自らが権力を乱用して抜擢したものだ。彼は一九四六年から一九五四年までは自治区文藝工作団の副団長と団長、それに党支部書記などを歴任した。一九五四年から一九六六年までは自治区文化局第一副局長、文化芸術聯合会主任兼党書記となった。一九六六年春にウラーンフーがクーデターを準備しだした時期にはまた文化委員会主任と自治区党委員会代理常務委員に任命された。彼は文藝を反革命の道具として使い、ウラーンフー反党叛国集団が資本主義を復活させ、祖国を分裂させて大モンゴル帝国を建立するのに世論工作を進めた。

『新文化』が列挙する具体的な「罪証」は先に紹介した『呼三司』とほぼ同じである。『雲澤行進曲』や『内モンゴル騎兵行進曲』、それに『内モンゴル青年行進曲』といった歌とモンゴルの舞踊、そして小説『茫々たる草原』、『騎士の栄誉』などである。一九四九年から一九六六年までにモンゴル人が創作した歌曲と書いた小説と詩歌などの中で、免れた作品は皆無に近い。このような「毒草のご時文藝作品」を創りだすのに、ブへは意図的に「モンゴル復興を夢みる民族分裂主義者たちを要所に任命し、高給を与えてきた」、と批判する。

チンギス・ハーンを称賛した落水狗

いざ、誰かに政治的な問題があると発覚すると、中国政府と中国人は必ずその人物の家庭的な背景を探る。『新文化』もまた「ブへの家庭とその出身」との短い文章を載せている（楊 2015a）。

ブへの曾祖父は太平天国の農民運動を鎮圧した死刑執行人で、祖父は悪徳地主だった。……それにも関らず本人はその搾取階級の出身を隠し、革命的な家庭に生まれたと偽ってきた。

紅衛兵新聞『新文化』の編集は実に巧妙である。ブへの家庭的な背景を罵倒する文章の隣には「ウラーンフーと鄧拓、そしてセーラシ」という一文を並べている。鄧拓は馬南邨というペンネームで「資本主義の文藝路線に沿って悪意で以て社会主義の暗黒な一面を極端に誇張した罪」で、文革開始早々に毛沢東によって自殺に追いこまれた作家である。

その鄧拓が一九六四年に内モンゴル自治区に来た時、ウラーンフーとブへはセーラシを呼

周恩来総理と乾杯する馬頭琴演奏家のセーラシ

んで彼に『チンギス・ハーン遠征歌』を馬頭琴で演奏させた。「反動的な芸人のセーラシは以前に日本の侵略者の悪魔どもの為にも『チンギス・ハーン遠征歌』を弾いたことがある」、と批判する。

ウラーンフーはこのように話していた。「チンギス・ハーンの遠征により、モンゴルは大きくなった。チンギス・ハーンもその前半生においては、民族の統一の為に外敵の侵略に抵抗して、消すことのできない功績を立てた。チンギス・ハーンが全モンゴル民族を統一したので、遊牧という経済を基盤とした封建国家が建立できた。彼の偉大な貢献をモンゴル民族は絶対に忘れやしない」、という。ウラーンフーはこのように封建社会の人物を称賛する為に、いつもセーラシに『チンギス・ハーン遠征歌』を演奏させていた。

セーラシの演奏を聴いた鄧拓は「英雄の子孫たちも涙で襟を濡らすことなかれ」と揮毫した。当然、「鄧拓もウラーンフーも、セーラシもブヘもみな同じ穴の貉だ」と批判する。

一九六八年九月五日付の『新文化』は、モンゴル人を迫害した出来事に関する多くの記録を残した。『新文化』によると、一九六八年八月一七日の午後に自治区文化局の「革命的な群衆」とその他の「革命派戦友たち」が協同で「内モンゴル自治区文藝界のトップの走資派であるブヘを徹底的に闘争した」という。

続いて二一日の午後と二二日の午後にも「ブヘに対して猛攻撃を加え、白兵戦のように、銃剣に血を浴びせた」。「反革命修正主義分子にして、民族分裂主義者のブヘはなかなかその罪を認めようとしなかったが、事情を知る者に出てきてもらい、面と向かって証言させたら、やつは殴られて水に落ちた犬（落水狗）のように革命の審判を受けた」、と記録している。「落水狗」のような文革時代に創成された激しい政治用語で飾られた文章は鋭利な武器となってモンゴル人の精神世界に刺しこまれている。

同じ『新文化』の第四版には内モンゴル自治区文化局の作戦組が書いた「文闘の巨大な威力を発揮しよう――私たちがブヘを批判闘争した経験」という文を載せて、上で触れた八月一七日の批判闘争大会の詳細を伝えている。それによると、闘争大会は「一人がまず総攻撃をしかけ、それから証人たちが暴露する。続いて当事者が登場して真相を語り、最後には妖怪変化が本来の姿を現した」、という。

実際に証人をつとめた者の名前も複数あり、群衆は包頭鉄鋼コンビナートと包頭第二冶金公司の経験を生かしたという。この二つの工場は当時、モンゴル人虐殺の「先進的な企業」と謳歌されていたので、暴力の激烈さを容易に想像できよう。

工人戦報

内蒙古东方红工人革命造反总司令部主办

第廿八期　1967年9月8日

混进党里、政府里、軍队里和各种文化界的資产阶級代表人物，是一批反革命的修正主义分子，一旦时机成熟，他們就会要夺取政权，由无产阶級專政变为資产阶級專政。　毛泽东

社论　痛打落水狗　批臭乌兰夫

『工人戦報』が掲げる「落水狗のウラーンフーを痛打せよ」との記事

「ブへとはモンゴル語で堅牢との意だ。これは、彼の犬のような父親ウラーンフーが自らの路線を継承させる為に付けた名前だ」と同じ『新文化』の「〈皇太子〉現形記」はいう。ブへは幼少の時から勉学に関心がなく、ひたすら道楽に明けて暮れていた人物だとしている。中国では一旦「悪人」だと陥れられると、絶対にその人物は生まれた時からずっと「悪行を働いてきた」と経歴まで書き直される。「革命的群衆は八〇枚もの風刺漫画を描いた」としており、そのうちの二点が『新文化』の紙面を飾った。同じ漫画でも日本とは異なり、中国文革中の漫画は「階級の敵を打倒する武器」だったのである。

中国政府の指示を受けた内モンゴル自治区革命委員会は一九六八年一月六日から一八日にかけて、第二回全体拡大委員会を開いて、正式に「ウラーンフーの黒い路線に属す者を抉りだして粛清し、その毒害を一掃する」（挖粛）という運動を開始していた。ここから、中国人たちはさまざまな「抉りだして粛清する組織」（挖粛組織）

を結成した。各組織はすべて政府と連携し、政府の意図に沿った新聞と雑誌を編集して配布していた。世論を喚起して、「人民の海」の戦争を実施する為である。

「九月五日の午後に革命的群衆は再び文藝界のトップの敵ブヘを闘争した。工人毛沢東思想宣伝隊も加わった」

と一九六八年九月一八日付の『新文化』紙はニュースを伝えている。工人毛沢東思想宣伝隊は学生からなる造反派と異なり、身体的に筋骨隆々な労働者からなる。工人の登場で、モンゴル人に対する暴力は青年学生たちより遥かにエスカレートした。

『新文化』も、批判闘争の会場から「ウラーンフーを打倒せよ」、「ブヘを打倒せよ」のようなシュプレヒコールが上がると、「ブヘは恐怖に陥り、顔色は土色に変わり果て、全身の震えが止まらなかった。彼はこのように醜態をさらした」、と暴力を称賛している。

中国人の孫悟空とモンゴル人の白骨精

「毛沢東の良い学生江青」夫人は文革前から「革命的な現代京劇」を利用して「封建主義と資本主義、それに修正主義と戦った」。内モンゴル自治区ではウラーンフーとその息子のブヘが「モンゴル風京劇を制作して民族分裂主義の活動を推進し、祖国の統一を破壊した」、と『新文化』は批判する。「モンゴル流京劇」の典型的な実例の一つに、『巴林《バーリン》怒火』が挙げられている（楊 2015a）。

「ブヘは内モンゴル文藝界の最大の走資派だ」

と『新文化』は更に内モンゴル博物館における展示を分析してウラーンフー父子を追い詰める。二点の辛辣な漫画を添えた上で、『新文化』は内モンゴル博物館の展示は「ウラーンフーが自治区成立二〇周年を利用して反革命のクーデターを起こす為の世論工作だった」という。具体的には「毛主席は一度も内モンゴルに来たことがないと話してその写真を展示から外して」、代わりにウラーンフーらトゥメト出身の奎璧とジヤータイらが一九二四年に北京のモンゴル・チベット学校時代に共産党に入ったという展示を作った。

また、一九三五年にトゥメト地域で地下潜伏中の写真や、日中戦争中に傅作義の秘書になって「革命を裏切った写真」も陳列されたという。批判文は更にウラーンフーとブヘ父子が一九三〇年代に共産党の「根拠地延安で腐敗した生活を送っていた」と歴史を遡って二人の私生活を暴露している。具体的にはブヘが「ブルジョアジーの女と恋愛していた」ことと、ウラーンフーも「妻の雲亭を捨てて、若い雲麗文と付き合っていた」事例を並べている。二人がいた「延安民族学院は高崗の巣窟」だと付け加えるのを忘れていなかった。

毛沢東の江青夫人が「革命の旗手」であるならば、モンゴル人のウラーンフーとブヘ父子の夫人たちは「反革命の旗手」でなければならない。『新文化』紙もこのような軸でモンゴル人への攻撃の勢いを強めていく。一九六八年六月二二日に、この戦闘的な新聞は攻撃の矛先をブヘの夫人ジュランチチクに向けた。

「反革命修正主義分子にして民族分裂主義者のジュランチチクは内モンゴル文化芸術聯合会の副主任で、彼女は悪徳地主の腐敗しきったお嬢様だ。彼女はその姉夫婦に育てられたが、

日本に留学し、モンゴル人民共和国に滞在したことのある詩人ナ・サインチョクト。*Na. Sayinchogtu-yin Sigümjitü Namtar,* Alus-un Bar-a Keblel-ün Qoriy-a, 2008より

義理の兄は偽満洲国の軍官だった」と『新文化』は論じる。「ジュランチチクは白骨精だ」、と中国人は書いている。白骨精は『西遊記』に登場する悪女である。毛沢東は当時、紅衛兵を孫悟空に譬えて、白骨精のような走資派を鎮圧せよと造反精神を鼓舞していた。内モンゴル自治区でもモンゴル人のジュランチチクは格好のいい材料として孫悟空の敵、白骨精に選ばれたのである。

彼女の指揮下の「内モンゴル文化芸術聯合会には一つの反党叛国の集団があり、その主要なメンバーはナ・サインチョクトとマルチンフー、オドセル、それにチョクトナランだ」、という。そのうちの「ナ・サインチョクトは日本とモンゴル修正主義国家のスパイだったにも関らず、ジュランチチクが彼を偉大な詩人に仕立てあげた」。「作家のマルチンフーは丁玲の弟子で、ショーロホフの家来だ」。「ジュランチチクはマルチンフーと結託し合って、『草原の晨曲』という叛国文学を創作した」。「白骨精のジュランチチクはモンゴル人民共和国の文藝作品を神聖視し」、外国の文藝的な手法で「義父ウラーンフーをチンギス・ハーンの後継者として描いた」。

紅衛兵の機関紙『呼三司』も負けないくらいにモンゴル人批判の論陣を張った。一九六八年四月一七日付の『呼三司』は斉声喚（＝一斉に喚起する）との意）とのペンネームでウラーンフーのもうひとりの息子リーシャークを打倒せよ、との文を載せた（楊　2015a）。

ウラーンフーの長男ブヘは「反動的なウラーンフーのモンゴル帝国の皇太子で、三男のリーシャークは三太子だ」、と批判文はまず位置づける。リーシャークはソ連に留学してレアアースの精錬技術を学んだが、ウラーンフーの「政治的な謀略」により、テムールバガナが学長をつとめる師範学院にロシア語講師として赴任した。そこから、リーシャークは一九六三年に「反大漢族《チャイニーズ》主義の名の下で、漢族を排除し、帝国主義と修正主義国家が進める反中華の勢力と結託した」。「少数民族の幹部と漢族の幹部との間にトラブルが起こったら、漢族が主な責任を取らなければならない。少数民族は弱い立場にあるからだ、とリーシャークは話していた」、と批判する。

リーシャークの夫人楊珍雲は習仲勲の義理の娘だったことも罪となっている。今の習近平主席の父親習仲勲も陝西省北部出身者からなる「高崗派の一員」だったことは、既に述べた。

三 「毒草」たる民族自決の歴史

延安派が植えた「毒草」の性質

造反した中国人は延安派が創作した文藝作品をターゲットに定めた。トゥメト地域出身で、延安民族学院で学んだ雲照光と彼が書いた『オルドスの嵐』という小説である。小説は映画にもなっていたので、『呼三司』は一九六七年一二月一三日に「ウラーンフーの反革命的な思想を鼓吹する大毒草—反動映画『オルドスの嵐』を評す」という攻撃的な文を載せた。

近代に入ってから、一般的に南モンゴルの東部即ち満洲国領内と徳王のモンゴル自治邦政府管轄圏内は日本型の近代教育が発達し、対照的に西部の綏遠省内のオルドスとトゥメトには近代的な教育上の実践が限られていたので、知識人も東部モンゴル人の方が圧倒的に多かった。

雲照光は数少ない西部出身の知識人のひとりであった。ウラーンフーの側近でもあった彼は当然、西部地域におけるモンゴル人たちの近代的な革命運動を南モンゴル全体の中心軸として描いていた。南モンゴルの西部の革命こそが進歩的な運動で、東部は「偽満洲国」や「偽モンゴル聯盟自治政府」の運動だった、とシンプルに区分していた。それでも、中国人は満足しなかった。『呼三司』は次のように批判する。

「反革命の修正主義分子のウラーンフーは独立の王国」を創る為に、歴史を歪曲して『トクトの歌』や『ガーダーメイリン』、それに『オルドスの嵐』のような映画を創作した。その中でも、特に雲照光の『オルドスの嵐』は毒草である。では、「毒草」である理由はどこにあるのか。『呼三司』はつづる。中国人たちは次のように「毒草」を理解している。

『オルドスの嵐』は一九二六年からオルドス高原で発生した「シニ・ラマことウルジージャラガルにリードされた、散漫な大衆運動ドゴイランを描いている」。指導者のウルジージャラガルは出身こそ貧乏だが、後に旗政府の役人になっているので、彼の行動は革命というよりも、実際は封建社会の延命を図ったものである。

西部トゥメト出身のモンゴル人作家、雲照光

しかし、ウラーンフーはウルジージャラガルを「共産主義の革命家」だと謳歌した。雲照光は小説の中で、ウルジージャラガルが北京のモンゴル・チベット学校に行き、バトという人物と知り合うことを描いている。

このバトはその後オルドスに移り、ウルジージャラガルの軍内の共産党代表になって、革命を指導する。これは、間違いなくウラーンフーを称賛していることだ。「モンゴル・チベット学校は内モンゴルにおける革命の揺籃だというウラーンフーの反動的な思想を具現したものである」という。『呼三司』は分析する。

漢人《チャイニーズ》に草原を売り渡したモンゴルの王に反対したウルジージャラガルの行為を雲照光は称賛しているが、その最大の目的は反漢だ。封建社会の漢人と社会主義の漢人を区別していない。社会主義になっても、まだ「漢人に草原を売り渡した行為に反対しよう」と叫ぶ狙いはどこにあるのか。一九五八年に共産党中央はフルンボイルで四〇〇万畝の「荒地」を開墾して祖国の食糧問題を解決しようとした。しかし、ウラーンフーは「草原を開墾するのは軍閥の張作霖のやりかただ」とか、「漢人が増えたら、よそ者が権力を握ってしまう」とか話して、草原の開墾に抵抗した。その結果、一九六二年には「荒地」の開墾もウラーンフーによって中止に追いこまれてしまった。

このように、近代史上の中国人による草原開墾に反対した映画を作ることによって、現在の草原開墾を止めてしまった、と『呼三司』は認識している。右で示した中国人のこの短い文章は、近現代における南モンゴルの民族問題を高度に要約している。中国人はモンゴル草原の生態的な環境を一切考慮せずに「荒地」だと位置づけて開墾しようとする。モンゴル人は開墾が環境を破壊するとしてあの手この手で抵抗した。

中国共産党はモンゴル人の抵抗運動を「部分的には進歩的な反封建社会の側面もあり、中国革命の一部でもある」と認定しながらも、内心では軍閥張作霖以上に草原を開墾したいと思っていた。封建社会の搾取階級であろうと、社会主義の漢人《チャイニーズ》であろうと、草原は一度開墾されると沙漠になってしまうという科学的な思考はできないのである。中国人の思考停止により、南モンゴルの民族問題は常に草原開墾を中心に勃発し、解決の見通しがたたないまま今日に至っている。

トゥメトの少壮派

雲照光への批判は続く。

「雲照光はウラーンフー反党叛国集団の決死隊員だ」

と内モンゴル自治区師範学院の東方紅縦隊（略して東縦）が編集し発行していた『東方紅』は一九六八年二月二四日に批判文を掲載した。批判文によると、雲照光をはじめ、ウラーンフーの息子ブヘ、浩帆、チョルモン、雲世英、陳炳宇、趙戈鋭、李貴、雲成烈、高茂などは全員、「クーデターを企むウラーンフー王朝の少壮派」だという。この中で、ただひとり、李貴は中国人で、他はすべてトゥメト地域出身のモンゴル人である。

批判文は「トゥメトの少壮派」を以下のように攻撃する。ウラーンフーは「第二のチンギス・ハーンとなって大モンゴル帝国を再建する目的で革命の陣営に潜りこんだ」。一九三九年に奎壁がトゥメト地域から少年雲照光らを延安まで送りとどけたのも、そうした目標を実現する為である。

雲世英

雲照光らはウラーンフーだけでなく、高崗の影響も受けた。雲照光はずっと内モンゴル軍区の政治部の要職についていたが、一九六五年二月二六日に奎璧がウラーンフーに手紙を書いて、「長期的な戦略から、雲後継者を育成する必要がある」として、雲照光を一九六六年春に除隊させた。雲照光は『オルドスの嵐』のような脚本を書いて、ウラーンフーの「功績」を称賛し、反大漢族主義のキャンペーンを推進してきた。

一九六六年四月になり、共産党華北局の解学恭書記らがウラーンフーの反大漢族主義キャンペーンを問題視しはじめると、雲照光はまた赤峰軍分区副参謀長の雲成烈と「結託」した。前門飯店会議でウラーンフーが打倒されると、雲成烈は雲照光に「トゥメトのモンゴル人は頑張ろう。革命は反復するものさ、農村に行ってゲリラでも何でもやろうじゃないか」との伝言をそのボスのウラーンフーに伝えさせた。このように、「クーデターの推進役」のひとりに作家の雲照光が認定されたのである。

「ブラック・ゴーストの雲照光を揪みだして、彼の大毒草『オルドスの嵐』を批判せよ」と労働者新聞『工人風雷』は一九六八年三月二二日に呼びかけた。『工人風雷』はいう。

雲照光の『オルドスの嵐』は「ウラーンフーの叛国文学の典型的な作品だ」。一九六二年に映画化された目的も「民族主義者のウルジージャラガルを共産主義者として描き、モンゴル人はみんな家族のようなものだという反動的なスローガンを打ちだす為だ」という。しかも、「オルドス・モンゴルは苦難の中にいる」と話して、わが国の現状を風刺した。その狙いは「モンゴル人を糾合して漢人を追いだそうとしていることだ」。たとえ、映画は一九三〇年代の事実を描いただけでも、「モンゴル人は苦難の中にいる」との台詞に中国人は敏感だった。中国人も実際はモンゴル人が自分たちによって抑圧されているという実態に気づいていたからである。だから、文藝作品中の表現も気に入らなかったのである。

紅衛兵が暴く国家の偽善

「党内に潜りこんだブルジョアジーの代表的な人物、……フルシチョフのような人物は我々の身辺で眠っている」

という毛沢東の語録を巻頭に載せた雑誌がある。呼三司が発行する『文藝戦鼓』である。この『文藝戦鼓』は一九六八年三月号で雲照光とその作品を批判する特集を組んだ（楊2015a）。

「大毒草たる『オルドスの嵐』は一九二六年にイケジョー盟のウーシン旗で発生した円陣運《ドゴイラン》動を背景に、シニ・ラマことウルジージャラガルをモデルに、プロレタリアートの革命思想を受け入れた、いわゆるモンゴルの英雄を描いている」

1962年に出版された児童向けの絵本『オルドスの嵐』の表紙。中国人の共産党員がモンゴル人騎馬兵を指揮している風景

と『文藝戦鼓』は断罪する。「内モンゴル人民革命党の指導下に入ったドゴイランはモンゴル民族の独立を求め、満蒙はシナに非ずという反動的なスローガンを掲げていた」、と呼三司の紅衛兵は問題の核心をついている。ドゴイランの指導者のウルジージャラガルは一九二五年にウランバートルでモンゴル人民革命党に入り、翌年から「モンゴルはずっと独立国だった」と主張し、「統一したモンゴル」の実現を目標にしていた。

ここでも再度指摘しておかねばならないが、文革期を除いて、中国は一貫してウルジージャラガルを「愛国家」に、ドゴイラン運動を「中国革命の一部」として位置づけてきたが、紅衛兵たちはそうした国家側の偽善に遠慮しなかったのである。紅衛兵が批判していることこそが、事実である。

「ウルジージャラガルは反封建の英雄でもなければ、中国共産党の指導もうけていない。彼は正真正銘の内モンゴル人民革命党の党員だったのである」

紅衛兵のいう通りである。「ウルジージャラガルのドゴイランはことあるごとに草原の開墾に反対してきた」が、それもウラーンフーが「偉大な領袖で、太陽のように赤い毛沢東主席が一九五八年からフルンボイル草原を開墾しようとすることに反対する為の世論作りに過ぎない」、と解釈する。

「革命の指導権」の問題もある。中国共産党は建国以来ずっと「少数民族の革命家は蛮勇を振るうことしか知らない。少数民族を漢人が指導してはじめて真の革命家に成長していく」という文藝政策を堅持してきたのである。

雲照光も党の文藝政策を守らざるを得なかった。彼は最初、ウルジージャラガルと北京のモンゴル・チベット学校との関係を描き、ウラーンフーの指導を描きたかったが、共産党の圧力で修正を命じられた。そこで、雲照光は劉洪涛という中国人を登場させて、モンゴル人の革命を指導させるストーリーを創作した。問題は、この劉洪涛も初稿では高洪涛との名だったし、その出身地も陝西省北部だったという点である。「高洪涛は反革命分子の高崗ではないか」、と紅衛兵は喝破する。紅衛兵の分析は正しい。

母国語を忘れた民族分裂主義者

批判文は更に『オルドスの嵐』の中の具体的な登場人物たちを現実の「ウラーンフー反党叛国集団」内のメンバーらと照合し、いかに「延安派の功績を鼓吹」してきたかを列挙している。主人公のウルジージャラガルは強烈な「反漢の思想」を抱いていた。では何故、このような人物を主人公に据えたのか。それは、「ウラーンフー自身も同様な思想を持ち、モンゴル帝国を再建して、第二のチンギス・ハーンになろうとしていたからである」、と紅衛兵は分析している。

「反大漢族主義のキャンペーンを進めていたウラーンフー」は、側近中の側近の雲照光を抜擢した。その雲照光は更に「王再天やトグス」のような「日本刀を吊るした奴らとも結託していた」、と『文藝戦鼓』は目を光らせている。こうした指摘により、「延安派」を殲滅した後には東部の「偽満洲国の日本刀を吊るした奴ら」に照準を当てようという狙いがみえてきた。

「反漢族《チャイニーズ》にして民族分裂の活動」をする為に、ウラーンフーと雲照光らは「チンギス・ハーンの幽霊にすがった」、と中国人の批判者は理解している（楊 2015a）。

内モンゴルの民族分裂主義者たちは以前から内モンゴルを祖国の大家庭から分裂させようとしてきた。彼らは狂ったように何と「長城をモンゴルと漢族の境界にしよう」と主張した。雲照光もそのようなひとりだ。……トゥメト旗の土地は全部モンゴル人のもので、漢人《チャイニーズ》のものではない、と雲照光は主張していた。……

雲照光はまたモンゴル修正主義国家のスパイどもや、叛国分子らと結託し、ウラーンフーの指示の下で、言語の統一を進めた。わが国は早くから民族団結に有害なキリル文字モンゴル語の使用を禁止していたにも関らず、雲照光はそれに不満だった。彼はモンゴル語の勉強に熱心で、自分を例にして、「モンゴル人としてモンゴル語が話せないのは、一生の苦痛だ。モンゴル語を学び、真のモンゴル人になろう」と話していた。

ウラーンフーや雲照光のようなトゥメト出身者の多くは母国語を忘却していた。モンゴル語が話せなかった者ほど、母国語の復活に熱心だった。こうした文化復興の心情が民族分裂的な活動だと中国人の目には映ったのである。母国語を捨てて、中国語を操るようになれば、「進歩的にして愛国的だ」と中国人は確信しているのである。

四　「雲」一族の受難と東部出身者への波及

逃げられない「雲」姓モンゴル人

延安派の受難は続く。文革期までの内モンゴル自治区に一つのエピソードがあった。自治区党委員会の建物内に入って、「雲同志《ユントンジー》」と呼んでみると、すべての部屋のドアが開いた、という。それぐらい雲姓を名乗る西部トゥメト出身のモンゴル人幹部が多かった。ウラーンフーの失脚に伴い、彼と同じ雲姓を名乗っていたモンゴル人は例外なく打倒された。

一九六八年一月一〇日、内モンゴル図書館の「革命的な群衆」が「現代の殿様たるウラーンフーの決死隊員の雲志厚を揪みだした」、と『聯合戦報』は一月二七日に伝えている。「悪人である雲志厚はウラーンフーの悪魔のような女房（女妖婆）雲麗文の甥」だ、と中国人は

ウラーンフーと雲麗文夫人が北京で撮った一枚

モンゴル人の親戚関係に注目している。中国では一旦政治家が悪人だとして打倒されると、本人とその親族もすべて「悪者だった」と一網打尽される。雲志厚も当然、「早くも一九四〇年代から中国共産党を貶す詩文を創っていたし、男女関係も乱れていた」ことになっている。

シリーンゴル盟につとめていた頃から、雲志厚は「農業の合作化は民族間関係を無視している」とか、「共産党の合作化政策は極左政策だ」と話して公然と党の政策に反対していたという。雲志厚はまた「ウラーンフーが掀みだされたことを少数民族の災難の始まりだ」と主張して、文革の発動に反対した。彼は、「ウラーンフーを打倒しようとするのは陰謀だ。モンゴル人と中国人の矛盾、西部のモンゴル人と東部のモンゴル人との矛盾を激化させようとしている」、と語ったという。

雲志厚の事例から分かるように、モンゴルの有識者たちは最初から中国共産党の手法を明察していたのである。モンゴル人が少しでも正当な権利を唱えただけで、たちまち「民族分裂主義者」として粛清されていた実態が浮かび上がってくる。この点は、現在も基本的に変わっていないのである。

民族問題の現れ方と断罪の仕方

内モンゴル自治区は一九四七年五月一日に成立した内モンゴル自治政府から発展してきている。この自治区は一九六七年で「二〇歳」になる予定だったし、創立者のウラーンフーも一九六六年で還暦に達していた。彼は自分自身と自治区の節目の年に記念活動をおこなって自治の成功を標榜すると同時に、中国人によって奪われた権益を獲得しようと努力していた。その為、ウラーンフーの指揮下のモンゴル人たちは一九六五年一一月二二日に「自治区成立二〇周年記念準備委員会」を組織して、祝賀活動を用意しはじめていた。

祝賀行事の舞台はフフホト市なので、しごく自然に市長の陳炳宇がその責任者となった。陳炳宇市長が陣頭指揮した祝賀活動の準備はすべて「自治区成立二〇周年に合わせてクーデターを起こす陰謀」とされた。中国人からなる「フフホト市政府機関東方紅縦隊」は一九六七年九月二〇日に「内モンゴル自治区党委員会・自治区成立二〇周年記念準備委員会の大事記」という資料をまとめて、陳炳宇市長の「罪」を時系列に並べた。

中国人はまず陳炳宇の履歴を暴露している。それによると、陳炳宇は一九三四年に国民党が設置した中央政治学校モンゴル・チベット分校に入り、国民党員となっていた。一九三七年に「日本帝国主義者たちが中国に侵略してくると、陳炳宇はまた大蒙奸の徳王の蒙疆政権に参加して、匪賊どもの軍隊に任官した」。その後は共産党の延安に赴くものの、「革命の根拠地で専ら女を追っかけていた」。「男女関係にルーズで、日本のスパイやモンゴル人民共和国のスパイどもと関係していた女と親しかった」、と批判する。いざ、政治的な問題が発覚すると、「不純な」異性関係も絶対に暴露されるのは中国の特徴である。

「大事記」によると、記念行事の集会は三〇〇〇人から三五〇〇人からなる予定で、参加者には「モンゴル・ナイフ」を配ることになっていた。準備活動の一環として一九六六年一月から『ウーシンジョー』や『草原の民兵』といった映画を作成したが、「モンゴル的な情緒を強調した、分裂主義の毒草だ」という。そのうちの『ウーシンジョー』は、ウラーンフーが創設した社会主義のモデル、「牧区大寨ウーシンジョー」のことである。オルドス高原のウーシン旗にある人民公社で、牧草を植えて沙漠化の防止に成功したというモデルである。

毛沢東が推進してきた「農業大寨」と並んで、全国的に知られていた模範であるが、牧畜と沙漠化防止を強調していた性質から、中国人が理想とする農耕化政策に反対する為の策略ではないか、と疑われていた面がある。陳炳宇らが撮影させた『ウーシンジョー』も当然、同じような理由で断罪されたのである。

「モンゴルは立ち遅れた民族で、先進的な労働者には不向きだ」と中国人はモンゴル人を差別していた。その為、包頭市にある包頭鉄鋼コンビナートも地元のモンゴル人を採用せずに山西省などから中国人を連れてきて工場に就職させていた。ウラーンフーはこうしたやり方を批判し、『包頭鉄鋼コンビナートの人たち』（包鋼人）という映画を作らせて人々に問題の所在を認識させようと教育に力を入れていた。

陳炳宇市長も一九六六年三月二九日から市の幹部らを集めて討論させ、最終的に五月二日に『包頭鉄鋼コンビナートの人たち』を端的に『民族問題』と改名させた。民族問題は、労働者にモンゴル人と中国人のどちらを採用するかという形で現れる、という趣旨の作品だった。勿論、この改名行為も「民族分裂的な活動」の証拠とされたのである。

陳炳宇の「罪」はまだある。一九六八年七月一九日と八月一日に『聯合戦報』は「陳炳宇はウラーンフーの決死隊員だ」との批判文を二回に分けて載せた。書き手はフフホト市人民委員会の「東方紅縦隊」だ。ここでは、モンゴル人の「陳炳宇は修正主義分子にして民族分裂主義者で、しかも、蔣介石の忠実な家来だ」と認定されている。

陳炳宇は李貴と曹文玉、雲治安と張露らと「結託して、猛烈な勢いで反大漢族主義を進め、フフホト市でもモンゴル人幹部は漢族《チャイニーズ》に排斥されている、と話した」という。陳炳宇の能力を高く評価していたウラーンフーは自治区成立二〇周年記念行事が終わった暁には、自身は主として党務に専念し、行政の仕事を逐次陳炳宇に移管して、後継者として育てる予定だったという。

このように、ウラーンフーだろうが、彼の部下のモンゴル人だろうが、反大漢族主義を唱えただけで、中国人に目の仇とされていたことが分かる。「大漢族主義と地方民族主義の双方に反対する」と毛沢東らがもっともらしい政策を標榜していても、それはあくまでもジェスチャーに過ぎなかったのである。

東部出身の延安派の運命

ウラーンという女性がいた。彼女は南モンゴル東部ハラチン地域の出身であるが、満洲国で暮らすことなく、後に延安に赴いて「抗日陣営」に加わった。南モンゴル西部トゥメト出身者と結婚し、珍しい「東部出身の延安派」だったから、ユニークな存在だったのである。

彼女は中国共産党の幹部として東モンゴルに派遣された時は、苛烈な「平和的な土地改革」を実施した。「対日協力者」とされるモンゴル人たちを容赦なく処刑して中国共産党への忠誠を示していた。そのような彼女にも中国人は免罪符を与えなかった。

ウラーンは一九六七年四月から北京に避難し、一〇歳になる子どもと一緒にひっそりと暮らしていた。紅衛兵たちは内偵を続け、ついに彼女の住所を突きとめて、一九六七年六月七日に「逮捕」し、翌朝六時一八分にフフホト市駅に護送してきた。

「ウラーンが投降しなければ、彼女を滅亡させよう」

と中国人は彼女に暴力を加えた。一九六七年七月九日、内モンゴル自治区軽工業化工系統の造反派中国人たちは『井崗山』という新聞に「打倒女魔王―ウラーン」という批判文を掲載して、彼女に政治的な死刑判決を下した。

彼女は自治区軽工業庁の副庁長だったからである。『井崗山』はまた一枚の写真を載せている。首に「女魔王、烏蘭」という看板を吊るされたウラーンは、二人の凛々しい女の紅衛兵に抑えられて、腰を曲げて立っている。彼女はその後、長期間の強制労働を命じられ、言葉で言い表せないほどの虐待を受けた。結局、文革中に受けた虐待が原因で、一九八七年に亡くなった。彼女の親友で、ウラーンフーの妹の雲清は、次のように回想する（阿木蘭 2004）。

井岡山
内蒙古軽化工系統《井岡山》报編輯部
一九六七年十二月三十日　第二十期
难道烏兰夫的死党都揪出来了嗎？

軽工業界の造反派が発行していた『井崗山』紙

> 一九八六年四月に、私は北京の首都病院に入院中のウラーンを見舞った。彼女はとても強い女性で、簡単には泣かない人だった。私が病室に入るなり、彼女は私をぎゅっと抱きしめて、涙がこぼれた。「あなたと会うのも、これが最後だろう」と話した。彼女は足の骨がガンに犯されていた。文革中に殴られた足である。……一年後、彼女は亡くなった。

ウラーンのように、モンゴルの東部に生まれ、日本の統治に不満だったモンゴル人の何人かは共産党の延安を目指していた。そのような人たちは「抗日の英雄」を自認し、同郷の「日本刀を吊るしたモンゴル人」を軽蔑し、中国人に協力した。それでも、最終的には民族分裂主義者として暴力を受け、亡くなったのである。

民族分裂主義者とされるのは、この時代のモンゴル人が必然的に辿らなければならない運命だからである。西部の「延安派」だろうが、東部の「偽満洲国の日本刀を吊るした奴ら」だろうが、モンゴル人に生き残る路は用意されていなかった。

では、「日本刀を吊るした奴ら」はまた、どのように批判され、断頭台に追いやられていったのだろうか。

上：中国人紅衛兵から暴力を受けるウラーン
下：革命運動に参加していた頃の雲清とウラーン（左）

第三部　対日協力の清算

第六章　「二つの顔を持つ連中」（双面料）

社会主義国家にとって、文藝はプロパガンダの道具である。共産党の正統性を謳歌する為にだけ、文藝作品は作られる。中国と内モンゴル自治区も例外ではない。一九四七年五月に内モンゴル自治政府が成立して以来、さまざまな文藝作品が舞台に運ばれた。

二年半後に中国人の中華人民共和国が現れると、どちらも社会主義制度を称賛した文藝作品であっても、モンゴル人と中国人との間に大きな溝が横たわり、次第に衝突していった。文革期に入ると、モンゴル人の文藝作品への批判と断罪は、大虐殺の環境づくりの一環と化していった。

共産党を熱愛するパフォーマンスをするモンゴル人児童たち。このような運動は今日においても、強制され続けている。著者蔵

一　「遊牧民の息子」は反革命的

「二つの顔を持つ連中」（双面料）

自治区が成立した後、文藝戦線をリードしてきたのは日本的近代教育を受けた、東部と中部出身の知的なモンゴル人だった。西部出身者は、トゥメトの雲照光くらいだった。東部の出身であっても、自らの「偽満洲国」時代とそれ以降の民族自決の歴史を事実に即して描くことは決して許されなかった。満洲国時代にモンゴル人は平和に暮らしていたこと、自治を実践しながらも常に中国からの独立の機会をうかがっていたこと、そして日本が撤退した後は千載一遇のチャンスだとみてモンゴル人民共和国との統一合併を求めたことなど、民族自決の歴史は闇に葬られていた。

否定された東部の民族自決史に代わって正統史となったのは、西部のウラーンフー一派による中国領内での自治史である。内モンゴルの革命をリードしてきたのは西のトゥメト出身者で、中国を熱愛し、中国人との共存を選んだとの嘘である。しかし、筆が取れるのは東部出身者だけである。ここから、東部出身のモンゴル人が不本意ながらも西部の「正統革命史」を描き、宿敵の中国と中国人を愛したという虚偽と偽善に満ちた文藝作品が量産されることとなった。

東部出身のモンゴル人知識人が西部出身者と中国人の中国革命を宣伝する。このアンビバレンスに活かされたモンゴル人たちを文革前後では、「二つの顔を持つ連中」(双面料)と呼ばれていた。知識人もいれば、政治家もいた。

一九六七年八月、内モンゴル大学の「井崗山八・五戦団」と自治区文化芸術聯合会の「翻江倒海縦隊」が合同で『文藝戦鼓』という雑誌を創刊した(楊 2015a)。ここから、「二つの顔を連中」への批判の怒涛が上がった。雑誌はまず内モンゴル自治区における京劇作品を批判し、「ウラーンフー反党叛国集団」が主導してきた文藝作品は例外なく「独立王国」と「民族分裂活動」を進める為の道具だった、と断罪された。

『文藝戦鼓』誌はいう。「毛主席の好い学生にして京劇革命の旗手である江青同志は、偉大な領袖毛主席の指示に従って、京劇革命の旗を掲げて、大勢の京劇関係者たちを率いて封建的な堡塁に突撃していった。しかし、内モンゴル自治区の京劇界は頑迷に抵抗し、相変わらずウラーンフーの民族分裂活動の為の世論づくりに徹した」。

ウラーンフーはある座談会で話した。京劇の脚本はモンゴルと漢族《チャイニーズ》との紛争を取りあげるかどうか。私は取りあげなければならないと思う。紛争の話がなければ、中身も面白くないからだ。……こうした指示の下で、『巴林《バーリン》怒火』と『哈拉嗄廟《ハーラガン・スメ》の戦闘』、『気壮山河』、『後方前線』のような大毒草が生まれたのである。

『巴林《バーリン》怒火』と『哈拉嗄廟《ハーラガン・スメ》の戦闘』は「あまりにもモンゴル的な色彩が強く」、中国人がモンゴル人の革命を指導するという内容が入っていなかったのが問題とされた。『気壮山河』は、中国人の革命家の王若飛とウラーンフーとの友情をテーマにしている。勿論、ウラーンフーは実名ではなく、ダンセンという名で登場する。中国人であっても、王若飛は「モンゴル人が中国人に抑圧されている」と認識し、民族自決を標榜した「中華ソヴィエト政府の対内モンゴル人民宣言書」(三五宣言)に即して民族問題を解決すべきだと唱えていた。

ウラーンフーが王若飛と自分の化身ダンセンを京劇として描いて演じさせたのは、『三五宣言』内の「モンゴル人とウイグル人、それにチベット人は独立する権限を有し、あるいは中華民主連邦を構成する」との内容を宣伝しようとしている、と中国人に映ったのである。このように、中国人が最も危惧していたのは、過去に共産党自身が民族自決の理論を振りかざしていたことである。

「遊牧民の息子」

「二つの顔を持つ連中」の代表格は、自治区東部のハラチン出身の作家マルチンフー(一九三〇~)である。「遊牧民の子」を意味するマルチンフーとのペンネームには、社会主義の内モンゴル自治区の文壇を代表する人物だ、との意味合いが含蓄されていた。「遊牧民《マルチン》の息子《フー》」が「赤い息子《ウラーンフー》」の指導の下で民族自治を獲得して幸せに暮らしている、という理想的な自治区像が描かれてきたのである。

前提は中国人が「無知蒙昧なモンゴル人の革命を指導して、多民族の幸せな大家庭に迎え入れたこと」だった。この創られた、フィクションと装飾だらけの「遊牧民の息子《マルチンフー》」と「赤い《ウラーン》息子《フー》」の合作を中国人は建国後一七年間経ってから、容赦なく地面に叩きつけて、死刑判決を下した。

マルチンフーの代表作は『茫々たる草原』である。「『茫々たる草原』は、ウラーンフーの民族分裂主義路線を標榜する為のモニュメントだ」、と『文藝戦鼓』は批判する。

批判文の内容に入る前に、まずマルチンフー自身が『茫々たる草原』の創作過程をどのように振り返っているかを紹介しておこう。二〇〇四年から中国の権威ある出版社、人民文学出版社は一九五〇年代の「著名な小説」の復刻をはじめ、その中に『茫々たる草原』も入っている。復刻版の「あとがき」に、マルチンフーは次のように書いている。『茫々たる草原』は自身が内モンゴル自治区のチャハル草原のある旗につとめていた頃の一九五四年から執筆を開始したものである。

創作は順調で、一九五七年に上巻が出版された時は、「新中国の最初のモンゴル人民の解放を描いた作品」と評価され、自治区成立一〇周年の文藝賞を授けられた。一九五九年秋には三二万字からなる下巻も完成したが、不運にもマルチンフーは右派とされ、著作も「民族分裂主義を鼓吹した修正主義の大毒草」とされた。文革が勃発した後、マルチンフーは「内モンゴル文藝界のナンバー・ツーの敵人」とされ、下巻の原稿も没収されて紛失した。ジェノサイドの嵐が過ぎ去った後に再び創作をはじめ、一九七九年五月に下巻を書き終える（瑪拉沁夫　2005）。

二〇〇五年に『茫々たる草原』は上下二巻の形で再度読者たちの前に並べられたが、モンゴル人はやはり上巻のほうを好む。中国政府と中国人にさんざん批判されたし、批判されたところに真実が含まれていたからである。たとえその真実も既に共産党の宣伝部門と検閲機関の厳しいチェックを経て、「先進的な中国人が後進的なモンゴル人の革命を指導する」と変質してしまったとしても、好きである。

解放戦争の初期に、茫々たるチャハル草原に住む千万ものモンゴル人たちは屈辱と貧困のどん底で喘いでいた。国民党の反動的な統治を受けていたモンゴル人は民族解放の路を探し求めていた。本書は、チャハル草原に誕生した騎兵を描いている。

上は『茫々たる草原』の上巻の「内容紹介」である。物語よりも共産党の宣伝を突出させた作品であるが、それでも中国人は不満だった。

中国人の怒り

「私の本は、モンゴル民族が茫々たる草原で民族解放の路を探し求めてさまよい、誰についていくべきかの問題を描いている」

とマルチンフーは話していた。作家のこの発言が問題だ、と中国人は『文藝戦報』で主張する。「誰についていくかの問題」は、モンゴル人民共和国との民族の統一合併か、中国人の中国に留まるかの選択である。日本が一九四五年八月にモンゴル草原から撤退した後の現代史の展開を指している。小説『茫々たる草原』の主人公はチャハルのモンゴル人青年ティムールで、漠然とモンゴル復興の夢を抱いていたが、革命の最終的な目標が分からなかった。そこへ、女性共産党員のソロンが登場し、「帝国主義と大漢族主義、それに封建主義という三つの勢力を追い払ってはじめて、真の民族解放が実現できる」と諭す。小説の主人公の名はチンギス・ハーンの本名テムージンと、その後継者でティムール帝国を築きあげた男を思わせる。モンゴル人の好きな名前だが、中国人の耳には心地よく響かない。

中国人は物語のこのような設定に強烈な不満を噴出させた。まず、モンゴル人の主人公が反大漢族主義を革命の目標に設定しているからである。共産党も最初は「国民党の反動的な大漢族主義に反対する」のには寛容的だったが、内心は不愉快だった。「立ち遅れた少数民族」に「先進的な漢族《チャイニーズ》」は反対されたくなかった。更に、共産党の化身であるソロンがモンゴル人だったのも、従来から堅く守られてきた「中国人が少数民族の革命を指導する」という図式から逸脱している。では何故、このような描き方をマルチンフーは取ったのだろうか。批判文は分析している。

『茫々たる草原』がこんなに大胆にも内モンゴルの民主革命の性質を歪曲しているのは、偶然ではない。早くも一九四五年に内モンゴル自治区運動聯合会が成立した頃、賊ウラーンフーは「チンギス・ハーンの旗の下で結束しよう」と呼びかけていた。「チンギス・

ハーンの子孫たちは祖先の名誉の為に戦い、民族解放を獲得しよう」と叫んでいた。賊ウラーンフーはこのように民族分裂活動を進めてきたし、小説『茫々たる草原』もまたその民族分裂活動の推進に犬馬の労を尽くした。……賊ウラーンフーは内モンゴルの革命を三つの段階に分けていた。自治運動期から始まり、自治政府期を経て自由連邦期に入る、というビジョンだった。

このように、中国人が問題視しているのは、ウラーンフーの民族自決の思想である。マルチンフー批判の真意も彼個人に対するものではなく、モンゴル民族全体の自決運動を否定し封殺する為である。この批判から、ウラーンフーは自らの革命的活動を自治運動と位置づけ、一九四七年五月に自治政府を建立してから、将来は自由連邦の一構成員となる自決像を描いていたことが分かる。

「モンゴルのショーロホフ」

マルチンフーの『茫々たる草原』は中国全国の「六〇冊の大毒草の一つ」に選ばれた。中国人たちは以下のようにモンゴル人の文藝思想を完全に抹殺してみせた（内蒙古哲里木盟1968）。

小説の中で、搾取階級の大牧主のチムドの台詞である。「青い・モンゴル《フフ》は必ず復興する。

私たちも祖先のように、我々の馬蹄をアジアに轟かせよう」。このような目的から、彼らは「純モンゴル人の軍隊」を創り、漢人《チャイニーズ》の支配を受けようとしなかった。

このように、文革期の中国人たちは素直に本音を吐露していた。少数民族が独自の軍隊を擁してはいけないし、必ず中国人の支配を受けなければならない。自治とか自決は便宜的な嘘だった、という真実である。

誰かの政治思想を敵視すると、必ずその背景を掘りだそうと中国人は努力する。「このマルチンフーという奴は、ショーロホフの奴隷で、ウラーンフーのペットだ」、と中国人は批判する。一九六七年一一月二九日付の『呼三司』は「『静かなドン』と『茫々たる草原』」という批判文を掲載して、「国際的な視野に立って」、モンゴル人の作家を侮辱した。その主旨は以下の通りである（楊　2015a）。

『静かなドン』はソ連の十月革命前後のドン河沿いのコサックの生活を描いている。ショーロホフはその反動的な本性からコサック社会内部の階級的な矛盾を描こうとしなかった。ショーロホフはタタール人の村を搾取と抑圧のない極楽世界のように描写している。彼はこのように武装闘争で政権を建てたソヴィエトを貶した。……『茫々たる草原』も「帝国主義と大漢族主義、それに封建主義」に反対する為の民族解放の闘争を謳歌し、偉大な中国革命がチャハル草原の平穏な生活を破壊した、と共産党を悪意で以て攻撃している。……マルチンフーもモンゴル人の集落を搾取と抑圧のない世界として描写している。彼の小説の中の反動的な搾取階級もみな牧畜民に優しい人物として登場する。モンゴル人同士は階級を超えて相思相愛し、中国人の紅軍には何ら愛情を示さない。

ショーロホフは「コサック独立自治」という反動的な政治原理を訴えていたし、マルチンフーもまた「モンゴル復興」を自らの主人公たちに叫ばせている。……マルチンフーはこのような反革命の小説を書いて、ウラーンフーがチンギス・ハーンのような大モンゴル帝国を創るのに貢献したのである。

以上のような本音を中国人たちが表出したのを決して過去の文革期のことだけだと理解してはいけない。他民族に強烈な不信の視線を浴びせ、文化的活動を「民族分裂」的だと理解するのは中国人の基本的な思考パターンである。

母国語で同胞と語らい合った「罪」

「内モンゴルのショーロホフであるマルチンフーを打倒せよ」と自治区宣伝部の群衆が編集する『新文化』は一九六八年七月一九日に「革命の大批判文」を載せた（楊　2015a）。マルチンフーは自治区の最高責任者のウラーンフーとモンゴル人民共和国の指導者ツェデンバルが進める「内外モンゴルの統一合併の陰謀」に文藝界から協力したとされる。その「罪証」は以下のようになっている。

　マルチンフーは文藝界におけるウラーンフーの密使として、何回もモンゴル修正主義国家のスパイ文人たちと接触し、内外モンゴルの統一合併について謀略的な活動をおこなった。一九五七年にモンゴル修正主義国家を訪問した時、彼は同国の中央委員候補で、作家協会の書記ダ・センゲと結託した。その時、センゲは次のように話した。「内モンゴルの詩人ナ・サインチョクの戦前の作品は火薬の匂いを帯びていたし、モンゴル人民共和国で暮らしていたころの作品には愛がこめられていた。内モンゴルに帰った後の作品には火薬の匂いも愛もない」。センゲはナ・サインチョクトに火薬の匂いを帯びた詩を書かせて偉大な中国を攻撃させようとしている。だから、ナ・サインチョクトは内外モンゴルの統一合併を美化した『ウランバートル讃歌』や『自由』のような詩を創作した。……

ウラーンフーとツェデンバルが結託し合い、反華活動と反大漢族主義を展開したとする中国の風刺漫画

　一九五八年にマルチンフーは（ソ連の）

タシケントで開かれた会議に参加した。そこで彼とナ・サインチョクトはモンゴル修正主義国家の文人ツェ・ダムディンスレンが主催したレセプションに出席し、ソ連修正主義のブリヤート・モンゴルの作家やカルムイク・モンゴルの作家たちとモンゴル語で一晩中話し合った。彼らは中華人民共和国を転覆しようとしていた。……

モンゴル修正主義国家の作家協会の書記センゲが一九五七年にわが国の青島に来た時、マルチンフーはつきっきりで一緒に行動した。マルチンフーはその際に新疆ウイグル自治区のモンゴル族自治州の州長ドルジをセンゲに引き合わせた。ドルジ州長は新疆に戻ってからまもなく修正主義国家へ逃亡した。

このように、モンゴル人の作家が同胞たちと母国語で語らいあったことが批判されている。ここで強調しておきたいが、右で例示したような批判は決して文革期特有の現象ではない。現在においても、中国人はまったく同じような視線でモンゴル人を監視し続けているのである。ひとりでも中国人がいれば、モンゴル人同士でも絶対に中国語で話さないと、民族分裂主義的な思想を持っていると疑われる。他民族を信用せず謀略の目でみるのが中国人の特徴である。

二　剥奪された「騎士の栄誉」

批判すべき「民族分裂の文藝作品」は他にもある。ウラーンフーの息子ブヘが指導して制作したオペラ『青山の烈火』も否定された。青山《ダラン・ハラ》とは、フフホト市の北部、トゥメト地域の東を走る陰山《ムナン》山脈の東端である。ウラーンフーとその部下たちはこの青山を根拠地に赤馬に跨ってゲリラを組織して抗日活動を展開した、という物語である。しかし、このオペラは「中国人の先進性」と中国共産党による「正しい指導」を描かなかったことで批判された。「ウラーンフーは以前から共産党を盟友とみなしただけで、共産党の指導を受け入れようとしなかった。こうしたウラーンフーの実際の姿をオペラは表している」、と批判者は書いている。「ウラーンフーはフルシチョフのような野心家だ。彼はずっと大モンゴル帝国を復活させて、自身が大ハーンになりたかった」、と中国人は指摘する。

「民族分裂活動」を着実に進め、「大モンゴル帝国を復活」させるには、軍隊の掌握が不可欠である。「ウラーンフーはその黒い手先を軍隊にも伸ばしていた。彼が軍隊内に射こんだ毒矢は、映画『騎士の栄誉』だ」、と今度は別の作品が受難した。作家のオドセルが創作した『騎士の栄誉』である。

『騎士の栄誉』も社会主義中国のイデオロギーを忠実に具現化したプロパガンダ作品である。モンゴル人からなる騎兵連隊の連隊長イデルは「ただモンゴル族と漢族《チャイニーズ》の違いだけは知っていたが、共産党と国民党を区別できない、粗野な人物だった」。そのような「思想を持たないイデルはもっぱら大漢族主義に反対し、民族の独立を夢みていた」。そこへ、中国人の陳勇という八路軍の幹部がやってきて啓蒙活動をおこない、みごとにイデルと彼の指揮する騎士団を共産主義の思想で武装された「革命の軍隊」に改編する、という話である。

それでも、中国人は映画の中の「民族主義的な台詞」や「階級闘争のない、平和な草原」に不満だった。中国人は次のように怒号を発している（楊　2015a）。

何が反大漢族主義だ。何が民族独立だ。何がモンゴルの為だ。すべてウラーンフーが進める民族分裂主義的活動の為ではないか。

このように、かつては「国民党の反動的な大漢族主義には反対」してもよかったが、もはやそのようなジェスチャーも必要性がなくなったのである。自治云々も全部嘘に過ぎず、何もかもモンゴル人を騙して、南モンゴルを占領して殖民地にする為の手段だったと宣言したような批判である。いや、批判ではなく、素直な心情吐露である。

富士山を賛美した親日反漢の詩人

マルチンフーが受難していたのとほぼ同じ時期に、もうひとりのモンゴル人詩人も中国人たちからの攻撃に曝されていた。ナ・サインチョクトである。「ウラーンフーの反党集団のメンバーから『内モンゴルの民族詩人』と讃えられていたナ・サインチョクトという奴は何ぞや！」という鋭い批判文が一九六七年一一月一五日に『呼三司』に載った。文の中で、中国人はモンゴルの「民族詩人」を徹底的に侮辱してみせた（楊　2015a）。

ナ・サインチョクトは日寇の奴隷だ。……一九三七年、ナ・サインチョクトは沸騰するほどの民族熱と「素晴らしいモンゴル語の語学力《りょく》」からチャハルの封建的な王公に見いだされて日本留学に送りだされた。その時から、彼の親日反漢にして祖国を裏切る反動的な生涯は始まった。日本にいる間は、彼は極めて反動的な作品、『沙漠の故郷』と『心の友』などを発表して日本帝国主義の文化と衛生を謳歌し、中国人を殺害する日本のファシズムの軍隊を称賛した。彼は日本の悪魔ども（日本鬼子《リーベングイツ》）の武士道精神のシンボルである富士山を賛美し、徳王と日本の悪魔どもが提唱する「大モンゴル主義」に賛同して、「チンギス・ハーンから受け継いだ血が沸いている」と書いた。日本帝国主義と封建的な王公が支配するチャハル草原を幸せで、極楽世界のように美化した。……

このようなナ・サインチョクトはすぐさま日本の悪魔どもに重用された。一九四一年に彼は日本の陸軍に呼ばれて、直接的に反ソ、反共、中国侵略に加担した。反革命の宣伝工作をする為に、東京帝国大学教授の服部四郎の通訳となり、陸軍の宣伝誌『フロント』をモンゴル語に訳し、「皇軍不敗」を宣伝した。

中国人が右で例示したことは、すべて事実である。これは、中国人が驚くほどの情報収集の能力を持っていたことの証拠でもある。ナ・サインチョクトが実際に陸軍の『フロント』をモンゴル語に翻訳していたことは、島根県立大学の井上治教授によって解明されている（井上 2005）。中国人たちは、政府档案館内の極秘資料を用いて、モンゴル人ジェノサイドに利用していたのである。批判文の続きをみてみよう。

一九四五年前後になると、日本の悪魔どもの失敗がみえてきて、徳王の偽蒙疆政権も揺らぎはじめた。ナ・サインチョクトも「反革命的なモンゴル民族の復興」の為に周到な準備をした。彼は徳王に追随しながらも、別の反革命組織の「モンゴル青年党」を組織した。一九四五年七月、ナ・サインチョクトは古参の民族分裂主義者で、既に逮捕したブレンサイン（第二章参照）と日本のスパイであるデレゲルチョクト、徳王の秘書でアメリカに逃亡したゴンブジャブら二〇数名の命知らずの連中と共にスニト右旗で秘密集会を開いた。彼らは「希望は外モンゴルにあり、内外モンゴルの統一合併の為に戦おう」と計画し、モンゴル軍を迎える準備をしていた。……

ナ・サインチョクトはその後実際にチャハル盟まで行って、モンゴル軍を出迎えて、祖国の裏切り者となった。彼は各地を走り回って、徳王の役人から新しい主人の家来となった。徳王政権の役人たち二〇数名を掻き集めて代表団を作って、ドロン・ノールに駐屯するモンゴル軍側の代表ラハムジャブを訪ねて、媚びを売った。……そして、『私たちは救われた』という詩を書いてモンゴル軍を褒め称えた。彼はこのようにして抗日戦争の勝利権をモンゴル軍に帰したのである。……九月になって、モンゴル軍が撤退することになると、彼の「内外モンゴル合併」の幻想も破れたので、ラハムジャブを頼ってウランバートルに逃げ、完全に裏切り者となったのである。

では、中国と中国人を「裏切った」ナ・サインチョクトのどんな詩作が問題だったのだろうか。中国人は次の詩文を「罪証」にしている。

南と北、あらゆるモンゴル人に知られている。
黄金色のトゥラ河は輝いている。
いにしえからのモンゴル人の心は、トゥラ河に流れている。
ここはモンゴル人の新しい都、その名をウランバートルという。

このように、「モンゴル人の首都ウランバートル」との表現が気に入らなかった。ナ・サインチョクトはその後一九四七年一一月に自治政府が成立した南モンゴルに戻り、ウラーンフーの下で、ウラーンホト市にあった『内モンゴル日報』社につとめ、「民族分裂主義者のテムールバガナとエルデニトクトフらと結託し、モンゴル修正主義国家に情報を提供し続けた」という。

ナ・サインチョクトはまたその「黒い手先」を言語界にも伸ばして、中国語からの外来語の借用に反対した。具体的には「祖国」を意味するモンゴル語をエヘ・オロンとし、どうしてもエヘ・ウルスを使おうとしなかった。エヘ・オロンは元々「故国」や「故郷」を指し、モンゴル人民共和国で定着した表現である。

一方、中国では一九六三年からソ連とモンゴル人民共和国を修正主義国家だと批判しだしたことで、「母国」を意味するエヘ・ウルスを使うよう強制された。エヘ・ウルスを用いることで、モンゴル人の「祖国」はあくまでも中国だとの思想を叩きこもうとしていた。エヘ・オロンは国家を凌駕した概念で、モンゴリア全土をカバーする言葉である。モンゴル人の領土エヘ・オロンが二つの国家に分断されていても、モンゴルは一つの不可分の民族である、との哲学が含蓄された言葉である。ここに、中国人たちは噛みついたのである。

ここでも、私は再度、強調しておきたい。右で示したモンゴル人と中国人との対立は決して一九六〇年代特有のものではない。現在もなお続く闘争である。

江青夫人の講話に基づく断罪

内モンゴル自治区文藝界の群衆たちが結成した「ウラーンフーを批判闘争する連絡センター」は一九六七年冬の一二月に『大批判』雑誌に「内モンゴルの反動的な文藝作品を批判する特集」を組んだ(楊　2015a)。『大批判』の編集者はまず毛沢東が一九四二年に発表した「延安の文藝座談会における講話」を抜粋して巻頭に載せ、それから江青夫人が一九六四

左から「毛沢東の良い学生の江青夫人、親密な戦友林彪」、毛沢東、陳伯達、康生、周恩来

年と一九六五年に音楽関係者に出した指示を掲載している。

目的ははっきりしている。「内モンゴルの文藝界は毛主席とその好い学生である江青夫人の指示を無視してきた」、と断罪する為である。

「我々は文藝問題においても、二つの路線間の闘争をしなければならない」

と毛主席は強調していたが、工農兵の大衆はその通りにしてこなかった、と江青夫人はいう。彼女は楽器の弾き方から始まって、革命的な京劇の創作方針に至るまで、実に全般的に文藝前線において、いかに階級闘争を展開すべきかを実に詳しく伝授している。

毛と江青夫人の思想を基準とするならば、モンゴル人のウラーンフーたちは「滔天の罪を犯した」、と中国人は論じている。ウラーンフーの長男の夫人ジュランチチクをはじめ、マルチンフーとオドセルらの作品をターゲットにしている。

作家オドセル。敖徳斯爾著『歳月』内蒙古人民出版社、2003年より

大野心家のウラーンフーは文藝についてはまったく無知である。しかし、文藝界は重要な世論形成の陣地であることを彼は知っている。反革命のクーデターを起こすのに、文藝界で世論工作をしなければならないからである。……

ウラーンフーに宣告しよう。お前の罪悪に満ちた目的は実現しない！毛沢東思想で武装した工農兵は目を光らせているし、心底から分かっているからだ。お前の民族分裂主義の思想を……

右はある中国人の解放軍兵士が書いた批判文である。次の批判の相手はジュランチチクである。中国人は彼女を「内モンゴル文藝界の女の魔王」だとし、彼女が創った映画を例外なく民族分裂主義的とする一方で、その私生活も「腐敗しきっていた」と断じる。「ジュランチチクは地主階級の臭いお嬢様だ。現代の殿様たるウラーンフーの息子ブへの懐に転がりこんだ時から、反共産党的な活動を展開してきた」、と中国人は指摘する。ほぼ同じような批判文は、ウラーンフーの夫人雲麗文に対しても使われていた。失脚した政治家の夫人が「腐敗しきっていた」以外に、中国人は何も発見できないのである。

聖地をめぐる民族間紛争

内モンゴル大学の「峥嵘歳月戦闘隊」と「人民の為に奉仕する戦闘隊」は合同でマルチンフーとジュランチクを結びつけて批判した。二人が制作した映画『草原の晨曲』は「ウラーンフー王朝の反動的な代表作だ」と断じられた(楊　2015a)。

『草原の晨曲』は今までに批判されたことのない毒草だ。この作品は修正主義と民族分裂主義の思想を広げ、文藝界におけるウラーンフーのブルジョア民族政策を進め、毛主席の民族政策と対抗した。……

『草原の晨曲』はバヤン・オボー鉱山の開発を題材にしている。日本統治時代にモンゴルと漢族《チャイニーズ》の人民は鉱山を守り通した。人民政権が成立してから開発しようとした時、鉱山は誰のものかという問題にぶつかった。……

憲法に書いてあるのではないか。西のヒマラヤから東の大興安嶺まで、南の海南島から北のゴビ沙漠まですべて中華民族のものだ。しかし、『草原の晨曲』はモンゴル人の口を借りて、「バヤン・オボーは私たちのものだ」とか、「私たちの聖山だ」とばかり強調している。……この問題に関して、ウラーンフーも単刀直入で「バヤン・オボーは私たちのものだ」と話していた。早くも一九四八年に、彼は「内モンゴルの土地はモンゴル民族全体が共有するものだ」と宣言していた。このように話す彼こそが、民族主義の禍根である。

映画『草原の晨曲』は社会主義中国が樹立した後、遊牧民のモンゴル人はいかに「先進的な労働者階級」に脱皮していくかを描いている。その過程で、開発の対象とされた包頭市郊外のバヤン・オボー鉱山の所属をめぐって、モンゴル人と中国人は激しく対立した。バヤン・オボーとは「豊かな聖地」との意で、モンゴル人が古くから祭ってきた聖なる場所だった。日本統治時代もその周辺の鉱物を掘ろうとしたが、抵抗されて実現しなかった。中華人民共和国になってから、土地と鉱山は公有化されて「国家のもの」、「中華民族全体のもの」と位置づけられたが、モンゴル人の目には「国家」や「中華民族」は中国人即ち漢族にみえる。

こうした実際に存在した民族間の紛争を映画は取りあげ、「日本統治時代に教育を受けたモンゴル人は悪者」で、「新中国の誕生後に労働者となったモンゴル人は進歩的な青年」という善悪二分法の構図で物語を織りなしている。いわば、典型的なプロパガンダ作品で、中国人は例外なく「先進的な文明人」として登場する。それでも、中国人は不満だったことが、上で例示した文章に現れている。

「『草原の晨曲』が描いているウラーンチャブ草原には階級間の闘争がみられない」と中国人は問題視し、モンゴル社会を美化し過ぎたと批判する。平和なウラーンチャブ草原に中国人たちは入植してくる。

「どっと一気に何万人もの漢人《チャイニーズ》がやってきて、私たちの放牧地を占拠したので、聖なる山の神様も怒っている」

と、このような台詞が映画の中にあったことも、民族主義思想の反映だという。映画とはいえ、『草原の晨曲』内の登場人物たちは中国に占領された地域に暮らすモンゴル人の気持ちを素直に代弁していた。素直に代弁していても、最終的には中国共産党に説得されて、「民族主義的思想を放棄して祖国中国を愛し、民族団結を支持する人物に成長していく」というストーリーである。それでも、中国人は喜ばなかった。モンゴル人が最初からもろ手を挙げて中国人の侵略を称賛し、涙を流して歓迎していれば満足しただろう。

キリング・フィールドと化した文藝界

詩人の次は作曲家だ。『新文化』は一九六八年五月一〇日にトンプーというダウール・モンゴル人を批判の断頭台に追いあげた。

トンプーは日本帝国主義の犬のような奴隷だ。彼はウラーンフーの反党叛国集団の作曲家で、民族分裂の活動をおこない、統一党を組織して祖国を分裂させようとしていた。

「統一党」とは架空のものである。中国政府がモンゴル人を大虐殺する為に、事前準備の一環として一九六四年に摘発した「モンゴル人からなる分裂主義集団」で、トンプーはその

「ボス」だとされていた。トンプーの仲間として、『新文化』は自治区党委員会宣伝部副部長のトグスをはじめ、知識人のオセル、バトドルジ、ダムリン、ダワー、アルス、エンヘセン、ゴンボドルジ、金紹良らが疑われていた。

作曲家の音楽界だけでなく、「美術陣地」もまた「ウラーンフーの反党叛国に占領された」、と中国人は主張する。モンゴルには、チンギス・ハーンの母親が五人の息子たちを集めて、それぞれ一本ずつ矢を渡して折らせたという物語がある。一本の矢は簡単に折れたが、束ねられた五本の矢は折れなかった、という話を画家たちは描いた。「この絵はモンゴル人同士を団結させて、狭隘な民族主義思想を強固にしてから偉大な中国共産党と対立させる為だ」、と断罪された。

また、白い駿馬が狼と戦う『自衛』という絵画も「反漢排外」だと解釈された。草原で狼と遭遇した馬は果敢に立ち向かう、という子ども向けの民話はモンゴルの各地にある。恐らく、モンゴル人は誰も狼を漢族《チャイニーズ》に譬えなかったものの、中国人は実に変幻自在に解釈して、モンゴル人たちをキリング・フィールドに駆り立てていったのである。

文化財の収集と博物館展示においても、モンゴル人は「罪を犯した」。ウラーンフーの意図を汲んだ内モンゴル博物館の文浩館長は各地を歩き回ってモンゴル最後の大ハーン、リクダン・ハーンをはじめ、ジュンガル・ハーン国のガルダン・ハーン、近現代に入ってからのダムディンスレンとガーダーメイリン、シニ・ラマ（ウルジージャラガル）、ワンダンニマらに関する文物を集めてきて、博物館内で展示した。そのような展示の内容に中国人は不満だった。

シニ・ラマは内モンゴル人民革命党のボスで、封建社会の上層階級のラマだ。……ワンダンニマも内モンゴル人民革命党の党員だ。トクトフは裏切り者だし、ダムディンスレンは野心家にして陰謀に長けている。ガーダーメイリンは封建的な王公の奴隷だ。こんな悪人どもに関する文化財を文浩は集めてきたのである。……文浩はウラーンフーと王再天の指示で、一九六四年に何とオルドスのウーシン旗にあるガルート・スメ寺を自治区の文化財に認定した。この寺はシニ・ラマとワンダンニマ、それに文浩らが民族分裂活動を展開させた拠点である。

批展戦報
彻底批判乌兰夫在内蒙古博物馆黑展览联合总部
第二期（共四版）　一九六七年七月二十日
毛主席语录
民族斗爭，說到底，是一个阶級斗爭問題。
毛泽东

内モンゴル博物館内の展示を批判する為に公刊された『批展戦報』紙。「民族問題もつまるところ、階級闘争である」との毛語録を最上部に飾っている

もはや、批判されずに残るモンゴル人はひとりもおらず、否定されないモンゴル文化は一つもない。ジェノサイドの環境はこのように確実に整えられていったのである。『新文化』は最後に「自

治区文藝界における輝かしい戦果」を誇示してみせた。「一九六七年一一月以来、既に二百一二名もの走資派と叛徒、スパイ、それに民族分裂主義者どもを揪みだした」、という「戦果」である。

昨年一一月一二日に江青同志が発表した講話は、文藝界における階級の敵人に対する総攻撃を命じる号令である。自治区文藝界の革命的な群衆たちも江青同志の講話に励まされて戦馬を駆って突進し、ウラーンフーの反革命の文藝界における反革命の勢力とその社会的な基盤を一掃した。……歌舞団のボインバトとデブシフー、ミンタイと賈作光、ウルナーとトンプー、ハジャブとボインデレゲル、文化芸術聯合会のナ・サインチョクトとムンヘボイン、マルチンフー、京劇団のドンライ、電影（映画）学校の張酉と図書館の任以恵と白莹、オペラ団のエンヘセンとゴンボドルジ、新華書店の杜国璋、文化局の金起先と席宣政など、全員民族分裂主義者である。

このように、「ウラーンフーのブラック・ライン」を抉りだして、その毒害を一掃する運動は勝利の新段階に入った」、と中国人は自信満々にジェノサイドを推進していたのである。「敵どもから目を離すな！彼らとの闘争はこれからだ」

と上で示したように文藝界のモンゴル人を批判してから、『新文化』は締めくくった。モンゴル人知識人はほぼ全員倒されたが、ウラーンフーの息子の嫁ジュランチチクは反省文を書こうとせずに、「首を斬られても、私は罪を認めない」と抵抗していた。「他に作家のマルチンフーとオドセル、ジャラガーフー、劇作家のチョクトナランなど、まだその反動的な雑誌『花の原野』と『草原』を陣地に、反革命的な破壊活動をしようとしている」、と中国人も闘志満々である。かくして、モンゴル人の文藝作品は例外なくすべて否定された。

ここまで徹底的にモンゴル人の作品を断罪している事実から考えると、中国人たちは中国からモンゴル人とその文化を根こそぎ一掃しようとしていた狙いがはっきりとみえてくる。モンゴル人なき内モンゴル自治区を中国人は実現させたかったのである。血腥い殺戮と同時並行していたのは、文化的ジェノサイドである。

三　「二つの顔を持つ」政治家たち

中国人たちはずっと「協力的なモンゴル人」を探し求めていた。「モンゴル人協力者」もしばらく利用された後は簡単に捨てられた。「夷を以て夷を制す」謀略の一環である。「モンゴル人協力者」もまた「二つの顔を持つ連中」の中から選ばれた。自治区党委員会書記処書記の王再天と宣伝部副部長のトグスである。

王再天には前門飯店会議で東部出身者として、「西部のトゥメト地域出身者を優遇したウラーンフーを猛烈に批判した功績」があった(啓之　2010)。それでも、彼は中国人の信頼を得られず、一九六七年一一月一日に自治区革命委員会が成立した時も、革命委員会のメン

内モンゴル自治区革命委員会の成立を祝う風景

バーにはなれなかった。トグスは文革前から「反ウラーンフー的」だと中国人に認められて、宣伝部門の造反派組織「魯迅兵団」の顧問に任命されていた。彼は毛沢東の直々の許可によって、革命委員会の委員に名を連ねていた。

二人のモンゴル人政治家のうち、トグスは一九六七年一一月二四日の夜に「揪みだされた」。まもなく王再天も「革命の陣営に最も深く潜伏していた敵」として、一九六八年一月二八日に摘発された。ここから、モンゴル人ジェノサイドは一つのピークを迎えた。

トグスと王再天が逮捕されたことで、南モンゴル東部出身者たち、即ち「内モンゴル人民革命党の指導者ハーフンガの一派」の受難が正式に始まったことを意味している。ここから、「ウラーンフーの黒いラインに属す者たちと内モンゴル人民革命党員たちは実は同じ組織で、どちらの最高責任者もウラーンフーだ」との断罪がスタートした。西部も東部も、モンゴル人だったら、全員が中国政府と中国人にとっては「民族分裂主義者」となったのである。

矛先は内モンゴル人民革命党へ

早くも一九六七年一〇月一五日の段階で、まだ自治区革命委員会が成立していなかった時期に、内モンゴル農牧学院の「革命烈火紅衛兵」と「東方紅紅衛兵」、それに「東方紅戦闘隊」が連名で「王再天同志は党と人民と対立するのか」というビラを配布して批判の先陣を張っていた（楊　2015a）。この農牧学院には王再天の息子も在学していた。

「王再天は敵と味方を混同しているのではないか」

と紅衛兵たちは鋭い。ウラーンフーの息子ブヘを庇った発言が引き金となっている。「ブヘは大人しい人だ。彼は共産党に抵抗していない」、と王再天は以前に話したことがある。このように、モンゴル人の政治家が別のモンゴル人に対して正当評価しただけで、「同じ一味」だとされる社会の実態である。

中国政府と共産党によって高度に組織された各種の造反派は決して無謀な行動を取らない。事前に綿密な計画を練りあげて、周到な世論を作ってから、相手のモンゴル人たちを撲滅する。王再天を逮捕する時も例外ではなかった。彼が捕まる一〇日前の一九六八年一月一八日に、呼三司グループに属す内モンゴル医学院の大学生からなる「東方紅紅衛兵総部」は「反党的な内モンゴル人民革命党を庇う王再天の罪は万死に値する」との批判文を掲示した（楊　2015a）。

「モンゴル人反革命分子を庇う」と同類とされるが、「反動的な内モンゴル人民革命党を庇護した」となると、本人もその一員とされるのは時間の問題だった。批判文はいう。

かつての一時期に目立っていた内モンゴル人民革命党は今や犬の糞よりも臭い存在となった。臭い組織の内モンゴル人民革命党は古参の民族分裂主義者のハーフンガとトグスらが創った、反党にして反人民で、内外モンゴルの統一合併を鼓吹する民族分裂主義の反革命団体である。この党は一九四六年二月に解散したことになっているが、共産党と人民を敵視する思想を放棄していなかった。……一九四六年四月三日以降、ハーフンガとトグスらは「現代の殿様」たるウラーンフーによって共産党内に迎え入れられた。ここから、彼らは共産党の外套をまといながらも内モンゴル人民革命党の未完成の目標を実現させようと分裂活動を展開した。長い間、内モンゴル人民革命党がプロレタリアート専制と共産党と国家による制裁を受けていなかったのは、王再天によって守られていたからである。王再天も反革命の修正主義分子にして民族分裂主義者である。

王再天は自治区公安部長、公安庁長、自治区政府副主席兼党書記処書記といった重要なポストを歴任していたので、権力で以て民族分裂の活動を翳から支えてきた、と中国人たちはみている。

虐殺の為の世論の早期形成

紅衛兵の批判文は続いてトグスを討伐する。トグスは一九五七年に言語学者のエルデニトクトフらと共に「内外モンゴル名詞術語統一委員会」(四三人委員会ともいう)を組織して、「我々の首都はウランバートル」だとの「反動的な思想を広げた」という。内モンゴル医学院の学院長のムレンと衛生庁の副庁長のイダガスレン、内モンゴル自治区人民委員会副秘書長のガルブセンゲ、内モンゴル賓館《ゲスト・ハウス》のボインブへなども「みな民族分裂主義者にして日本とモンゴル修正主義国家のスパイ」だとされた。そして、「民族分裂主義者政党の内モンゴル人民革命党の黒幕はほかでもない王再天だ」、と紅衛兵は結論を出している。

内モンゴル自治区革命委員会は一九六八年四月二六日に毛沢東と共産党中央委員会に「内モンゴル人民革命党の叛国事件」を報告し、七月には自治区革命委員会第三回拡大会議を開いて内モンゴル人民革命党の性質について議論し合った。そして、七月二〇日には正式に「内モンゴル人民革命党に関する処理意見」が採択されて、大虐殺も正当化されたのである。

こうしたその後の経緯と照らし合わせてみると、モンゴル人ジェノサイドの世論作りは早くも一九六八年一月から始まっていた、と断定できる。この一月の段階での断罪方式は、七月二〇日に出された政府公文書の内容と完全に一致しているからである。

モンゴル人の王再天を批判するか否かは、単なる一個人の問題ではない。中国人たちは王再天をめぐる攻防を次のように定義した。

一九六六年は普通の年ではない。一九六六年は、世界の革命的人民の導師で、我々の偉大な領袖の毛主席が世界を震撼させる文革を発動した年である。……あなたは革命派か。ならば、毛主席がおっしゃる通りに、「恐れずに皇帝を馬から引きずり下ろせ」との精神でウラーンフー反党叛国集団を打ちのめそう。お前がもし反革命派ならば、王再天のようにウラーンフーに従うだろう。

このように、中華思想に基づいて毛沢東を「世界の革命的な人民の導師」だと自己称賛する中国人は、モンゴル人同士がお互いに連携するのを防ごうとしていたのである。

草原に響く「殺せ」の怒号

王再天を「揪みだす」のに、急先鋒を演じたのは呼三司系統に属す内モンゴル医学院の「東方紅公社」と「東方紅紅衛兵総部」である。この二つの組織は一九六八年一月一八日に『内モンゴルの陶鋳たる王再天を打倒せよ』との本を印刷して配布した。資料は流麗な文章から始まる（楊　2015a）。

「千里の草原を駿馬は疾駆し、青山《ダラン・ハラ》の麓から殺せとの怒号が聞こえてくる」と医学院の中国人たちは「モンゴル人を殺せ」との声明文を発表した。医学院の紅衛兵は一月一八日の夜に王再天とその夫人で、医学院の党書記になっていた張暉を逮捕して監禁した。医学院が熱心だったのは、夫人張暉がこの大学につとめていたからである。翌一九日には夫婦を批判闘争大会に連行して立たせた。

今日の私たちに伝わる「王再天を批判闘争する写真」もその時の様子を記録したものである。王再天は「大悪人にして大牧主、そして大軍閥だ」と断罪された。「王再天は北京の前門飯店会議でちょっとだけウラーンフーを批判するふりをみせたが、実際に奎璧を揪みだしたら、モンゴル人ばかりがやられている」と発言していた。では、王再天とは、いかなる「悪人」だろうか。紅衛兵たちが暴露した真相は以下の通りである。

批判闘争される王再天。隣は衛生庁副庁長のイダガスレン

> 王再天はまた王興山や王雲武、ナムジャルスレンという。一九〇七年に遼寧省の遼源県鄭家屯の大地主の家、犬が棲むような洞穴の中に生まれた。祖父母と共に千五〇〇畝もの土地を擁し、一千頭以上もの家畜を持っていた。……王再天の最初の妻は、旗の王府の役人の娘だった。……彼は七歳の時から反動軍閥の教育を受けて育ち、一七歳になると、国民党が東北で作った訓導処に入って、反革命分子の蒋介石の胸に飛びこんだ。

王再天は一九三六年に共産党員になり、ウラーンフーの指導下で王爺廟に創立された内モンゴル自治政府の公安部長のポストについた。一九四六年から「平和的な土地改革」が始まると、王再天の家族も「地主」に認定されて、「土地」などの財産も没収され、家族も漏れなく闘争された。しかし、公安部長だった王再天に守られて、「人民による制裁は免れた」という。

売国の「罪証」

長い間、公安と検察、それに対外交流機関を管轄し、自治区政府常務副主席兼共産党政法委員会書記のポストに就いていた「王再天は権力を乱用して数々の民族分裂活動者たちを庇ってきた」という。中国人は具体的な例を挙げている。

まず、一九五七年に王再天はウラーンフーとトグスらと共に、「内外モンゴル名詞術語統一委員会」（四三人委員会）を組織し、「ソ連修正主義国家のキリル文字を内モンゴルに導入した」。一九六三年には、内モンゴル自治区外事弁公室副主任で、「民族分裂主義者にして内モンゴル人民革命党の党員であるガルブセンゲが勝手に三万頭もの家畜を放牧できる草原をモンゴル修正主義国家に割譲した」。中国と外国との領土の確定作業において、「無原則にモンゴル修正主義国家に譲歩したガルブセンゲを王再天は庇い続けた」。

一九六二年一一月一日の夜、シリーンゴル盟軍分区副司令官のトクトと副盟長ソンドゥイ、それに裁判所副所長ナムジャルポンスクらが「秘密の集会」を開いた。三人は「モンゴル人

毛沢東への忠誠を強制されたモンゴルの子どもたち。猛烈な勢いで同化させられている。著者蔵

は同化されて、子どもたちはモンゴル語も話せなくなった」とか、「スターリンさえいなければ、内外モンゴルは統一されている」とかのように、「反革命の言論をくりひろげた」。

しかし、王再天は「彼らは考えていることを話しただけで、実際に政治団体を作ったわけではない」として見逃した。このシリーンゴル盟で摘発された「秘密集会」は三人の名前の頭文字を取って「ト・ナ・ソン事件」ともいい、後にモンゴル人大虐殺運動の口実となる。

「王再天はウラーンフー反党叛国集団の番頭だ」

と中国人たちはそう断じて「証拠」を示す。ウラーンフーはモンゴル語の学習を強調していたが、王再天も「モンゴル語教育を強化して、民族の文化を復興させよう」と話したことがある。中国語から新しい言葉を借りようとせずに、「モンゴル修正主義国家のウラーン・ティアタルという表現を愛した」。ウラーン・ティアタルとは「赤い劇場」との意味である。同胞の国からの、同胞と同じ言葉を愛する行為はすべて「毛主席に抵抗した罪」となっている。

文明間の衝突を演じた原罪

王再天はまたウラーンフー同様に牧畜地域に暮らすモンゴル人社会では階層がなく、階級を区分する必要もないとして、階級闘争論を学ぼうとしなかった。彼は党中央が一九六二年六月にフルンボイル盟の嶺北草原を開墾するのに「頑迷に抵抗した」。

俺はモンゴル人だ。フルンボイル盟の嶺北草原は確かに黒土に覆われている。分厚くみえるかもしれないが、開墾したら、翌年にはもう沙漠になる。これを国家農耕部は知らないかもしれないが、我々モンゴル人は知っている。以前に日本の悪魔どももあそこを開墾しようとしたが、モンゴル人に反対されてできなかった。この経緯については、ボインマンダフ老とハーフンガ主席も知っているはずだ。

「民族分裂活動」の中味もいろいろあるが、何よりも先鋭化していたのはやはり、草原開墾である。中国人は草原を荒地だとみて開墾して農耕を広げ、「立ち遅れた蒙古人を文明的な農民に改造しよう」とする。これに対し、モンゴル人は沙漠化を防止しようとして伝統と環境を守ろうとする。この文明間の衝突が民族間紛争の形で現れ、ジェノサイドの発動原因となったのである。王再天もウラーンフーもこのような壮大な文明間の衝突の主人公たちだったのである。この文明間の衝突は未解決のまま今日まで続いているし、今後も続くに違いない。

王再天はウラーンフーに重用され、抜擢され続けてきた。一九四七年五月に成立した内モンゴル自治政府の公安部長に任命されたのを起点に、その後は内モンゴル軍区の副司令官となり、一時は司令官ウラーンフーの後継者と目された。

ウラーンフーと同じ庭に住み、延安派たちの嫉妬を買っていた。そのような王再天は一九六六年五月の北京前門飯店会議で「あなた（即ちウラーンフー）が今日、こんなひどい目に遭わされたのも、私たちのいうことを聞かなかったからではないかと恨み節を披露した」、と中国人は批判する。中国人からすれば、南モンゴル東部出身の王再天は確かに「延安派よりもウラーンフーに忠誠を尽くした、二つの顔を持つ連中（双面料）」であろう。

四　否定された民族自決の歴史

内モンゴル人民革命党への切りこみ

「王再天は内モンゴル人民革命党の黒幕だ」と中国人はモンゴル人の歴史に斬りこむ。個人を粛清しただけでは満足せずに、その「社会的な基盤」の破壊こそが最終的な目標である。その為、「一九四六年二月に解散したはずの内モンゴル人民革命党も実際は地下に潜伏して活動を続けてきたし、そのボスのハーフンガとトグスらを共産党に無理矢理に入れたのもウラーンフーと王再天だ」、と紅衛兵は分析している（楊 2015a）。

日本が敗退した後、内モンゴル自治区公安庁は過去を清算する為に、『内モンゴルにおける党派と日本のスパイ組織に関する資料』を編集したことがある。林立していた各種の団体の性質を分析し、日本統治時代の影響を一掃する為である。

ウラーンフーと王再天は、「モンゴル人は自民族を愛する為にさまざまな組織を結成して活動しただけで、決して無原則に日本帝国主義に協力したわけではない」、と結論づけていた。こうした結論に中国人は当然、不満だった。「さまざまな団体に入ったモンゴル人はみな民族分裂主義者だし、彼らを王再天が共産党に入れたのもひき続き分裂活動をする為だ」、と解釈された。

例えば、本書の第三章で取りあげたオルドスのイケジョー盟の書記ボインバトもそのようなひとりだとされている。「ボインバトは反動的な内モンゴル人民革命党の中堅で、日本のスパイで、古参の民族分裂主義者だ。しかし、このような人物を王再天は庇い続けてきた」、という。

モンゴル人エリートの全滅

「内モンゴルの文革はハーフンガとトグス、それに王再天たちを揪みだしたことで勝利を得た」

と一九六八年一月二四日、内モンゴル大学などからなる二六の紅衛兵団体が合同で「ウラーンフー反党叛国集団の中堅たる王再天を打倒する声明」を発表した。大学生たちの燃える闘志に比べると、内モンゴル人民委員会弁公室の「紅旗」グループはもっと円熟した戦略を駆使して王再天を大虐殺運動に利用した。人民委員会弁公室の「紅旗」が一九六八年一月二七日に公にした「反革命修正主義分子の王再天を打倒せよ」という冊子は、政治に慣れた中国人の老練な文章からなっている(楊　2015a)。

現在、内モンゴル自治区は全国と同じように素晴らしい情勢下にある。プロレタリアートと革命的な群衆は毛主席の偉大な戦略に従って、ウラーンフーの残党どもと戦っている。人民の戦争により、反革命修正主義分子のトグスとムレン(医学院長)、ガルブセンゲ(自治区人民委員会副秘書長、外事弁公室副主任)らとその背後の黒幕である王再天を揪みだした。これは、毛沢東思想の勝利である!

右で示した文章は単なる政治的なスローガンではない。毛沢東の直接的な指示により、人海戦術でモンゴル人のエリートたちが出身地域と関係なくその最高指導者のウラーンフーと共に一網打尽にされた結果が示された文である。批判文は「証拠」として、王再天をトップとするモンゴル人「反革命分子たちの組織図」を挙げている。

公安庁のビリクバートルと雲世英、潘啓哲、最高裁判所のテムールバガナと王一民、最高検察院の張如崗と王建奎、人民委員会弁公室の魯志浩とガルブセンゲ、民政庁のウリートなどである。「証拠」に依拠してジェノサイドを組織的に推進していた事実を物語る資料である。

モンゴル人は目にみえる形で粛清されていった。世間でも「モンゴル人ばかりがやられている」（尽打蒙古人）という見方が広がっていった。中国人はそのような大衆からの批判に反論する為に、「革命家《フビスガルト》」というペンネームで「〈モンゴル人ばかりがやられている〉説は、謬論である」との文を一九六八年二月三日に『呼三司』に載せた。

みろ！　彼らはどんなモンゴル人か！　どんな少数民族の幹部か。彼らはウラーンフーと奎璧とジャータイではないか。彼らはハーフンガに代表される古参の民族分裂主義者たちではないか。彼らも確かにモンゴル人で、モンゴル民族の中の悪人どもで、あらゆる民族の敵人である。

「モンゴル人ばかりがやられている」との見解が人々の間で広まりつつあったとしても、中国人は怖くない。モンゴル人の抵抗よりも、「王再天のような革命の陣営内に潜りこんで、裏から民族分裂主義者たちを庇護する敵をみつけよう」とひき続き虐殺運動を一層、推進していった。

ウラーンフーが打倒されたら、必ず「ウラーンフーをボスとする反党叛国集団」も受難するし、王再天が「揪みだされたら」、絶対に彼の「各界に分布する家来ども」も逃げられなくなる。これは、中国という国家における政治闘争の一般的な展開方式である。

共産主義思想に反対した「チンギス・ハーン」

内モンゴル自治区教育庁の「険峰」と「硬骨頭」、それに「紅色風暴」といった群衆組織は一九六八年二月一五日に『教育戦鼓』に王再天批判の文を載せた（楊　2015a)。「険峰」とは、毛沢東の漢詩「無限の風光、険峰に在り」から取ったものである。

王再天はウラーンフー反党叛国集団の中堅で、大軍閥で、大蒙奸である。彼は資本主義を復活させようとして、内モンゴルを祖国から分裂させようとしてきた。内外モンゴルを合併させる為に、彼は二〇数年にわたって、ウラーンフーとハーフンガらと共に文化教育界で数々の悪行をはたらいてきた。……

祖国を分裂させる為に、ウラーンフーと王再天らは一九五四年に甘粛省からチンギス・ハーン陵を帰還させた。その際に、王再天は自ら主任となって、三〇数人からなる代表団を作ってチンギス・ハーン陵を運んできた。……その後、オルドスのチンギス・ハーン陵に高さ二・七六メートル、広さ一・九五メートルのチンギス・ハーン像を建てて、まわりに壁画を描いた。「チンギス・ハーンが諸民族と諸部族を統合し、一致団結して狩猟と遊牧を改良して先進的な技術を導入して、外敵の侵略を撃退した」、という内容である。

……同士諸君、みてみなさい。ウラーンフーと王再天らはこのようにチンギス・ハーンの屍体を使って、八〇〇年も前の思想で以て共産主義に抵抗しようとしている。これは、彼らも大モンゴル帝国を再建しようとしていることの証拠である。……

王再天はまたハーフンガと共に、ことあるごとに「蒙漢兼通」を強調して、モンゴル語教育を強化しようとした。彼は何と、「交通を管轄する警察もモンゴル語を学びなさい。みんなモンゴル語を勉強すれば、一〇年後の自治区はジュネーブのような多言語社会になる」と話していた。……王再天はまた「モンゴル語専科学校には五〇〇万人ものモンゴル人たちの共産主義文化を発展させる義務がある」と演説した。同志諸君、内モンゴルの一三〇〇万人の人民の中のモンゴル人は二〇〇万人で、全世界のモンゴル人人口が五〇〇万人になる。王再天が五〇〇万人云々と話すのは、「チンギス・ハーンのモンゴル」を復活させたいからだ。

このように、モンゴル人の政治家が母国語教育を重視したこと、民族の開祖を祭ったことが「祖国を分裂させた証拠」とされている。このことは、中国人はモンゴル人に「祖国は中国で、モンゴル人の開祖もチンギス・ハーンではない」という理念を強制しようとしていた事実の現れである。大虐殺と同時に、熾烈な文化的ジェノサイドも進行していたのである。

医学院長ムレン（左）と王再天の夫人張輝を暴力的に闘争する風景。著者蔵

「奴らは反大漢族を進め、中国の権益を無視して、大モンゴル帝国を復活させようとしている」

と中国人の怒号が冬のフフホト市の空に鳴り響いていた。一九六八年二月六日のことである。フフホト市革命造反聯絡総部が発行する『聯合戦報』によると、「民族分裂主義者王再天の反革命修正主義の罪を暴露する大会」がこの日、内モンゴル自治区政府人民委員会の大ホールで開かれたという。大会には王再天と夫人の張暉の他にトグスとムレン医学院長、衛生庁副庁長のイダガスレンら「馬鹿な連中（混蛋）」が揪みだされていた」。モンゴル人を暴力的に闘争する様子はラジオ放送を用いて全自治区に伝えられた。

ジェノサイドの推進力

日本が一九四五年八月以降に南モンゴルから撤退した後、満洲国とモンゴル自治邦のモンゴル人エリートたちの一部がモンゴル人民共和国の諜報員になった。当時、内外モンゴルは統一合併される、と南北モンゴルの人たちは誰もそう信じて疑わなかったので、喜んで世界革命の一環としてモンゴル人民共和国軍に協力した。『ヤルタ協定』により、モンゴル人の領土の一部が中国に占領されたものの、内モンゴルのモンゴル人とモンゴル人民共和国との緊密な行き来はまだ続いていた。

例えば、国民党政府軍からの攻撃を受けたウラーンフーと王再天らは一九四六年秋に家族をモンゴル人民共和国に避難させていた。一九四七年一〇月には、ウラーンフーと王再天らがハーフンガの忠実な部下である郝永芳《ラクシャンビリク》に守られて大興安嶺南麓のアルシャンからモンゴル人民共和国に入国している。モンゴル人民共和国はさまざまな形で同胞たちの対国民党の闘争を支援していたし、中国共産党もそれを活用していた。後日になって、モンゴル人民共和国と交流していた人たちは例外なく「民族分裂主義者」とされた。

『聯合戦報』も一九五七年にウラーンチャブ盟の副盟長のワンチンはまだモンゴル人民共和国の公安関係者と接触していたと批判する。また、一九五〇年代にモンゴル人民共和国側が二〇〇名あまりの「逃亡犯」を中国に強制送還してきたが、「自治区側は彼らを制裁せずに辺境地帯に住まわせた」。これらもすべて王再天が庇っていたからだという。いわゆる「逃亡犯」たちとは、内外モンゴルの統一合併がソ連によって阻止された後に、中国の一部になるのを拒絶してモンゴル人民共和国に亡命した人びとのことである。

『聯合戦報』はまた「内モンゴル自治区の革命的人民に告げる書」との宣言文を掲載した。宣言書は「またもやこの王再天が」との言葉を繰り返し使い、殺気に充ちた批判文をモンゴル人に浴びせた。

　この王再天が、権力を乱用して反大漢族主義の運動を進めた。

　この王再天が、民族分裂主義の活動を展開した。

　この王再天が、祖国を転覆しようとしている。

　ウラーンフーは既に打倒されて地面に転がっているので、この王再天の死期も近い！

　鋭利な文章はジェノサイド推進の促進力となる。このような文章を熟読した中国人たちはモンゴル人の故郷をキリング・フィールドに変えていったのである。『聯合戦報』は更に王再天がウラーンフーやモンゴル人民共和国の指導者ツェデンバルらと共に撮った写真を何枚も証拠として掲載して、「修正主義国家に媚びを売り、反党叛国集団を結成した事実」を示した。「私たちは档案館内の資料に依拠して反革命分子たちを批判している」、と中国人は宣言している。

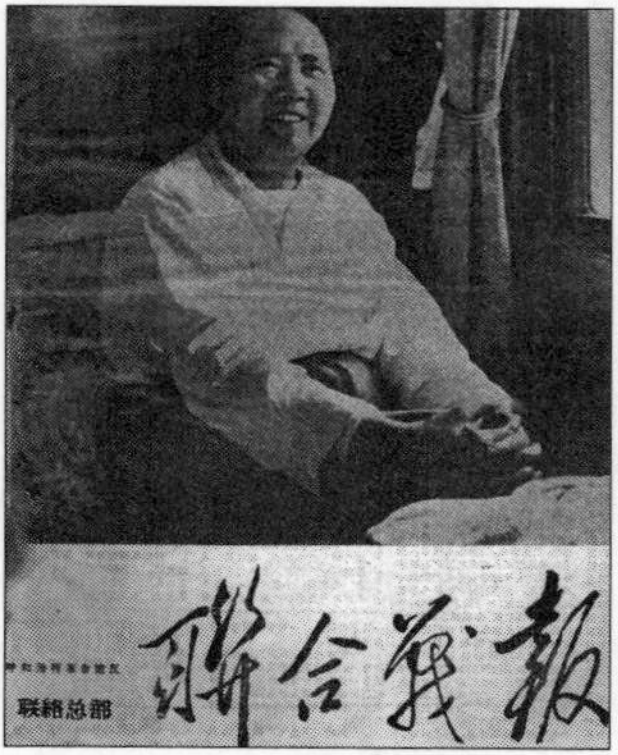

造反派の『聯合戦報』紙

　中国人の世論作りの為の行動も政府の指示の下で推進されていたのである。中国では政府の認可がない限り、档案館に入ることすらできないからである。

簒奪されたモンゴル人の歴史

『聯合戦報』は一九六八年三月一四日にも前号に続いて王再天をやり玉にあげた。王再天の問題は彼個人に留まらずに、南モンゴルのモンゴル人の近代革命の性質をどのように位置づけるかに関わっている。中国政府の意図を汲んで、中国人は次のように主張する（楊2015a）。

内モンゴル自治区は偉大な中華人民共和国の不可分の神聖な領土である。内モンゴル人民の歴史も、国内外の階級の敵と闘った、階級闘争の歴史である。

南モンゴルが中国領とされたのは、一九四五年に大国同士で結ばれた『ヤルタ協定』の結果に過ぎない。モンゴル人は誰ひとりとして、ヤルタの密室会談に参加していなかった。モンゴル人が一九世紀後半から実現しようとして奮闘してきた歴史、即ち草原を破壊する中国人を長城以南に帰して、中国から独立しようという理念に基づく歴史が、階級闘争の歴史に置き換えられた。

百歩譲って、たとえ、モンゴル人の歴史が階級闘争の歴史であったとしても、モンゴル草原を開墾して、モンゴル人を貧困のどん底に追いこんだのは中国人である。中国人がモンゴル民族を搾取し、抑圧してきたという階級闘争の歴史である。共産主義に憧れていたウラーンフーのようなモンゴル人の民族主義者たちも民族の衰退の原因は中国人による殖民地支配にあると認識し、「階級闘争もつまるところ民族間の闘争である」と主張した。毛沢東はこれと反対に「民族問題もつまるところ、階級闘争だ」と唱えていたので、モンゴル人と中国人との対立は避けられなかったのである。それは、革命の性質をめぐる対立だったからである。

王再天はモンゴル人民共和国を一九五一年七月に訪問した時に、モンゴル服を贈られたので、それを纏って写真を撮ったことがある。中国人はその写真を一九六八年三月二一日付の『聯合戦報』に掲載して、×印を付けた。そして、李旭昇という人物を登場させて、王再天がいかに中国人を排斥してきたかを立証しようとしている（楊　2015a）。「共産党の延安の精神ではなく、偽満洲国の精神に王再天は憧れていた」、と批判する。

「王再天の最大の罪は、内モンゴル人民革命党を庇ったことだ」

と紅衛兵の『呼三司』は一九六八年三月一三日にこのように断罪した。「解放した初期において、わが内モンゴル自治区の東部において、日本と偽満洲国の勢力が強かった。ソ連とモンゴル人民共和国のスパイどもと民族分裂主義者たちが結託し合って、内外モンゴルの合併を進めた」、と『呼三司』は論評する。ここに至って、中国政府と中国人の目的は達成できた。

「根本から紅い延安派」を粛清したし、「東部出身でありながらも、延安派に追随した、二つの顔を持つ連中」も打倒できた。虐殺の矛先はいよいよ東部の「日本刀を吊るした奴ら」に向けられるようになった。「民族分裂主義者集団はトグスとテムールバガナ、ウリートとドグルジャブ、ウルジーナランとゴーシンサイ、ウルジーオチルらからなる」、と具体的な名前も網羅された。次章では、「日本刀を吊るした奴ら」がいかにジェノサイドのギロチン台に追いやられたかが主題となってくる。

第七章　「日本刀を吊るした偽満洲国の奴ら」

モンゴル人を大虐殺する運動はついに南モンゴル東部出身者たちを呑みこむまでに発展してきた。「日本刀を吊るした奴ら」を一掃するキャンペーンである。東部出身者たちの失脚は一九六七年一一月二四日夜に、自治区党委員会宣伝部副部長にして、造反派の魯迅兵団の顧問であるトグスが「揪みだされた」ことからスタートしている。

一　ナンバー・スリーの重要性

法網から漏れた大物の民族分裂主義者

トグスが打倒されて三日後の一一月二七日に、内モンゴル言語工作委員会（略して語委）の『東方紅』誌が「トグスを討つ特集号・一一」を出した。「トグスはハーフンガの決死隊員にして、法網から漏れたウラーンフーの反党叛国集団の一員で、反革命修正主義分子にして民族分裂主義者だ」と断罪された（楊 2015a）。以下はその具体的な「罪状」である。

一九四五年八月一五日以降に、ハーフンガが蒙奸と日本のスパイども、王公と牧主、地主と匪賊のボスたちを糾合して「内モンゴル人民革命党」の黒い旗を立てた。この党は徹底的に反動的な民族主義者集団で、叛国組織だ。この党は中国共産党の指導を完全に拒否し、内モンゴルを祖国の大家庭から分裂させて、外モンゴルと統一させようとするものだ。トグスは、この党の青年部部長と内モンゴル青年同盟の総書記、機関新聞の総編集長などを担当した。「内モンゴル人民革命党」の臨時綱領と青年同盟の歌も彼が創作したものだ。青年同盟の歌も中国共産党の指導を否定し、モンゴル修正主義者たちを謳歌し、民族分裂を鼓吹したものだ。

一九四五年九月から一〇月にかけて、「内モンゴル人民革命党」は内外モンゴルの合併を求める署名運動を進め、一〇月末にはハーフンガが代表団を率いてモンゴル人民共和国に入って叛国活動をおこなった。ハーフンガの留守中に王爺廟で署名運動を陣頭指揮していたのは、トグスである。

一九四六年二月、モンゴル人民共和国から帰ったハーフンガは王爺廟で「東モンゴル人民自治政府」を建てようとして、国民党の支持を得ようと画策した。大物のスパイであるアチンガーの紹介により、ハーフンガは二月に長春で国民党東北行営副主任の董彦平と国民党興安省省長の呉煥章に会ったが、彼らの傍には常にトグスがいて、政治的な取引に参加していた。……その後、トグスはまたモンゴル人民共和国へ逃亡しようとしたが、ハイラルでわが方に拘留された。一九四七年五月一日、内モンゴル自治政府が成立した際に新しい主人のウラーンフーに追随するようになった。

結末を先に述べておくが、この時期からトグスの「民族分裂主義的な活動」に関する多くの「罪状」が暴露されるが、基本的に上で述べた軸を中心に広がっていく。中国政府と中国人は「打倒ウラーンフーとハーフンガ、トグス」（打倒烏・哈・特）をモンゴル人粛清運動の主戦場とするが、彼ら三人の「決死隊員の罪」もまたほぼ上で示した活動と連動するようになる。

近代的な語彙の問題と同化政策

「トグスを討つ特集号・二」は同じ日に発行されているので、『東方紅』に属す中国人たちの強烈な憤怒を感じることができる。特集号はまたトグスの名前を逆さまに書いて侮辱した。「特集号・二」は主として一九五七年以降の「罪状」を列挙している。具体的には一九五七年に「内モンゴル歴史言語研究所」を設置して、各地から「反革命分子ども」を集めたこと、モンゴル人民共和国と「名詞術語統一委員会」を組織して議論した際に、無原則に「モンゴル修正主義国家に従ったこと」などが挙げられている（楊　2015a）。

一九五九年、トグスの画策により、第二回モンゴル語工作会議が開かれた。この会議は党中央が一九五八年に全国少数民族言語文学討論会と出版会を開催した時の決定を無視した。党中央は既に、民族の言語と文学の名を借りて漢族《チャイニーズ》に反対したり、漢族を排斥したりしてはいけないと呼びかけていた。また、「一に発掘、二に創作、三に借用」との内モンゴルの政策に対しても批判的だった。トグスは叛国分子どもと妖怪変化どもを結集して共産党を攻撃した。

モンゴル語やウイグル語などに新時代に相応しい新しい語彙がない時には、第一に古典から発掘し、次には創作する。それでも適切な言葉がみつからない場合は、モンゴル人とウイグル人が発音しやすいヨーロッパ系の諸言語から借用したいとモンゴル人は考えていた。近代化は西洋に淵源しているからである。しかし、中国人は自分たちの言葉と文化がもっとも優れていると盲信していたので、モンゴル人にもそれを強要してきたのである。ここから、両者の衝突は始まったのである。

一月二八日の「トグスを討つ特集号・三」はひき続き彼とそのカウントパートナーで、言語学者のエルデニトクトフを批判した。

一九六二年、民族言語と文学、それに民族教育会議が開かれた。トグスはここでエルデニトクトフと結託して『言語文学工作条例』と『名詞術語の実施方法』、それに『モンゴル語を学習し使用する方法』などをでっちあげた。モンゴル語の使用の面で、頑迷にウラーンフーの反革命修正主義と民族分裂の路線を進めた。モンゴル語を学ぶ者に対して物質の面で奨励し、内外モンゴルが合併して大モンゴル共和国を創るのに言語の面から支援した。この会議の席上で、トグスとエルデニトクトフは中国語から借用していた「公社《グンシェ》」をネグデルに変え、「幹部《ガンブー》」をカートルに改編した。モンゴル人はみんなネグデルとカートルの方が好きだと話し、実に悪意に満ちたスピーチだった。

右の批判から分かるのは、中国政府と中国人は中国語の語彙を大量に他民族の言語に注ぎこんで、同化させようとしていた事実である。もし、同胞たちと同じような、しかも発音しやすいヨーロッパ系の言葉を選んだら、もう既に「民族分裂的な証拠」だとされていた。自らの言語を学び、発展させることが「民族分裂的」だと断罪されている以上、残された路は同化以外に何もない。これが、中国政府と中国人が標榜する自治の実態である。

「モンゴル人の口」の意義

一九六七年暮れの一二月に、「フフホト市黒い手先を専門的に揪みだす連絡センター」と「内モンゴルの叛国集団を揪みだす連絡センター」が合同で『反革命修正主義分子にして民族分裂主義者のトグスを批判闘争する大会の特集』を印刷して配布した。筋骨隆々の中国人の紅衛兵が『毛沢東選集』を片手に、モンゴル人のトグスを拳で叩き倒すシーンを表紙に描いた冊子内には、鋭い文章が並んでいる（楊 2015a）。

冊子によると、一九六七年一一月二五日と一二月二日に、二度にわたってフフホト市内で「反革命修正主義分子にして民族分裂主義者のトグスを批判闘争する大会」が開催されたという。主催者は呼三司系統の紅衛兵で、メイン会場は内モンゴル人民委員会礼堂《ホール》で、分会場は紅色劇場と東方紅影院、人民劇場、工人文化宮、内モンゴル党委員会礼堂、『内モンゴル日報』礼堂、それに内モンゴル体育館などに設けられた。大会の参加者は二万二〇〇〇人で、会議の様子はラジオ中継で全自治区に伝えられた。

打倒されたトグス

「閻魔大王のトグス」を真中に、「ウラーンフーの代理人の王逸倫と王鐸」、「日本とモンゴル修正主義者のスパイにして民族分裂主義者であるハーフンガ」、「現代の殿様ウラーンフーの犬のような息子のブヘとその臭い妻のジュランチチク」、「民族分裂主義者で、言語学者のエルデニトクトフと医学院長のムレン」らも彼のまわりに立たせた。一同はみな首から「罪」が書かれた看板をぶら下げていた。

賢い中国人たちは、「中国人がモンゴル人を迫害している」との事実を隠蔽する為に、積極的にモンゴル人を利用した。モンゴル人の口から他のモンゴル人を批判する言葉を吐かせて、いざ後日に問題になっても、「モンゴル人同士の内紛」だとする為である。このような方法を伝授したのは、中国政府の情報機関の最高責任者の康生である。

トグスたちを批判闘争する大会でも「モンゴル人がモンゴル人を批判する」一幕が演じられた。ラシという人物は以下のように原稿を読みあげた。彼はまず、「我々各民族が敬愛する最も偉大で、最も紅い、最も紅い（最紅最紅的）、太陽のような毛主席の万寿無疆を祈ろう。毛主席万歳！」と叫んでいる。これは当時、形式化したスローガンである。

トグスの父親は李青龍だ。日本帝国主義がわが東北を占領していた一四年の間、李青龍は日本人の悪魔どもとハーフンガらと共にモンゴルと漢族《チャイニーズ》の人民を搾取していた。トグスの一家は罪を犯したので、ホルチン左翼中旗の貧しいモンゴル人と漢族は彼らを恨んでいた。トグスの伯父の李天覇には女性をレイプした罪があり、貧下中農の各民族の人民は錐《きり》を使って彼を刺し殺した。しかし、李青龍はトグスに守られて、土地改革から逃れた。

上の文章は一つの事実を現している。中国共産党が満洲など南モンゴルの東部地域を占領してから、モンゴル人のエリートたちに「対日協力者」とのレッテルを貼り付けて処刑した。放牧地を持つモンゴル人を例外なく「搾取階級の地主」だと認定してからその草原を奪って侵略者の中国人農民に分け与えた。残忍な方法でモンゴル人を殺害して、恐怖による統治を敷いたのである（楊 2009b）。ラシは中国人の指令を鸚鵡返ししている。

トグスは一九四二年に父親の李青龍とハーフンガ、それに日本の悪魔どもに選ばれて偽満洲国の建国大学に入り、「一層の研鑽」を期待された。偽満洲国の建国大学は日本帝国主義がファシズムの徒党を育成する為の教育機関で、その学長は売国奴の漢奸にして戦犯であり、偽満洲国国務院総理の張景恵である。

トグスもハーフンガや日本の悪魔どもからの期待を裏切らなかった。彼は在学中から「興蒙党」を組織していた。この時期の内モンゴル西部にはまた「チンギス・ハーン党」が現れていた。どちらも「チンギス・ハーンの子孫は連携し、モンゴルを復興させ、モンゴルを統一させよう」と叫んでいた。「内外モンゴルを統一合併し、モンゴルを復興させよう」とは反動的なスローガンである。

日本帝国主義が投降した後、「内モンゴル人民革命党は地下に潜伏せよ」とのモンゴル修正主義者の指令を受けたトグスとハーフンガらは新たに別の「新内モンゴル人民革命党」を組織した。この「新内モンゴル人民革命党」の綱領もトグスがモンゴル語で書いたもので、彼自身がまたそれを中国語に翻訳している。この黒い綱領の中で、彼らは公然と内外モンゴルの合併を求め、偉大な中国共産党と偉大な領袖毛主席の指導を拒否している。彼らはモンゴル修正主義国家の人民革命党の指導こそ受け入れるものの、「内モンゴルにはプロレタリアートがないから、共産党を組織できないし、中国共産党の指導も受け入れられない」と頑迷に抵抗した。

ラシに語らせている中国人は大きな嘘をついている。内モンゴル人民革命党に地下への潜伏を命じたのはコミンテルンで、しかもそれは満洲事変後のことである。

一九六八年七月二〇日に内モンゴル自治区革命委員会は公文書を出して、一九四七年の内モンゴル自治政府成立後に「地下活動」を開始したとされる内モンゴル人民革命党を「新内モンゴル人民革命党」だと再解釈するようになるが、実際は一九二五年に成立時の党員と、日本敗戦後の党員たちをいっしょくたにして粛清していた。ラシの口から出た上の言葉には、中国人の本音が現れている。

「中国人」を自称させられるという侮辱

トグスは一九四七年に自治政府ができた前後からハーフンガを離れて、「新しい主人のウラーンフーに鞍替えした」、と中国人は分析している（楊　2015a）。この時から、「ウラーンフーとハーフンガ、それにトグスのような汚い連中は結託し、自治を実現し、自決を獲得しよう」との「反動的なスローガン」を掲げるようになった、と中国政府と中国人は断じている。

トグスという馬鹿は、ウラーンフーに紹介されて共産党に入った。共産党員になっても、この馬鹿は中国を祖国だと認めようとしなかった。彼はある日、ウラーンホトの街の中を歩いていたら、「おい、お前は何人だ」と人に聞かれた。トグスはなかなか答えられなかった。しばらくしてから、自分はもう共産党員だから、仕方なく「中国」と返事した。

モンゴル人にとって、自分を「中国人」だと言わされるほど侮辱的ことはない(ハンギン 1977)。現在においても、南モンゴルのモンゴル人たちは「国籍は中国だが、自分はモンゴル人だ」との信念を有している。トグスも例外ではなかった。しかし、こうした認識は、中国人からすると、民族分裂的な思想のようにみえる。

「先進的な漢族」に反対した「罪」

モンゴル人が自らを中国人《チャイニーズ》だと思わないのは「民族分裂主義的な思想」だが、中国と中国人の「先進性」を認めようとしないところは、「大罪」である。中国人はひき続きラシの口を借りている(楊　2015a)。

一九五七年九月、周恩来総理は青島会議で少数民族の言語政策について、重要な指示を出した。トグスらは、表向きは周総理の指示にしたがうふりをしながらも、裏では抵抗していた。キリル文字でモンゴル語を表記することこそ中止したものの、外来語の借用の面では相変わらず謀略をくりひろげた。党中央は「中国語から新しい言葉を借用することは、少数民族の言語が発展していく必然的な趨勢である」と公文書で通達していたにも関らず、トグスとエルデニトクトフらは公然と抵抗していた。……彼らは一に発掘、二に創作、三に借用との反動的な政策を制定して、モンゴル語の古い言葉は利用するものの、中国語を使おうとしない。新たに創作はするものの、中国語を使おうとしない。修正主義国家のロシア語とモンゴル語の単語を借りるものの、中国語を使おうとしない。みてみなさい。偉大な祖国を分裂させ、先進的な漢族《チャイニーズ》の兄貴に反対する罪はここまで来ている。

中国政府と中国人がとにかく言いたかったのは、「偉大な政府と先進的な漢族《チャイニーズ》」である。中国人は無原則に「先進的な人」だから、「無知蒙昧」なモンゴル人に反対されるのは、それ自体が反動的だとの論理である。

トグスが副部長をつとめる宣伝部は以前に雑誌の発行を管轄していた。『モンゴル語文と歴史』誌はモンゴル人民共和国で出版された『わが国における新しい外来語の解釈』という本の内容を紹介したことがある。その際に、モンゴル人民共和国は「わが国」の範囲を「南は万里の長城に至り、北はバイカル湖までである。東は黒龍江から始まり、西は青海高原に到達する」と定義していた。

中国政府と中国人はこの「わが国」の定義は「モンゴルは古くから中国とは別の国家だと

の理論」や「満蒙はシナではない」という日本の理論と同じだ、と批判する。トグスに統率された宣伝部がマルチンフーの小説『茫々たる草原』などを出版したのも民族分裂主義の思想の現れだとし、学術論文にもそうした「反動的な思想」が満ち溢れていたという。例えば、一九五九年にイドヘシグと黄方敬の二人が書いた「中国の旧民主主義時期におけるモンゴル人民の反帝国反封建主義運動」との論文は、「漢族《チャイニーズ》はモンゴル人を殺害していた。その漢族は中国の支配民族であるので、反帝国反封建主義の闘争も常に反漢の形で噴出していた」と著述したのが問題だと批判する。たとえそれが「旧民主主義期」の闘争であっても、「漢族がモンゴル人を殺した」とか、「モンゴル人は反漢した」とかは禁句でなければならなかったのである。

こうした断罪方式に沿って、『人民の英雄マクサルジャブの略伝』や『ガーダーメイリンの物語』、『トクトの事績』、ひいては『元朝秘史』の出版まで、「全部祖国を分裂させ、内外モンゴルを合併させようとする世論工作だ」と完全に否定された。一言で総括すると、一九四七年五月に内モンゴル自治政府が成立してからの政策と実践がすべて、中国と中国人に対し犯罪していたこととされたのである。ここまで来ると、モンゴル人に対しては何をしてもいいという風潮は定着し、大虐殺の大義名分も成立したことになる。

それでも、中国人は満足しない。「トグス治下の『内モンゴル日報』は、モンゴル人と中国人は言語が異なるので、別々に軍隊を作るべきだと主張し、中国人がモンゴル人の草原を占領した為に、災難をもたらしたと書いた」ことが発見された。『内モンゴル日報』はまた丑年即ち一九一三年に中国軍が南モンゴルに侵入して各地で虐殺を働いた事実を紹介したことと、ウランバートルを称賛する詩を掲載した事例も、「凶悪な犯罪」として挙げられている。

右で示した「凶悪な犯罪」が発生しても、トグスは何と「モンゴル人民共和国は内モンゴルより早く革命を成功させているし、我々は同じ民族だから、モンゴル人民共和国に憧れるのも当然のことだ」と話したそうだ。「修正主義のモンゴル人民共和国を批判せずに、逆にひたすら漢族《チャイニーズ》がモンゴル人を抑圧してきた歴史を大げさに強調した」トグスを中国政府と中国人は許せなかったのである。

嫌悪感の醸成

前出のラシに続いて、「『花の原野』誌をぶち壊す連絡センター」の代表、張志成も発言した。張志成はまずトグスの部下である作家のオドセルが一九六一年にオペラ『ダナバル』を書いて、内モンゴル人民革命党の騎馬軍を賛美した「罪」を挙げている。内モンゴル人民革命党の騎馬軍は日本帝国主義に協力したファシズムの軍隊で、褒め称えるに値するものではない、と中国人は断じる。そして、張志成はモンゴル語の雑誌『花の原野』に掲載されたオドセルの詩歌「ねじ」の「反動的な内容」を示している。

元々兄弟だったツェデンバルとウラーンフーは

最後のねじを回しこんだ。
幸せな太陽は昇り
私たちの友情は鋼のように強固になった。

このように「犬のようなツェデンバルと現代の殿様たるウラーンフーをあたかも二つの国家の元首のように並べて謳歌した」のが罪となっている。

「勇猛な鷹は、草原の栄誉である」

との一句がオドセルの詩、『黄金の鷹の讃歌』にあった。この詩句を指して、「何が草原の栄誉だ?」とすこぶる感情的な嫌悪感を中国人は発散している。粗野で、単純な嫌悪感を醸しだすことで、モンゴル民族全体が中国人に嫌われているという雰囲気を作りだしている。嫌悪感に包まれた中で、大虐殺は進行する。

西部から東部へ広がる「毒汁」

内モンゴル大学の「井崗山・八一戦闘隊」の張忠の批判は重要である。彼が一九六七年一二月二日の時点でトグスとウラーンフー、それにハーフンガらを断罪した内容は、半年後の一九六八年七月二〇日に内モンゴル自治区革命委員会から出された「内モンゴル人民革命党に関する処理意見」と一致しているからである。

言い換えれば、中国政府と中国人は既に一九六七年末の段階で内モンゴル人民革命党こそモンゴル人の「民族分裂の組織」だと明確に認識していたのである。ここから、既に大虐殺の準備は開始されていたのである。張忠のスピーチである（楊　2015a）。

一年間にわたる文革の猛烈な衝撃により、ウラーンフーの反革命修正主義と民族分裂主義の黒い文化路線は既に瓦解し、崩壊した。ブへとジュランチチク、それにマルチンフーのような文藝界の悪人どもは揪みだされた。これは、プロレタリアートの革命派と若き紅衛兵たちの偉大な勝利だし、無敵の毛沢東思想の勝利である。

内モンゴルの文藝界はウラーンフーとブへの部下たちだけから形成されたものではない。もう一つの黒い集団がある。……この黒い集団は闇のグループを形成しており、マルクス・レーニン主義の外套をまとって、共産党員の看板を掲げているが、彼らは実は反革命活動をおこなう内モンゴル人民革命党員だ。彼らのボスは民族分裂主義者分子のハーフンガの決死隊員で、トグスだ。

張忠はこのように中国政府の方針に従って、中国人の関心を西部のウラーンフーの故郷トゥメトから東部のハーフンガとトグスの草原へと導いている。西部出身の延安派から東部の者からなる内モンゴル人民革命党員へと矛先を変えている。張忠は続いて「共産党内に潜りこんだ民族分裂主義者たち」の名を挙げている。

内モンゴル大学の副学長：バト

内モンゴル師範学院の学院長兼書記：テムールバガナ
内モンゴル医学院長：ムレン
内モンゴル農牧学院長：ゴンガー
内モンゴル工学院教授：アチンガー
内モンゴル自治区衛生庁副庁長：イダガスレン
内モンゴル自治区ラジオ放送局長：ナンルブ
内モンゴル言語文学研究所所長：エルデニトクト
内モンゴル歴史学会副主席：イドヘシグ
内モンゴル文化芸術聯合会：詩人ナ・サインチョクト
内モンゴル歌舞芸術院：賈作光
内モンゴル人民出版社：ソドナム
内モンゴル美術協会：ゴンブ
内モンゴル博物館：文浩

以上、賈作光ひとりだけが中国人で、他は全員モンゴル人である。賈作光は満洲国で芸術を学び、ウラーンフーに重用されていた。このような「反革命の民族分裂主義分子」たちにコントロールされた文藝界からは良い作品は一つも創作されていないという。

内モンゴルの文藝界からプロレタリアートに奉仕する作品が生まれるわけがない。工農兵へ奉仕する社会主義の芸術作品が誕生するわけがない。あるのは、ソ連修正主義国家のショーロホフの『静かなドン』の丸写しであるマルチンフーの『茫々たる草原』ではないか。あるのは、日本とモンゴル修正主義国家の二重のスパイであるナ・サインチョクトの

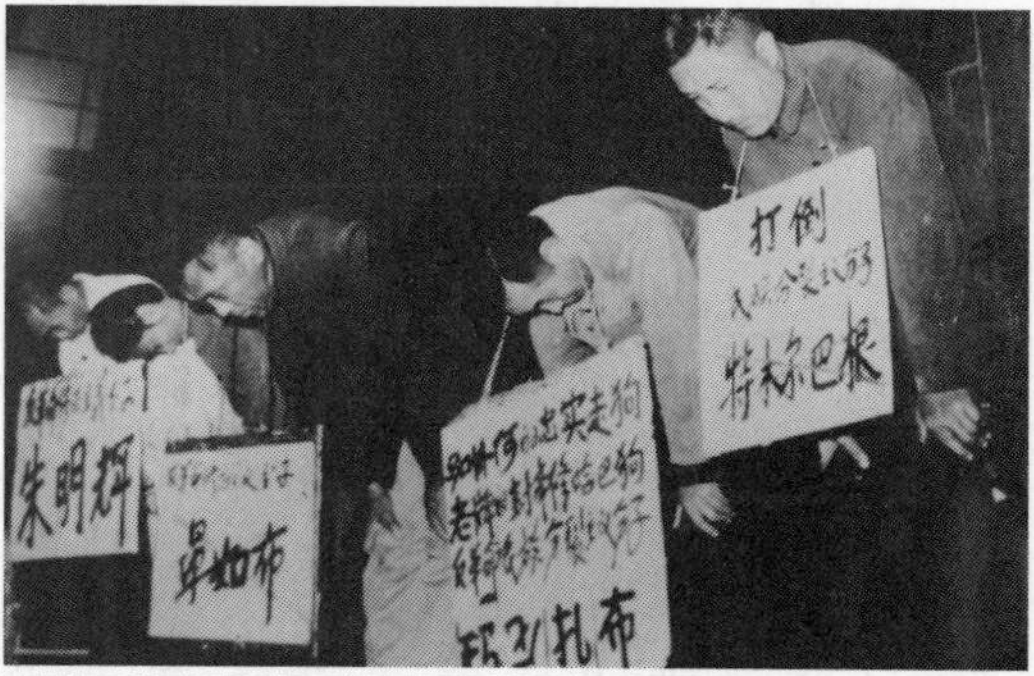

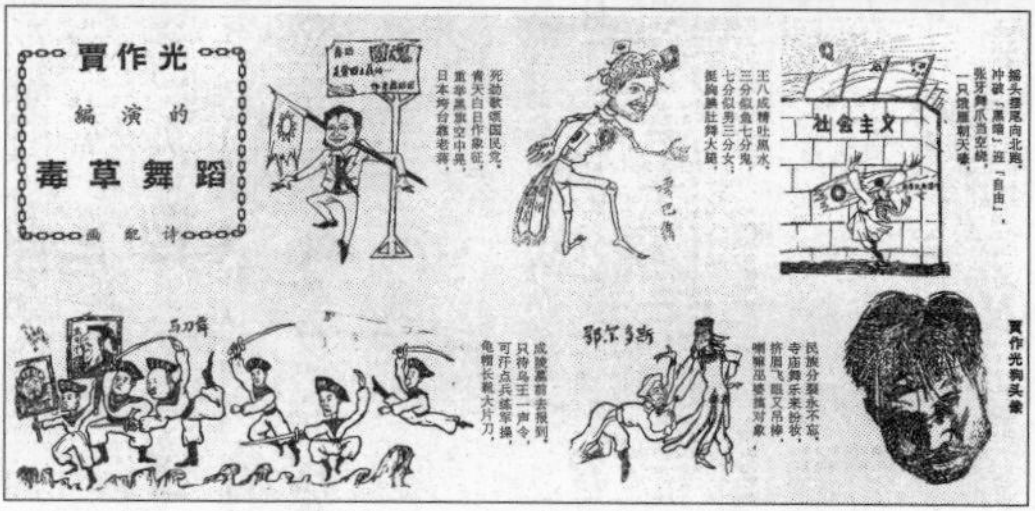

上：内モンゴル日報社のマーニジャブと師範学院長テムールバガナらと共に打倒されたナンルブ(左端)
下：日本の満洲国時代の芸術を広げたとされる賈作光。彼が改編した「オルドスの舞踊」や「日本刀の舞」などが批判されている。『新文化』,1968,8,22

『富士山讃歌』と『ウランバートル讃歌』ではないか。

このような反革命の民族分裂主義的な作品により、「内モンゴルの草原には毒草が生い茂り、大地には毒汁が染みこんでいる」と中国政府と中国人は断罪する。トグスとハーフンガの内モンゴル人民革命党、それにウラーンフーの反党叛国集団を一掃しない限り、「偉大な祖国は危険な状態から脱出できない」、と煽っている。

「叛国事件」の再清算

中国人たちは最後に師範学院附属中学校のテゲシェというモンゴル人を利用して、トグスが具体的にいかに「叛国分子を庇ってきたのか」について、実例を出して断罪した（楊2015a）。

わが師範学院附属中学校の一九六二年に卒業予定の学生マンドグチは、一九六二年六月二四日に師範学院物理学部のひとりの学生と共に祖国を裏切って敵国に投降しようとした。二人がシリーンゴル盟の東ウジムチン旗サマイ公社まで逃亡し、中国とモンゴル人民共和国との国境まで五〇キロくらいのところで人民解放軍に逮捕された。……しかし、この事件は反革命修正主義分子にして民族分裂主義者のトグスによって不問にされた。

マンドグチと一緒に逃亡しようとしたのは、内モンゴル人民革命党の指導者テムールバガナの息子ブレンバトと、師範学院物理学部のウネンボインら四人だった。トグスは自分が内モンゴルとモンゴル人民共和国との統一合併が絶望的になった直後の一九四六年に「ハイラル経由で逃亡」しようとした過去を思いだして、学生たちをなだめた。そして、「叛国事件」としてではなく、単なる思想的な問題として穏便に処理した。

　中国では一度「政治的な誤りを犯したら」、二度と正常な生活が送れなくなるほどの厳しい処罰制度がある。トグスは中国の慣例を破って温和な措置を取った為に、学生たちもその後大学に進学していった。文革が勃発すると、学生たちとトグスは再び罰せられる対象となった。既に吉林大学に入っていたブレンバトは内モンゴルに連れ戻され、睾丸が破壊されるなどの暴行を受けて殺害された（楊　2009b,147-149）。「トグスはモンゴルと漢族人民《チャイニーズ》の敵だ」、と批判者たちは最後に締めくくった。

二　ペンを持った民族分裂主義者

　トグスを批判闘争する特集号は二冊からなる。二冊目は四篇の論文から構成されている。まず『内モンゴル日報』の呉先覚は一九四〇年代にトグスが主催していた二つの新聞、『群衆報』と『自治報』を詳細に分析して、その「罪」を暴いている（楊　2015a）。「銃を持った敵人が我々に消滅された後も、銃を持たない敵人はまだ存在する」との毛沢東語録を冒頭に掲げてから、「トグスはまさに銃を持たない、ペンを手にした民族分裂主義者だ」、と位置づけている。

反右派闘争時の原罪

「トグスとハーフンガは内モンゴル人民革命党内の左派を自認して、一九四六年あたりからウラーンフーに投降した」と批判文は語りだす。この内モンゴル人民革命党はトグスの指導の下で、『群衆報』と『自治報』で「無数の反動的な文章」を書いて広げた。彼らは中国共産党の指導を受け入れようとせずに、単なる「連携の対象」とみなした。「偉大な領袖毛沢東を先生呼ばわりして、敬意を払わなかった」。内モンゴル人民革命党が憧れていたのは修正主義国家のモンゴル人民革命党とソ連で、なんと「私たちは外モンゴルの路を歩み、最終的には統一されたモンゴル人民共和国を実現させる為に戦う、との文章まで掲載した」、と過去に一九四六年一一月一九日に発行した新聞を問題視している。

一九四六年一一月一九日の新聞には「内モンゴル人民革命青年同盟から東モンゴルの青年たちに告げる書」を掲載していた。青年同盟が成立一周年を迎えた時期で、民族自決の文章を載せるのは、トグスの責務だった。トグスが書いた文章の中に「我々はチンギス・ハーンの子孫で、チョイバルサンの兄弟である」との一句があった。これは、「封建社会のチンギス・ハーンを持ちだし、修正主義国家の指導者チョイバルサンを兄弟だと称した罪だ」と断じられたのである。

トグスの経歴と歴史に対する清算は更にすすむ。内モンゴル大学の「井崗山・八一戦闘隊」の張忠は一九五七年から発動された反右派闘争中のトグスの「反革命の言動」を列挙している。「妖怪変化どもはどんなに華麗な外套をまとっても、革命の大きな潮流の中で絶対にその原形は暴かれる」、と張忠は冒頭で論じてから、トグスの「罪」を詳しく述べている。以下は張忠の発言の要約である。

内モンゴル自治区においても、毛沢東が知識界に向かって「意見があれば出しなさい」と呼びかけたのを受けて、「右派どもと民族分裂主義者たちは狂ったように反大漢族主義を唱えだした」という。

まず、一九五七年三月に『内モンゴル日報』の記者チンダマニが「政府は持つとモンゴルの民族的な特徴に考慮するよう」と発言したのをトグスは擁護した。その後、五月一一日に「モンゴル語文工作組」会議が招集され、自治区の最高責任者のウラーンフーも出席した会場で内モンゴル人民出版社社長のトブシンが自治区における言語使用の実態について発言した。

ウラーンフーはトブシンの発言を聞いてから、「我々は以前から大漢族主義の同化に反対してきたし、今日においても反対するし、今後もひき続き反対する。永遠に反対する」と力強く支持した。

モンゴル人は、中国人が少数民族を未開人として扱うのを大漢族主義の現れだと理解して

自治区成立10周年を迎えた1957年の内モンゴルに集まった諸民族の代表たち。当時から内モンゴルは模範自治区と称賛されていた。写真提供：トブシン

いた。例えば、師範学院の中国人は壁新聞でモンゴル人の足を牛やラクダの蹄の形で描写し、「モンゴル人は家畜だ」と表現して侮辱していた。モンゴル人は数々の実例を挙げて大漢族主義は実際に横行しているし、反右派闘争も自治区では反大漢族主義を軸に展開すべきだと主張した。

中国政府は自治を標榜しながらも実際は少数民族側が少しでも正当な意見を述べただけですぐさま「狭隘な民族主義」として弾圧してきた、とトグスも当時主張していた。「自治区の権力はすべて中国人《チャイニーズ》の書記に握られている」とか、「共産党は漢族の党だ」とかのように、モンゴル人は発言していた。このような意見に対して、反右派闘争が勃発した当初は、自治区最高責任者のウラーンフーも党宣伝部副部長のトグスも耳を傾け、改善する姿勢を見せていたのである。

意見を話した者は党と政府の転覆を企んだ右派だと政府によって認定されると、自治区でもチンダマニとトブシンらは極右とされた。トグスの「罪」は、毛沢東の北京政府から右派どもを一掃せよとの命令が出された後に、チンダマニとトブシンを「表面上は軽く批判しただけで、実際には守り通した」ことだ、と張忠ら中国人は見抜いていた。

中国が嫌いなのは草原の息吹と「北」という方角

既に触れたように、ウラーンフー指導下の内モンゴル自治区は新しい事象を表す外来語を「一に発掘、二に創作、三に借用」との原則で創出していた。党宣伝部副部長のトグスと部下で言語学者のエルデニトクトフらが先頭に立ち、新生自治区の新事実をソ連とモンゴル人民共和国の基準で表現していた。中国政府と中国人はそれが気に入らなかった。内モンゴル言語工作委員会のチュハは新しい事実を披露している。一九六四年、ウラーンフーは北京からトグスに電話をかけた。人民公社の「公社」と「幹部」という二つの言葉をそれぞれネグデルとカートルから「公社《グンシェ》」と「幹部《ガンブー》」に変えるようとの指示だった。北京当局からの圧力にウラーンフーも屈していたのである。しかし、トグスは「中国語からの借用は言語の実践と合わない」との理由を挙げて、『毛沢東選集』内の表現のみを改編して、「モンゴル語の新聞ではひき続きソ連修正主義者のロシア語とモンゴル修正主義者の言葉を使った」のである（楊　2015a）。

モンゴルは文学が好きな民族である。古くから数多くの英雄叙事詩が誕生したし、内モンゴル自治区が成立した後も、無数の新時代のイデオロギーに合致した作品が創作された。社会主義思想に包まれた文藝作品の中味には、草原の息吹も含蓄されていた。中国人はそのステップの雰囲気が嫌いだった。内モンゴル大学井崗山の程道宏は以下のようにトグスとモンゴル人を批判する。

「彼らの反党叛国の道具は反動的な雑誌の『モンゴル言語文学と歴史』、『花の原野』、それに旧『内モンゴル日報』だ」

と程道宏は話す。詩人のナ・サインチョクトはまた「ウ・チョルモン」とのペンネームを使っていた。「ウ・チョルモン」とは、「ウランバートルの一番星《チョルモン》」との意味で、彼は自分を中国人だと思っていなかった」と断罪する。モンゴル人が中国人ではないのは自明のことであるし、実際、ナ・サインチョクトもモンゴル人民共和国を祖国だと認識していた。

バイガルという作家は『孤独な白い仔ラクダ』という物語を書いた。「白い仔ラクダは沙漠を越え、ゴビを歩き、山々を過ぎて北へ走り、母ラクダを探し求めた」との表現がバイガルの物語の中にあった。

「北はどこだ？母親はいずこにいる？修正主義国家ではないか」

と中国人は目を光らせて批判した。バイガルだけでなく、作家のオドセルの『アルマスの歌』の中にも主人公が北に向かって走るシーンがあったが、それも「民族分裂的」とされた。このように、同胞の国が北にあっただけで、北という方角まで大虐殺の口実となったのである。

「モンゴル人は幸せに暮らしていたが、悪魔によって切断され、南北二つに分断された」との台詞がバヤンノール盟の歌舞団が演じる『ハリブーの伝説』というオペラにあった。当然、こちらも「民族分裂の確証」とされた。トグスの宣伝部はまた一九五七年と一九六二年に二度にわたって英雄叙事詩『チンギス・ハーンの二頭の駿馬』を出版した。

叙事詩は、主人公である二頭の駿馬がアルタイ山地に奔走して自由に暮らすという物語からなる（楊　2001）。こうした古い叙事詩でも、アルタイ山地がモンゴル人民共和国の西部にあるだけで、「修正主義国家に逃亡して自由気ままに暮らそうとしている」と歪曲された。モンゴルの文藝作品はすべてトグスのような「民族分裂主義者たちの反革命活動の道具」とされたのである。

暴力の自慢

文藝作品だけではない。内モンゴル医学院の「東方紅公社」の堯喜樹は「医学界にはトグスとイダガスレン、それにムレンからなる反革命集団がある」と題する批判文を寄せた。三人とも一九四六年三月一日に結成された「新内モンゴル人民革命党の幹部」で、モンゴル修正主義国家に投降する活動をしてきたという。というのは、自治区衛生庁の副庁長の「イダガスレンは偉大な中国共産党に恨みを持っているからだ」という（楊　2015a）。

悪魔のような地主階級出身のイダガスレンは共産党と毛主席に恨みを持っている。土地改革の時に彼の家族二人をわが共産党が処刑したし、他の家族五人も怒りに満ちた人民が殺したからだ。「共産党が大衆運動を発動しなければ、わが家があんなに多くの家族を失うこともない」、とイダガスレンは話していた。

素直な中国人はこのように自らの暴力を自慢している。中国人にはモンゴル人を大虐殺する権利が政府によって付与されているが、モンゴル人にはそれに対する不満を吐露する権利が与えられていない。これが、自治区の実態である。そうした実態を改善しようと努力してきたが、その努力がまた新しい罪となったわけである。

トグスに対する批判は内モンゴル自治区の各界へと広がっていく。一九六七年一二月一五日、造反した労働者が発行する『工人風雷』は極めて戦略的な記事で紙面を飾った。トグス個人の経歴を「内モンゴル人民革命党の醜悪の歴史」と結び付けて両者の「罪」を処断した。

内モンゴル自治区革命委員会の成立は、わが自治区におけるプロレタリアート文革が新たな段階に達したことを意味している。中国のフルシチョフたる劉少奇の内モンゴルにおける代理人であるウラーンフーの政権は倒され、毛主席を指導者とする無産階級の司令部が設置された。

トグスは当初、「新生の紅色政権」の革命委員会に近い人物とされていたが、最終的には

「左派陣営に潜りこんだ黒い手先」とされて、「揪みだされた」。「トグスは共産党内に二〇数年間も潜伏していた修正主義分子にして民族分裂主義者で、ウラーンフーとハーフンガの決死隊員だ」、と「フフホト市革命造反派からなる黒い手先を揪みだす連絡センター」は『工人風雷』で論じている。

民族全体を抹消する為の世論形成

労働者たちはトグスの「罪」を「言語」と「出版」、それに「新聞雑誌」という三つの分野に分けて断じている。こうした「罪に満ちた活動」ができたのは、トグス個人の力ではなく、背後に「醜悪な内モンゴル人民革命党」が存在する、と打倒すべき対象をモンゴル人の組織へと拡大していっている。『工人風雷』は論ずる。

内モンゴル人民革命党の前身は内モンゴル国民党だ。内モンゴル国民党は一九二五年一〇月に張家口で成立し、その指導者はバヤンタイとメルセイ（郭道甫）だ。この党は封建的な大地主と牧主、それに王公貴族からなり、反革命の雑煮のような組織だ。党首のバヤンタイは蒋介石の忠実な走狗で、人民と敵対する国民党の決死隊員だ。一九二七年に蒋介石が反革命のクーデターを起こした際にバヤンタイも見初められて国民党の中央委員になった。同年、内モンゴル国民党がウランバートルで第二回党大会を開き、党名を内モンゴル人民革命党に変えた。内モンゴルにプロレタリアートは存在しないとして、中国共産党の指導も受け入れないし、モンゴル人民共和国の政権党であるモンゴル人民革命党との一致を優先して改名したのだ。

「内モンゴル人民革命党の醜悪な歴史」はこのように始まる。右で示した文章のポイントは、トグスらが「内モンゴルにプロレタリアートは存在しないとして、共産党の指導も受け入れないし、モンゴル人民共和国の政権党であるモンゴル人民革命党との一致」を強調していた三点の「罪」にある。『工人風雷』もこの三点に注視している。

工人風雷
呼和浩特工代会主办
創刊号
本期共八版
一九六七年十月二十四日
偉大的導師 偉大的領袖
偉大的統帥 偉大的舵手
毛主席万岁！万岁！万万岁！
以“斗私，批修”为綱，实現革命的大联合

造反した労働者の新聞『工人風雷』

無数の事実から分かるのは、内モンゴル人民革命党は、実際はモンゴル人民革命党がわが国の北部に置いた一支部である。この党の唯一の目標と全活動は中国共産党に反対し、内モンゴルを祖国の大家庭から分裂される謀略を進め、内外モンゴルを合併させることである。

繰り返し強調しておくが、中国政府が正式に内モンゴル人民革命党に関する公式な見解を出して、その性質を「民族分裂的」だと断じたのは一九六八年七月二〇日である。半年も前の『工人風雷』が政府からの正式な判断の前奏曲となっている事実から、中国人は着実に大虐殺を組織的に進める為の世論作形成を推進していたことが分かる。大虐殺のターゲットも個々人ではなく、組織としての内モンゴル人民革命党へと広げていったのである。そういう意味で、『工人風雷』に掲載された「内モンゴル人民革命党の醜悪な歴史」は、モンゴル人ジェノサイドの発動に大きな役割を果たした論文だといえよう。

内モンゴル人民革命党は「日本のスパイどもとモンゴル修正主義国家の特務どもからなっていた」が、一九四七年四月三日に熱河省の承徳において、ウラーンフーの率いていた内モンゴル自治運動聯合会とハーフンガが会談した際に、「東西の悪人どもが合流して一つになった」、と中国人は分析する。それ以来、「民族分裂主義者集団のボスはウラーンフーとなり、ひき続き反漢の目標に即して活動してきた」、と断定されている。証拠は内モンゴル人民革命党が配布してきた公文書の中にある。例えば、一九四五年八月一八日に内モンゴル人民革命党は『内モンゴル人民解放宣言』を公布していた。その中の文言である。

内モンゴルは、内モンゴル人民革命党の指示に従い、ソ連とモンゴル人民共和国の指導を受け入れてモンゴル人民共和国の一部となってはじめて、解放が実現したことになる。

上の宣言だけでなく、一九四五年九月一四日にも「わが内モンゴル人民革命党はソ連とモンゴル人民革命党の指導を受けてきたし、今内モンゴルの二百万人もの人民群衆はモンゴル人民共和国への合併を求めており、我々も積極的に努力する」、と対外関係における政策を披露していた。これらはすべて「分裂活動をおこなってきた確固たる罪証」である。

社会主義制度をめぐる対立

粛清すべき内モンゴル人民革命党の主要な党員たちの罪行を詳しく例示する必要が出てきた。その為、内モンゴル大学のキャンパス内の第一一号棟に編集部を置く『呼三司』は一九六七年一二月一六日に「トグスを揪みだして大衆にみせつけよう」と題する文を載せた（楊2015a）。「トグスはウラーンフー反党叛国集団の中堅で、ハーフンガの決死隊員でもあり、反革命分子にして民族分裂主義者だ」、と認定している。

トグス個人を攻撃すれば、必然的に西部出身のウラーンフーと東部のハーフンガの二人を連結できる。内モンゴル自治運動聯合会を率いてきたウラーンフーと内モンゴル人民革命党指導者のハーフンガが「結託」していたら、モンゴル人のあらゆる民族自決の組織を一網打尽に処すことも可能となるし、エリート階層の全滅も実現できるからである。

一九四七年五月頃からハーフンガを離れてウラーンフーに追随するようになったトグスの背中には、全モンゴル人の粛清という重い荷物が載せられた。「小さい時から日本のファシズム流教育を受けて育ったトグスには六つの大罪」があった、と『呼三司』は指摘する。

一、民族分裂を進める為の世論を作った。例えば、毛主席は「民族問題もつまるところ階級闘争だ」と論じたのに対し、トグスは「民族問題と階級問題は関連性があっても、別々の課題だと話して偉大な領袖の理論を否定していた」。

二、ソ連とモンゴル修正主義国家を称賛した。「我々モンゴルは同じ民族だ。モンゴル人民共和国の方が先に社会主義国家を創成したのだから、向こうに憧れるのは当然だ」とトグスは演説していた。

三、ソ連が「反華活動」を展開していた一九六一年前後に、トグスも人民公社制度を「批判」した。大規模な公有化制度で人民の生活レベルが悪化したとして不満だった。

四、多数の「反漢《チャイニーズ》にして民族分裂の文藝作品」を刊行した。年代記『蒙古源流』と一九世紀末の小説家インジャーナシの『青史演義』をはじめ、「分裂主義の匂いがぷんぷんする」モンゴルの小説と詩歌を出版した。

五、小中学校で使う教科書も一九六三年まで「モンゴル修正主義国家」のものを無批判的に導入してきた。内モンゴルの学生もなんと「修正主義国家の山や河の名をわが国のものだと間違って覚えてしまった」と分析している。

六、毛主席の階級闘争の理論を否定し、牧畜地域において、階級の区分を画定しなかった。

このように、自治区の最高指導者のウラーンフーだけでなく、トグスのような党宣伝部副部長のような幹部に至るまで、モンゴル人の知識人はあらゆる面で中国人が目指す社会主義制度と理論的に対立していたことが分かる。共産主義の大本営のモスクワで学んでいたことと、日本語によるマルクス・レーニンの著作を熟読していたモンゴル人知識人たちの自負が背景にあったのである。

三　トグスの背後のハーフンガ

周恩来に叱咤されたハーフンガ

トグスは「揪みだされる」前に造反派の魯迅兵団の顧問をつとめていた。一九六七年一二月一八日、魯迅兵団に属する教育庁の中国人たちは『ウラーンフー王朝は青少年を迫害する閻魔殿だ』と題する冊子を印刷して広げた（楊 2015a）。この冊子は、中国人のターゲットがトグスからハーフンガに変わった事実を示す記録である。ハーフンガを批判しながら、同時にトグスの「罪」を並べている。

一九四七年五月一日に内モンゴル自治政府は成立した。ウラーンフーは自治区人民政府の主席の要職を簒奪し、古参の民族分裂主義者にして日本とモンゴル修正主義国家のスパイ、内モンゴル人民革命党の党首であるハーフンガは自治区人民政府の副主席のポストに就いた。

批判文はこのように始まる。文章が伝えようとしているのは、西部出身のウラーンフーの延安派も東部のハーフンガの内モンゴル人民革命党も実は一つの組織で、共に「民族分裂主義者集団」だということである。どちらも純粋にモンゴル人からなっていたので、モンゴル民族全体が打倒の対象となっているのは、自明のことである。『ウラーンフー王朝は青少年を迫害する閻魔殿だ』は一〇のパーツからなる。以下は「十大罪状」の中味である。

一、ブルジョアジーの旧教育体制を維持した。政治に無関心で、ひたすら勉強する生徒を育成した。

二、ソ連修正主義国家の教育制度を導入し推進した。自治区政府は何回も調査団をハルピンなどロシア人の多い都市に派遣して、ソ連人の学校での教育経験を導入した。ソ連の制度を無批判に導入して定着させ、モンゴル人民共和国の教育方針に従った。

三、民族分裂主義者からなる内モンゴル人民革命党の党員たちを大量に教育界に就職させた。文史研究会にはサンジェイジャブと「偽満洲国」駐日大使館員のウユンダライと役人のリンチンメデグを入れた。モンゴル語研究会にはエルデニトクトフとバビリグ、アサラトを就職させた。ハイラル市第一中学校にはアチンガーを副校長に任命したし、ジャランアイル（扎蘭屯）師範学校の教導主任に金雲橋を任じ、ウラーンホト市第二中学校はナムサライを採用した、という。粛清すべきモンゴル人のエリートたちは首府のフフホト市だけでなく、地方都市へと確実に拡大していっている実態が反映されている。

四、内外モンゴルで使用する文字を統一させた陰謀がある。早くも一九四八年からウラーンフーとハーフンガの二人は「モンゴル修正主義国家のスパイであるエルデニトクトフを使って、チチハル市でキリル文字モンゴル語研究室を組織して反革命の活動をおこなった」という。二人は「キリル文字は反封建社会で、革命者の文字だ」と称賛していた。その後、中華人民共和国が成立した後に、モンゴル人たちは異なる国家に暮らしていても、言語の面で統一しよう、とウラーンフーとハーフンガは結託し、「綿密な謀略」を立てて、キリル文字を自治区に導入した。

一九五五年から自治区の教育庁が率先して「キリル文字訓練班」を組織して教師たちに「修正主義国家の文字を教えた」。一九五六年上半期になると、なんと四七三人もの教師たちが研修を終えていたという。ウラーンフーとハーフンガはまたソ連の言語学者たちを招いて講座を開き講演させた。最後には、一九五七年夏に「周恩来総理が青島でウラーンフーとハーフンガを厳しく叱咤した後に、二人はやっと不承不承にキリル文字を進める罪悪に満ちた活動を止めた」という。キリル文字の教育を受けたモンゴル人はその後、ほぼ全員が「モンゴル修正主義国家のスパイ」とされて粛清されるのである。

五、自治区の教育界を「修正主義の本店ウランバートルの支店に変えた」。「大野心家のウラーンフー」は早くも一九四六年に、「私たちはモンゴル文化を発展させる為にモンゴル語教育を普及させる。外モンゴルの先進的な文化を導入し、その書籍を翻訳する」と話していた。

ハーフンガも一九五一年にモンゴル人民共和国に留学していた息子のチョイジンジャブを

呼び戻して教科書編纂委員会に就職させた。「モンゴル修正主義国家」から帰ってきたナムジンセワン、詩人のナ・サインチョクト、内モンゴル大学のブレンサイン、「日本のスパイであるダランタイ」らが一緒になって「無数の修正主義国家の毒草を翻訳して導入し、青少年に有毒な教育を実施した」。

その結果、内モンゴルの青少年や教師たちは、「経済の面では中国の方が優れているかもしれないが、政治と文化の面ではモンゴル人民共和国に遠く及ばないとの反革命的な思想」を抱くようになったという。

六、「叛国的な文化交流」をおこなった。ウラーンフーとハーフンガ、それにトグスの三人は一九五一年に二〇人の留学生を「モンゴル修正主義者国家」に派遣し、その後も持続的に若者たちを留学させた。

派遣した留学生はみな狭隘な民族主義者たちだ。一九五七年にチョイバルサン大学に留学していた女は、右派の妹だ。彼女は何と不遜にも「私はチョイバルサンを熱愛しているが、毛沢東には何の感情もない」と話す、反動的な思想の持主だった。彼女はモンゴル人民共和国の男と勝手に恋愛した。

モンゴル人が同胞同士で恋愛しあうのも、叛国行為とされている。嘘でも中国を祖国だと「熱愛」し、日常生活の中でも中国《シナ》人を愛さなければならないという強制である。征服し虐殺しようとする民族の女性の性をコントロールしようという殖民地支配の思想である。
七、共産党の対知識人の政策を実施しなかった。
八、ウラーンフーとハーフンガは「少数民族の自治区は特殊だ」と主張し、中国の内地との差異をこと更に強調し、共産党の政策を実行に移そうとしなかった。「蒙漢兼通」という「反動的な政策」を打ちだし、モンゴル語教育を重視した。トグスはウラーンフーとハーフンガ二人の「民族分裂主義的政策」を具体的に全自治区で実施した。
九、ソ連修正主義の教育政策を無批判に導入し、知識偏重型の学校を設置した。
一〇、劉少奇の教育政策を実施した。

上で列挙した「十点の罪行」は重複している部分もあるが、最大のポイントはモンゴル人民共和国との交流を進め、キリル文字を共有するなど、「文化の面での統一を計ろうとした」ことである。同じ民族が国境を凌駕して行き来するのを、中国政府も中国人は喜ばなかったのである。

狙われた「社会的な基盤」と民族文学

中国政府の情報機関のトップ、康生は一九六七年一〇月二八日に一つの指示を出していた、と『新文化』は一二月一九日に伝えている。康生の言葉は以下の通りである。

ウラーンフーに対する内モンゴルの闘争はまだ不十分だ。ウラーンフーの罪を系統的に暴露していないし、彼はまだ快適に暮らしている。政治と経済、思想と理論の面からウラーンフーを徹底的に、不名誉になるまでやっつけよう（搞臭）。警戒しなさい。内モンゴルにはソ連とモンゴル修正主義国家のスパイと漢奸、日本のスパイと傅作義の家来どもがいる。ウラーンフーの部下もいる。複雑だ。

『新文化』紙は康生の指示を最上段に掲げて、その下に「トグスを打倒し、不名誉になるまで批判せよ（闘臭闘倒特古斯）」との社説を載せた（楊　2015a）。

トグスの反党叛国の経歴ははっきりしている。抗日戦争中に彼は日本の悪魔どもが作った建国大学に入って反革命の技を学んだ。一九四五年には内モンゴル人民革命党に参加し、この悪党集団の執行委員と青年部長、青年同盟の書記を歴任した。内モンゴルを祖国から分裂させようと活動し、共産党の指導に反対した。内モンゴルが解放された後はまたウラーンフーの陣営に鞍替えをした。……トグスは揪みだされたが、まだ彼の名誉を剥奪していない。トグスの指導下にあったウラーンフーの文藝界における部下たちもまだ粛清していない。

『新文化』の社説は直截的にウラーンフーとトグスの「社会的な基盤」を「抉りだして粛清しよう」と呼びかけている。「社会的な基盤」とは、モンゴル民族を指している。殺気立った社説を読んだ中国人たちは強烈な憎しみを無辜な先住民のモンゴル人に向けて発散していくのである。

一二月一九日付の『新文化』はまた「トグスと彼の叛国文学」と「みよ!トグスの支配下のウランバートル分社」という二篇の論文を載せた。論文は以下のに批判する。

「モンゴル修正主義国家から『アジア各国名作選』という本がでた。この本の中で、モンゴル修正主義者は何とナ・サインチョクトの国籍を「内モンゴル」とし、他のわが国の作家たちの所属を「中国」と表現した。これは、内モンゴルを独立国家として扱っている実例だ。

実に細かいところにまで批判者の目は行き届いていた。トグスの指導の下で、チンギス・ハーンに関する著書と論文の出版、年代記『蒙古源流《エルデニン・トプチ》』の再版、仏教の説話『シデイトフール物語』の整理出版など、すべては「内モンゴルがモンゴル修正主義国家を模倣した罪」とされている。「統計によると、内モンゴルの出版社は二五〇種の外国の図書を刊行したが、そのうちモンゴル修正主義国家のものが一四〇種で、ソ連修正主義者のものが九七種だ」と具体的な数字で「罪証」を挙げている。

中国人にモンゴル語学習を強制した「罪」

「蒙漢兼通は反革命修正主義にして民族分裂主義思想に基づく教育方針だ」と一九六七年一二月二二日に自治区教育庁の造反派組織が批判文を書いて公開した（楊2015a）。中国政府も中国人もモンゴル語は「立ち遅れた野蛮人の言語」で、学ぶに値しない言葉だと理解している。しかし、「反革命分子のウラーンフーとハーフンガ、それにトグスは何と蒙漢兼通こそが人民に奉仕する唯一の道だ」として、中国人にモンゴル語学習を強制した。

この点が、強烈な反発を買ったのである。何の根拠もなく自らを世界で最も優秀な民族で、自文化を世界最高のものと盲信する中国人に少数民族の言語を学ばせたことは、ただ単に単純な反感を招いていた。賢い中国人は単純な反感を隠して、ひたすらマルクス・レーニン主義の言葉でモンゴル人を断罪した。批判文は続く。

蒙漢兼通も何にも新しい現象ではない。ウラーンフーが掲げる他の反革命の看板と同様に、帝国主義と修正主義国家、それに反革命陣営から拾ってきた道具に過ぎない。大蒙奸の徳王も、ハーフンガも、封建社会の生き残りのボインマンダフもみんな封建社会の民族主義の文人インジャーナシを持ちあげて、蒙漢兼通のモデルとして称賛していたではないか。トグスが蒙漢兼通の政策を進めたのも、ウラーンフーとハーフンガの民族分裂活動を推進し、後継者を育てるためだ。

蒙漢兼通の政策は内モンゴル自治区に二〇年間にわたって施行されてきたので、大勢の民族分裂主義者が育成された、と中国人の批判者たちはみている。これも、モンゴル人全員を粛清する為の世論作りである。

ハーフンガと民族分裂主義のブラック・ライン

「内モンゴル自治区には一本のブラック・ラインがある。それは、ウラーンフーからハーフンガへ、そしてトグスにまで繋がる黒い路線だ」と教育界の造反派が出している『教育戦鼓』は一九六七年一二月二五日にそう断じた（楊2015a）。

ウラーンフーの反革命の王朝内で、トグスは教育界に蟠踞する大将だ。トグスとウラーンフーの他にもうひとりの元帥がいる。それは国賊にして蒙奸で、スパイにして古参の民族分裂主義者で、悪名高いハーフンガだ。ウラーンフーからハーフンガへ、そしてトグスに至るという民族分裂主義のブラック・ラインだ。

ブラック・ラインに属するモンゴル人は師範学院書記のテムーメバガナと医学院長のムレン、内モンゴル大学副学長バト、それに農牧学院の幹部グンガー、言語学者のエルデニトクトフ、『内モンゴ日報』社のマーニジャブ、作家のナ・サインチョクト、人民出版社社長ソドナムと体育委員会主任のボインなどだという。

では、ブラック・ラインをどのように殲滅すればいいのか。まずは「ハーフンガをみせしめにしよう」と『教育戦鼓』は主張している。『教育戦鼓』によると、ハーフンガは既にこの時点で北京からフフホト市に連れもどされて、「批判闘争を受けて三カ月以上も経つ」という。他の批判文と同様に、批判文はハーフンガの経歴を示して断罪している。その内容は以下の通りである。

「ハーフンガの父は滕海山といい、悪徳の搾取階級だった」。「搾取階級の家庭」に生まれたハーフンガは一九二九年、旗の支配者であるダルハン親王の推薦で瀋陽にある蒙旗師範学校に入り、「親日分子のメルセイ（郭道甫）の高弟」となった。ここから、「ハーフンガは日本帝国主義が宣伝するパン・モンゴリズムの毒汁を吸うようになった」。一九三一年には「日本の走狗であるガンジョールジャブや韓色旺、包善一らと共に、関東軍の直接的な指令と援助を受けてモンゴル独立を画策し、モンゴル自治軍を組織した」。

その後は更に「偽満洲国駐日大使館訓練部長」などを歴任し、数々の「罪」を犯した。日本が撤退した後はモンゴル人民共和国との統一合併を「夢想」し、「民族分裂活動」をずっと進めてきた、という。ほとんどが事実ではあるが、モンゴル人にとっては民族自決史であるが、中国政府と中国人からは「偉大な祖国を裏切った行為だ」と批判されている。

中華人民共和国が成立した後に、実権を剝奪されたハーフンガは閑職についていた。一九五四年にウラーンフーがモンゴル人民共和国の党大会に参加して帰国し、自治区においてもキリル文字を普及させようとの政策を出すと、「二人は急速に結託するようになった」、と内モンゴル言語委員会と内モンゴル哲学社会科学研究所の「東方紅」が批判する。批判者は一九五六年一月一七日にハーフンガから言語学者のチンゲルタイに出した手紙を証拠としている。

チンゲルタイ同志へ：指導者たちと責任ある同志たちおよび言語学者たちの間で、なるべく早くモンゴル語を統一させようという意見が出されている、と聞いた。これはいいことだ。最高指導者ウラーンフーもハルハ方言を基礎にモンゴル語を統一させようと考えているらしいが、貴殿もその点を把握してください。

モンゴル民族は全国で一五〇万人しかいないし、モンゴル人民共和国と合わせてもたったの二五〇万人だ。従って、可能な限り、言語の統一を急がなければならない。では、どこの方言を基礎に標準語を作るべきか。東部をベースにしたら、西部は反対するだろう。逆も同じだろう。やはり、中央部ハルハ方言を基準に標準語としよう。数年も経てば、内外モンゴルの統一した言語は形成される。……全モンゴル民族の言語統一を考える際に、何があっても、モンゴル人民共和国が私たちの内モンゴル自治区にしたがう必要はない。

このように、ハーフンガはウラーンフーの言語統一の政策を支持し、実行に移そうとした。その際、モンゴル人民共和国の中央部で話されているハルハ方言を標準語とする案にも賛成し、言語学者らが無用な論争をしないようにと指示していたのである。言語の統一により、交流もスムーズにすすむと、「民族分裂活動の危険度も高まる」とみた中国政府と中国人は当然、モンゴル人の自治政策に反対した。尚、言語学者のチンゲルタイについては、第八章で取りあげる。

一僕二主のトグスの存在価値

造反派の「魯迅兵団」は一九六七年一二月二七日に再びトグスを批判する冊子を印刷して人民大衆に配った。新しい事実はないが、批判の口調は強まる一方である。

「反革命修正主義分子にして、民族分裂主義者のトグスはウラーンフー反党叛国集団の忠実な一員であるだけでない。彼はまた反動的な内モンゴル人民革命党のボス、ハーフンガの決死隊員で、一僕二主の人物だ」

と造反派はいう。ハーフンガは十数年間にわたって自治区教育庁の庁長をつとめていた時代に、トグスはその助手を担当し、後にウラーンフーの陣営に「鞍替え」した。トグスが「光栄にも」ナンバー・スリーの「重犯」に「昇進」できたのは、彼を攻撃対象とすれば、西部のウラーンフーと東部のハーフンガという「二主」を結びつけることができるし、全モンゴル人のさまざまな自決団体をひとまとめにして「ウラーンフーの反党叛国集団即ち反動的な内モンゴル人民革命党」と断定できるからである。

この点に、「一僕二主」のトグスの存在価値が認められる。そして、教育界を執拗に攻めれば、「古参の民族分裂主義者が育成した後継者も抉りだされる」し、全モンゴル人を殲滅できるからである。ここに、中国政府と中国人の巧妙な謀略が隠されていたのである。

「ハーフンガの罪悪史を通して、その反動的な本質を見抜こう」

との文を教育庁の「ブラック・ラインをぶっ壊す連絡センター」（砸黒線聯絡站）は一九六七年一二月二八日に発行した『教育風雷』第八期に掲載した（楊 2015a）。文中には「一僕二主」の「主」のひとり、ハーフンガの経歴が整理されているが、中国人は論理的にモンゴル人の政治家たちの過去を掘り起こしている。

偉大な領袖の毛主席は次のように私たちを指導した。「国民党がどんな政党かを知りたければ、その過去をみれば現在が分かる。その現在をみれば、将来が分かる」。日本のスパイにして大蒙奸で、古参の反革命修正者、民族分裂主義者のハーフンガは一九四七年から一九六二年まで長く内モンゴル自治区の文教部長と教育庁長をつとめてきた。彼はそのボスのウラーンフーの指示に従って、反毛沢東思想と反共、反人民の罪に満ちた活動をしてきた。

上の文はハーフンガの「過去が分かれば、彼の現在と将来も分かる」との方式で断罪している。では、ハーフンガの「過去」とは如何なるものだったのだろうか。

日本のスパイにして大蒙奸で、反革命修正主義分子、民族分裂主義者のハーフンガはまたの名を滕継文といい、ジェリム盟ホルチン左翼中旗の悪徳の大牧主の家庭に生まれた。彼の父親滕海山も罪が大きく、北覇天と称されるほど人民を抑圧していた。一九三三年にハーフンガがモンゴル自治軍を組織した際に、父親の滕海山は自治軍の旅団長だった。……一九四八年に土地改革が始まり、共産党の赤い太陽が内モンゴル草原を照らすようになると、滕海山は怖くなって外モンゴルへ逃げようとした。

批判文は続いてモンゴル自治軍は瀋陽にあった蒙旗師範学校の生徒たちと「日本の走狗にして戦犯であるガンジョージャブとジョンジョージャブ兄弟、それに日本に留学して、日本のスパイになったモンゴル人からなる反革命の軍隊だ」と解釈している。この「反革命の軍は大勢の中国人《チャイニーズ》人民を殺害した」と煽っている。

ハーフンガは一九三二年から興安南省の王爺廟に駐屯する関東軍特務機関長の金川耕作と親しくなり、まもなく「偽満洲国駐日大使館」に転出した。ある時、ハーフンガとコミンテルンやモンゴル人民共和国との関係が日本側に知られたが、それも金川耕作の斡旋で不問にされた。「日本に恩義を感じたハーフンガは日本帝国主義の忠実な走狗に変身した」、と中国人は説いている。

一九三九年のノモンハン戦争を経て、翌年には満洲国とモンゴル人民共和国が国境線を引き直した。この時、ハーフンガは満洲国の主席代表として交渉にあたり、モンゴル人民共和国に有利になるようことを進めた。その為、モンゴル人民共和国から信頼されたハーフンガは一九四三年にも「修正主義者たちと接触し、緊密に結託しあった」。日本が去った後、ハーフンガは「以前にもましてモンゴル人民共和国に媚びを売って統一合併を求めた」。「統一合併が失敗に終わると、彼はまたソ連のような連邦制を中国で実施しようとした」。

客観的にみて、中国政府と中国人の指摘は事実に近い。事実だからこそ、モンゴル人が現在と将来にまた「民族分裂的な活動」を展開するのを阻止しようとして、大虐殺が断行されたのである。虐殺は正義なる革命だと中国人たちは政府を信じて行動していたのである。

四　刀を手に、馬を駆ってでる紅衛兵

赤い太陽が照らす内モンゴル

紅い太陽が照らす内モンゴル草原に赤旗がはためいている。……偉大な領袖毛沢東の指示に従い、プロレタリアートの革命派たちは馬を駆って、刀を手にしてウラーンフーの反党叛国集団の陣営に斬りこんだ。呼三司の革命的な若将軍たちは一騎当千し、文藝界にお

けるウラーンフーとハーフンガの決死隊員トグスを揪みだした。

上は一九六七年の暮れの『教育革命』誌の巻頭を飾った有名な論評である。「一僕二主」の主人たるウラーンフーとハーフンガが完全に打倒された後に、トグスの「罪」を一段と摘発しようとして、フフホト市教育革命連絡センターに属する諸団体が合同で刊行した雑誌である。『教育革命』誌は六篇の批判文からなる特集を組んだ。

特集は、一九四六年四月三日にウラーンフーの自治運動聯合会とハーフンガの東モンゴル人民自治政府が熱河省の承徳で会って開催した「四・三会議」を「民族分裂的活動の目標を定めた会合で、実質的には自由連邦運動を開始した」、と批判する。ハーフンガはモンゴル人民共和国との統一合併を理想としていたのに対し、ウラーンフーは中華民主連邦の建立を目指していたが、どちらも民族分裂主義的だと断じられたのである。

ウラーンフーとトグスはまたモンゴル語教育に「異常なほど力を入れた」と中国人は批判する。各種の学校にも党委員会があって、思想教育の強化にあたっていたが、ウラーンフーとトグスはそうした制度に熱心ではなく、ひたすらモンゴル語教育のみを重視した。一九六一年から中ソ対立が激しくなっても、ウラーンフーとトグスはソ連を批判しようとしなかった。「モンゴル人は親ソ派だ」、と中国人に映っていた事実が現れている。

内《みなみ》モンゴルのモンゴル人をどのように位置づけるのか。これは、現在も未解決の問題である。師範学院の東方紅縦隊に属す内モンゴル教育出版社の中国人は以下のようにモンゴル人の心情を分析している（楊 2015a）。

内モンゴルのモンゴル族はモンゴル人民共和国のモンゴル族とは、確かに同じ民族だ。内モンゴルのモンゴル族は偉大な領袖毛主席と偉大な中国共産党の指導により、全国人民と共に反米と反日、そして反蒋介石の革命闘争に勝ち、全国人民と運命共同体となったのである。

さすがに同じ民族であるという史実は否定されていない。否定していないから、モンゴル人が同胞の国に憧れ、同胞の国から先進的な文化を学ぼうとした行動もすべて民族分裂主義的な活動とされている。ウラーンフーとトグスが「大量にモンゴル修正主義国家の教科書をそのまま導入して使ったこと」と、「キリル文字を導入し、名詞と術語の統一を図ったことが鉄の如き反革命の証拠だ」と中国人は気焔をあげる。モンゴル人民共和国の経験を導入したことだけでなく、現場の実態に即した教育の実践なども「反革命の民族分裂主義的活動」だと論じられている。

とどめを刺された内モンゴル人民革命党

ウラーンフーとトグスがさまざまな場で発言した言葉じりを捉えて歪曲しても、限界がある。中国政府と中国人はもっと体系的にモンゴル民族全体にとどめを刺したいのである。その為には、モンゴル人の組織を狙わなければならない。内モンゴル人民革命党である。内モンゴル人民革命党がウラーンフーとトグスを動かしている、と『教育革命』は断じている（楊 2015a）。

「内モンゴル人民革命党は蒙奸と日本のスパイからなる」と中国人は書く。この「醜悪な組織」をウラーンフーとトグスはずっと庇ってきた。一九五六年七月、二人は「内モンゴル人民革命党の情況について」との公文書を配布した。公文書は、内モンゴル人民革命党の反漢と排漢《チャイニーズ》の「罪悪」を「反民族間の抑圧」に変えて、その「民族分裂主義的な活動を隠蔽した」という。攻撃の手法をみていると、やがて一九六八年七月二〇日から「内モンゴル人民革命党員を抉りだして粛清する運動」の発動は、避けられなかった惨禍であることは一目瞭然である。

内モンゴル人民革命党に及んだ場合、必然的にその創始者のひとりのハーフンガが巻きこまれる。『新文化』は一九六八年一月八日に火薬の匂いがぷんぷんとする文章、「ハーフンガとはどんな奴か」を掲載した（楊 2015a）。

このハーフンガは、一九二九年に瀋陽にあった蒙旗師範学校に入り、日本の走狗にして大民族分裂主義者であるメルセイ（郭道甫）の弟子となった。……

このハーフンガは、一九三一年に日本帝国主義者どもがわが国の東北を占領した際に、親日分子で大戦犯であるガンジョールジャブと共に、関東軍の画策に従って、モンゴル自

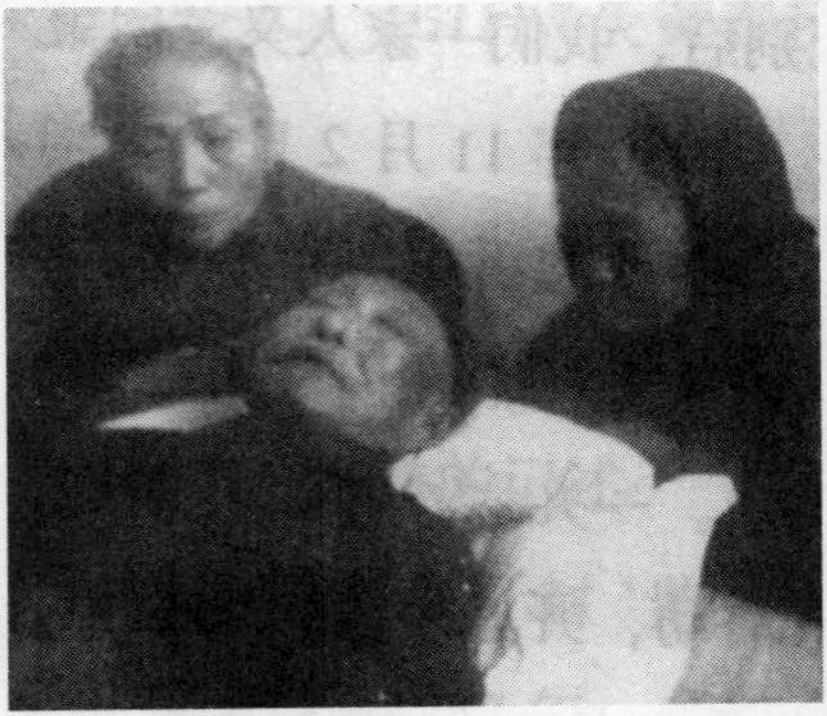

1970年11月末に中国人に殺害されたハーフンガと悲しみに暮れる家族たち。遺族によると、体中に人糞が塗られていたという。莫爾根著『我的阿爸　哈豊阿』より

治軍を作った。……

このハーフンガは、一九四五年に日本帝国主義が崩壊した後に、新内モンゴル人民革命党を組織した。

やはりこのハーフンガが、一九四六年にウラーンフーらによって共産党に入れられ、以前にもまして民族分裂的な活動を押し進めるようになった。

ここでまず注目しなければならないのは、中国政府と中国人の攻撃方法である。繰り返し「このハーフンガは」とのクリシェを用いて憎しみを喚起しているのである。

記録として残る強制的な自白

中国政府と中国人のモンゴル人を侮辱する方法は豊富多彩である。例えば、労働者の新聞『工人風雷』は一九六八年一月一五日と一七日に、二回連続して「トグスがトグス自身を論じる」という長文を掲載した（楊　2015a）。この文章はトグスの強制的な自白からなる。

編集者の内モンゴル語文委員会「東方紅」は次のように書いている。

最近、我々は複数回にわたってトグスに自白させた。その自白文を編集し、「トグスが自身を論じる」とのタイトルをつけた。我々は一字一句もオリジナルを変えていない。

では、トグスはどのように自分の「罪」を認めさせられたのだろうか。

私は一九四七年三月からウラーンフーを崇拝するようになった。彼は共産党の中央委員候補であるだけでなく、モンゴル人民共和国とも繋がっているし、コミンテルンの活動家でもあるからだ。建国後には国家民族事務委員会主任になったし、彼の話していることも国の民族政策になっていた。……いくつかの少数民族地域では問題が発生したが、内モンゴルだけは平穏で何も起こっていないので、ウラーンフーの政策が正しいと思った。

私はまたモンゴル人民共和国の政策は先進的だと思った。ソ連の先進的な政策を自国の民族文化と結びつけたところが進んでいる。内外モンゴルは同じ民族だから、モンゴル人民共和国の文化を学び、導入するのは当然のことだと思い、向こうの教科書を使った。これも、わが自治区にプラスになるからだ。一九五七年に私が自治区党委員会の宣伝部に赴任してから、ウラーンフーが推進していたモンゴル人民共和国との間で名詞と術語を統一しようとの政策に賛同した。……

「モンゴル人自身がその罪を認めた」と上のような強制的な自白を新聞に掲載すると、「罪」の信憑性も強まるし、一般的な中国人群衆の憎しみも増大する。粛清すべきモンゴル人への攻撃も一段と苛烈になる。

「孫悟空」からの暴力と江青夫人の激励

トグスの元上司のハーフンガは長く教育庁につとめていた。その為、中国政府と中国人は今度、一九六八年二月二日にトグスの宣伝部とハーフンガの教育庁の間に「ブラック・ライン」が存在すると批判しだした（楊 2015a）。毛沢東は当時、造反派の暴力行為を「天宮で暴れた孫悟空」に譬えていた。内モンゴル自治区教育庁の「革命造反戦闘隊」もまた孫悟空を自認してモンゴル人に暴力の棍棒を振り下ろした。「モンゴル語は、ソ連の先進的な経験を学ぶ便利な道具だ」、とハーフンガとトグスらが主張していたことが真っ先に中国人の怒りを買っている。

自分自身を世界で最も先進的だと信じこんでいる中国人は、他人に先進性があるとは絶対に認めたがらないので、暴力の行使に繋がる。モンゴル人が自らの自治区において、「学校の民族化」と「教師の民族化」、「教育の民族化」を求めた政策はすべて「毛沢東思想に反対し、封建的な地主と牧主、王公貴族の為のものだ」と断罪された。こうした批判には、モンゴル人が最初から母国語を放棄して、完全に「先進的な中国語を学んでいれば」、中国政府も安心し、中国人も喜んでいたとの本音が現れている。自治なんか、所詮は看板に過ぎなかったのに、それを本気で信じたモンゴル人はやはり、純朴過ぎたのである。大虐殺を招いた原因もここにある。

毛沢東の中国政府が奨励する「孫悟空のように造反した」中国人たちは一九六八年一月にモンゴル人の出版界に突入した。出版界は無数のモンゴル語の出版物を公開して、民族全体の分裂主義的な活動を煽動した巣窟であるからだ。内モンゴル大学の井崗山と内モンゴル人民出版社の「一〇一総部」などは「内モンゴル出版界における大批判連絡センター」を組織し、合同で『出版戦線』を刊行した。この『出版戦線』も「トグスを討つ特集号」を組んだ（楊　2015a）。特集はまず江青夫人が一九六七年一一月九日と一二日の夜におこなった重要な講話を掲げた。

一部の地方は乱れているが、淀んでいる水のように静かなところもある。……乱れた方がいい。敵を混乱させよう。敵を混乱させよう!! 敵に対しては、一心不乱に、適確に、猛烈に打撃を与えよう。

江青夫人の講話に励まされた出版界の中国人は次のように応じた。

内モンゴルの文化界は革命の嵐を惹き起こしている。これは内モンゴルにおけるプロレタリアート革命の発展であり、ウラーンフーの反党叛国集団に対する無産階級革命派からの第三次の総攻撃である。今回の総攻撃は、江青同志が最近、北京でおこなった講話の精神に鼓舞されたものだ。敵を混乱させよう！敵を混乱させよう！！ウラーンフーによって革命の隊伍の中に潜らせた連中を全員、摘みだそう。トグスのようなウラーンフーの残党を徹底的に駆除しよう！

上の文章は、モンゴル人大虐殺運動は決してひとりやふたりの中国人、あるいは特定の団体が暴走した結果ではない事実を雄弁に物語っている。毛沢東の指示を江青夫人は分かりやすく説明し、そして中国人が組織的に、業界ごとにモンゴル人を「徹底的に駆除」していったプロセスを証明している文書である。

出版界に植えた毒草

「毛沢東思想の偉大な赤旗は永遠に内モンゴルのあらゆる領土を占領する」と中国政府と中国人は宣言してから、具体的な事実の発見に入っている（楊 2015a）。

「内モンゴル人民出版社は成立して以来、二億冊もの本を出したが、毛主席の宝のような著作（宝書《パオシュ》）は全体の一パーセントにも達していない。ウラーンフーの文章はすべて出版されている」

と中国政府と中国人は問題視している。中国では、出版社は現在までずっと党委員会宣伝部の管轄下に置かれてきた。トグスが自治区の宣伝部副部長だった為に、「偉大な領袖毛沢東の著作」を排斥する結果となった、と批判者たちは唱えている。

モンゴル人を粛清するのに、中国政府と中国人は一九六二年に北京で起こった「反党事件」を利用した。陝西省北部出身の革命家劉志丹の弟の夫人で、作家の李建彤は小説『劉志丹』を仕上げた。しかし、まだ公開もしていなかった段階で、毛沢東ら党中央委員会の注意を引いた。

一九六二年九月に開かれた共産党第八回総会第一〇回全体会議の席上で、「小説を利用して反党活動を展開するのは、新しい発明だ」と毛沢東は発言した。ここから、かろうじて残っていた陝西省北部派の習仲勲（現党書記の習近平の父）らも軒並み失脚して行った。内モンゴルの出版界の中国人もまず、上の毛沢東の語録を利用して、トグスの主導で出版した数々のモンゴル語出版物に照準を定めた。具体的には以下の通りである。

「モンゴル修正主義国家のボス」のツェデンバルの『モンゴル人民革命党三〇年史』と『チョイバルサンの偉業と生活』

「モンゴルの修正主義分子」ジャラガルジャブの『民族問題に関するマルクス・レーニン主義のいくつかの問題』

「モンゴル修正主義分子たち」の『ダムディンスレン伝』、『トクトフ伝』、『マクサルジャブ伝』、『モンゴル革命史』、『ウイグル簡史』、ツェ・ダムディンスレン著『モンゴル語の改革に関する問題』と『モンゴル語辞典』、『新しいモンゴル語正字法』などである。以上はすべて「修正主義の毒草」であるにも関らず、トグスは次のように「自慢していた」という。

過去一〇数年の間で、私たちはモンゴルの古典文学と民間の文学的作品三五種類を整理して、二四万四千冊出版した。以前はなかなか出版できなくて、手写本の形で伝わっていた民話や口頭伝承も活字となった。

民族文化を発展させ、保護しようとする政策は「毒草を植えた行動だ」と解釈された。証拠は当然、小説や伝奇類の中にある。

大毒草の『先鋒英雄ダムディンスレン』や『人民の剛毅なる英雄マクサルジャブ』の文をみろ。「内モンゴルを漢人の殖民地から解放しよう。血肉を分かち合った外モンゴルと合併させて、統一国家を創ろう」と白い紙に黒いインクで書いているのではないか。

既に本書第二章で述べたように、モンゴル人民共和国の指導者チョイバルサンらが執筆し、一九四八年に内モンゴル自治政府が一九四八年から断続的に刊行してきた五冊の本、『先鋒英雄ダムディンスレン』などは「中国の殖民地支配から内モンゴルを解放しよう」と訴えていた。少数民族に対して殖民地統治を敷いたとの見方は、絶対に中国政府と中国人に受け入れられない学説である。

チンギス・ハーンの歴史は「反革命の歴史」

トグスの受難はまだ終わらない。まもなく中国政府と中国人は内モンゴルの歴史学界に攻めこんだ。

内モンゴルの歴史学界も、彼らが反革命修正主義と民族分裂主義思想を醸成する重要な陣地である。叛徒とスパイどもを決死隊員として集めて学界を占領し、モンゴル史を研究する名目で祖国を分裂させようとする歴史観を作った。

中国において、歴史観は政治的なイデオロギーそのものを指す。内モンゴルの歴史上、民族間の紛争が絶えなかったので、大漢族主義の抑圧からの解放をモンゴル人は一九世紀末から追い求めてきた、とウラーンフーは主張した。その為、内モンゴルの歴史学界もまた「ウラーンフーとハーフンガの反動的な歴史観に基づいて、全モンゴル民族の連携と統一、そして独立という反革命的歴史研究」を続けてきた、と中国人は怒る。「内モンゴルは清朝の殖民地だった、モンゴル人と漢人《チャイニーズ》との矛盾こそが主要な社会問題だった」とするウラーンフーとハーフンガの見解がモンゴルの歴史学界を動かしていた、と批判する。

トグスは一九四六年から『内モンゴル自治報』や『群衆報』といった新聞紙上で「ソ連とモンゴル修正主義国家の大毒草で、パン・モンゴリズムの歴史観を具現した『モンゴル人民共和国通史』を印刷して配布した」、という。中華人民共和国が成立してからも、「内モンゴルは中国の古くからの領土ではなくて、一六四四年に清朝に征服されてからのことに過ぎないと鼓吹していた」。そして、彼はことあるごとにチンギス・ハーンを称賛したのも罪となっている。

一九六二年はチンギス・ハーン生誕八百周年にあたる。内モンゴル自治区もモンゴル人民共和国も盛大な記念行事を催す準備をしていたが、ソ連の圧力をうけて、ウランバートルの政治家たちは屈服せざるをえなかった。中ソ対立の時期だったので、中国政府と中国人は逆にこれをソ連への反撃のチャンスと捉えて、チンギス・ハーンを「中華民族の英雄」だとしてモンゴル人から誘拐した。

ウランバートルでは何の記念行事もなかったのに対し、内モンゴル自治区はオルドス高原にあるチンギス・ハーンの祭殿で集会を開き、フフホト市で歴史学界主催のシンポジウムも開催された。北京の中国人は一三世紀のチンギス・ハーンを愛していたのではなく、モスクワのロシア人を嫌がらせる為だった。

文革になると、中国政府と中国人は掌を変えたように、「モンゴル人は一九六二年からチンギス・ハーンを称賛して、民族分裂の道を歩もうとした」、と批判する。その時々の政治状況に併せて、何とでも歴史を変幻自在に解釈できるのは、中国人の得意の技である。

古代史に留まらず、「現代史はもっと反革命的だ」とされた。ハーフンガが一九五八年に余元盦に書かせた『内モンゴル歴史概要』は「パン・モンコリズム史観を宣伝し、近代に入ってから、帝国主義者と結託した活動をすべて自治や独立だと改竄している」、と批判する。トグスの宣伝部が審査して一九六二年に出版を許可した『トクトフ伝』も「トクトフがいかに反漢の活動を進めたかに重点を置いている」と問題視している。「同志の皆様、これだけの反革命史観の本が出版されている。何という恐ろしい光景だろう」

と最後に批判文は中国人読者の憎しみを喚起して、一層の暴力を促している。ウラーンフーとハーフンガに次いで、三番目の「重犯トグス」を中国政府と中国人は上で例示したように批判して、大虐殺の世論を形成していった。読者には注意していただきたいが、こうした批判と断罪は決して文革中にだけ発生した特異な現象ではない。現在においても、モンゴル人が少しでも独自の歴史観を示したり、生来の自治権を主張したりすると、たちまち一九六〇年代とまったく同じようなレッテルを貼られ、逮捕されているのである。そういう意味で、文革は少数民族地域から収束していないのが事実である。

第八章　モンゴル人の祖国はどこ？

満洲国時代に近代教育を受けたモンゴル人たちは「日本刀を吊るして、日本帝国主義者に媚びを売っただけでなく、中国を祖国として見なさなかった」、と中国人は問題視している。では、モンゴル人には祖国はないのだろうか。あるとすれば、祖国はどこだろうか。これは、未だに解決されていない問題である。

一　「一三世紀のミイラ」たるチンギス・ハーン

「日本とモンゴル修正主義国家の二重のスパイ」

前章では「罪悪に充ちた活動をするトグス」の歴史について紹介した。中国政府は、トグスには忠実な「決死隊員」（死党）たちがいたと判断していた。言語学者のエルデニトクトフと内モンゴル人民出版社社長のソドナムである。エルデニトクトフは「日本帝国主義が設置した興安学院を卒業し、日本の忠実な奴隷になった者だ」。彼は「大東亜優秀青年」に選ばれて、三回も日本を訪問し、「日本人のように振る舞っていた」ことが、中国人に嫌われていたのである。

では、ソドナムはまた、如何なる人物で、どのような「民族分裂的な活動」をおこなってきたのだろうか。「内モンゴル人民出版社一〇一総部」に属す「海燕」と「前哨」という二つの団体が一九六八年四月一日に編集して刊行した『打倒ソドナム』に詳細な情報がある（楊 2015a）。

内モンゴル文化局党委員会のメンバーで、文化局副局長、内モンゴル人民出版社社長のソドナムジャムソ（以下ソドナムと略す）は、わたしたちの党と政府内に潜りこんだブルジョアジーの代表で、反革命修正主義分子にして民族分裂主義者で、日本帝国主義の忠実な走狗にしてソ連とモンゴル修正主義国家のスパイである。彼はウラーンフー反党叛国集団内の猛将のひとりだ。

ソドナムは「図書を出版して民族分裂的な活動を進めた」、と中国政府と中国人は端的に論破する。批判者らによると、ソドナムはチャハル盟ミンガン旗の「搾取階級の家庭」に生まれ、北京のモンゴル・チベット学校で学んだ後に、「日本帝国主義の懐に身を投じた」。徳王の蒙疆政権の行政院長をつとめたジョドバジャブや呉鶴齢の秘書を担当していたが、「日本帝国主義に見初められて」、早稲田大学で一年間学んだ。帰国後にはミンガン旗の総務課長のポストに就き、やがて旗長の病死にともない、旗長代理になった。

ちなみに、呉鶴齢はハラチン右旗出身のラマジャブ（呉鳳鳴）の長男である。清朝末期にモンゴル人を大虐殺する中国人の金丹道の乱のときに、ラマジャブは軍を組織してハラチンの半分を守り通したことで、モンゴル人に絶大な人気を誇っていた。呉鶴齢もその父親の精神を受け継ぎ、二〇世紀前半の民族自決運動に参加した（札奇斯欽　1985）。

ソドナムは「日本の支持の下で」、一九四二年に「反動的な蒙奸」からなる「チャハル盟モンゴル青年同盟」を組織した。この組織は「チンギス・ハーンの子孫たちは日本の援助を受けて、一致団結してモンゴルを復興させようとの目標を掲げていたが、実質上は日本のスパイ組織興亜同盟の一支部だった」、と断じられている。

内モンゴル人民出版社社長だったソドナムジャムソ

日本が南モンゴルから撤退した後、ソドナムは「日本とモンゴル修正主義国家のスパイや詩人のナ・サインチョクトと共にドロン・ノールに駐屯するソ連・モンゴル人民共和国の軍隊と会い、その時から「修正主義国家モンゴル人民共和国のスパイに変身し、諜報活動を一九六七年まで続けていた」。このような「多重のスパイ」をウラーンフーは一九四五年一一月から重用し、内モンゴル自治運動聯合会執行委員会の常務委員兼青年部長に任命した。「ソドナムの奴は、ウラーンフーに抜擢されて、出世街道を走り続けた」、と中国人は批判する。

「ソドナムはまた一九六一年に民族分裂主義者のウラーンフーとハーフンガ、ブレンサイン、トンプー、エルデニビリグらと共に、反革命の秘密組織の民族統一党を作った」と批判文はいう。この「民族統一党」はまた「統一党」と略称され、文革が発動される前に摘発された「民族分裂主義の組織」の一つとされる。文革の予行演習であるが、数百人の知識人が逮捕されていた。ここに至って、統一党にウラーンフーとハーフンガも入っていたという断罪は、モンゴル民族全体が中国政府と中国人の敵だ、と宣言したような性質を持つ。

「解放」された内モンゴルに自治は必要ない！

もう少し具体的にソドナム社長の「民族分裂的な活動」を例示してみよう。

まず、内モンゴル人民出版社は二億冊もの本を印刷したが、「偉大な領袖毛沢東の雄大な著作は一九五八年までにたったの三万二九〇〇冊しか出していない。それなのに、統一党のメンバーのひとりバボードルジが整理した民間の詩人モーオヒンの作品まで出版された」、という。

ソドナム社長の内モンゴル人民出版社とモンゴル人民共和国との人的往来と文化交流も「スパイ同士の結託」だと解釈された。一九五六年に、モンゴル人民共和国の学者ツェ・ダムディンスレンがフフホト市を訪れて、「モンゴル語の改革について」とのタイトルで講演会を開いた。その際に、「なんとダムディンスレンは現代モンゴル語をハルハ方言に基づいて統一させようと話していた」と中国人は不満である。

ダムディンスレンはオルドスにあるチンギス・ハーンの祭殿に参拝し、「多くの文化財を盗んだ」。それもまたソドナムが「盗ませた」という。実際は、モンゴル人がチンギス・ハーン祭祀に関する手写本を研究者に提供しただけのことであった。

一九五七年にモンゴル人民共和国の舞踏家ドーラムソロンがフフホト市を訪問し、詩人のナ・サインチョクトとソドナムは宴会を開いて迎えた。酒がすすみ、話が盛り上がって感涙を流した。それもまた「祖国を売り渡す為の涙だ」と批判する。ソドナムはまた「ソ連修正主義分子の作家コングロフ」の作品、『黄金の草原《アルタン・タラ》』や『アンガラ河の砦』、『草原の歌手』を出版した。英雄叙事詩『ハーン・ハラングイ』を整理して公開し「封建社会の残滓を広げた」。

「内モンゴルは殖民地だ。帝国主義と大漢族主義がモンゴル人を抑圧し、モンゴル人の資源を略奪し、殖民地統治を進めてきた」

と内モンゴル自治区の最高指導者のウラーンフーは一九四八年七月に話していた。ソドナムはウラーンフーのこの「反革命の講話」に沿って、「内モンゴルは中国の一部ではなく、内モンゴルのモンゴル人も中国の一民族ではない」という反動的な思想を持つ本を出版し続けてきた。「内モンゴルのモンゴル人は中国の一民族に過ぎないにも関らず、偉大な中国共産党が内モンゴルを解放した歴史を無視した」、と中国政府と中国人は書いている。「ソドナムは専らソ連とモンゴル人民共和国の軍隊による解放を謳歌している」。「内モンゴルは既に中国共産党によって解放されたので、何の為に自治する必要があるのか」、と中国人は自決を否定しようとしている。中国政府と中国人は最低限の歴史的な事実、即ちソ連とモンゴル人民共和国聯合軍が内モンゴルを解放したという基本的な事実まで抹消しようとしている。そして、中国人即ち漢族《チャイニーズ》がモンゴル人を解放したのだから、自治なんか必要ないと主張している。

ここに、中国政府と中国人の本音がある。中国政府と中国人から突き付けられた嘘をモンゴル人は拒否したので、ジェノサイドが発動されたのである。

チンギス・ハーンなんか、一三世紀の僵屍《ミイラ》に過ぎない。ウラーンフーと彼の支配下の内モンゴル自治区政府はチンギス・ハーンというミイラを活用して、大モンゴル帝国を復活させようとしてきた。

中国政府と中国人はこのように話して、ソドナムが主導して出版させた『元朝秘史』や小説『青史演義』、叙事詩『チンギス・ハーンの二頭の駿馬』、年代記『水晶鑑《ボロル・トリ》』の内容を批判する。小説『青史演義』には性の描写もあった。「あまりにも露骨に青年男女の性生活を描いているので、社会主義の出版社から出すには不適切な小説だ」、と中国人は書いている。あたかも中国人は性の営みと無関係な人種のような振る舞いである。

警句の内容を自覚した中国人

それたけではない。一九五六年にナ・サインチョクトとエルデニトクトフが編集して出した『モンゴルの諺』も受難した。

「自由のない幸福よりも、自由のある不幸がいい」

「自らの意思で飲んだ水は、他人の意思で飲まされたバターよりも美味しい」

「笑って頭を撫でてくる人は、あなたの首を狙っている」

以上のような諺や警句が問題視された。中国には自由がなく、モンゴル人民共和国にはある、といわんとしているだろう、と中国人は疑う。「中国人は満面の笑みを湛えて草原に現れたが、実はモンゴル人を殺してその故郷を占領したい」、との事実を風刺したのではないか、と中国人は理解している。

こうした警戒は、中国人がモンゴル人の故郷を殖民地にし、モンゴル人に何ら自治権が与えられていない現実を中国人自身も把握していることを表している。利口な中国人はモンゴル人側に不満があっても、決してそれを吐露させたくはなかったし、ましてや問題を解決しようという意図もなかったのである。これが、中国政府と中国人の少数民族観である。

モンゴル人の祖国はどこ?

一九六八年一月二八日、『教育戦鼓』はガワーを批判する記事を掲載した。一九五七年の反右派闘争時には無難で、社会主義教育運動の後半から吊るしあげられていた男である(第一、二章参照)。「ガワーは王再天と共にウラーンフーの残党だ」と新聞は冒頭の社説で論じる(楊 2015a)。

ウラーンフーの残党どもを殲滅する戦いは始まった。公安と検察、それに法律界における走資派のトップで、反革命修正主義分子の王再天と、教育界におけるウラーンフーの代理人であるガワーが揪みだされた。ガワーは民族分裂主義の急先鋒だ。

中国人はここでも王再天を「二つの顔を持つ連中」(双面料)と表現している。そして、「ウラーンフーの反革命陣営は西部トゥメト出身者の嫡系である奎壁やジヤータイ、ブヘとチョルモンと、抗日戦争の勝利後に受け入れた東部のハーフンガとトグスに代表される内モンゴル人民革命党員からなる。王再天はこの二つのグループの双方とも結びついている、二つの顔を持つ連中だ」、という。

『教育戦鼓』に文章を載せた内モンゴル師範学院「東方紅縦隊」によると、ガワーは「搾取階級の出身」で、日本統治時代には興蒙党に参加し、「日本帝国主義の力で大モンゴル帝国の復興を夢みていた」。一九五七年に「ハーフンガの後継者」として教育庁の副庁長と党委員会副書記に就任している。それ以来、ガワーは「ウラーンフー王朝の教育大臣として民族

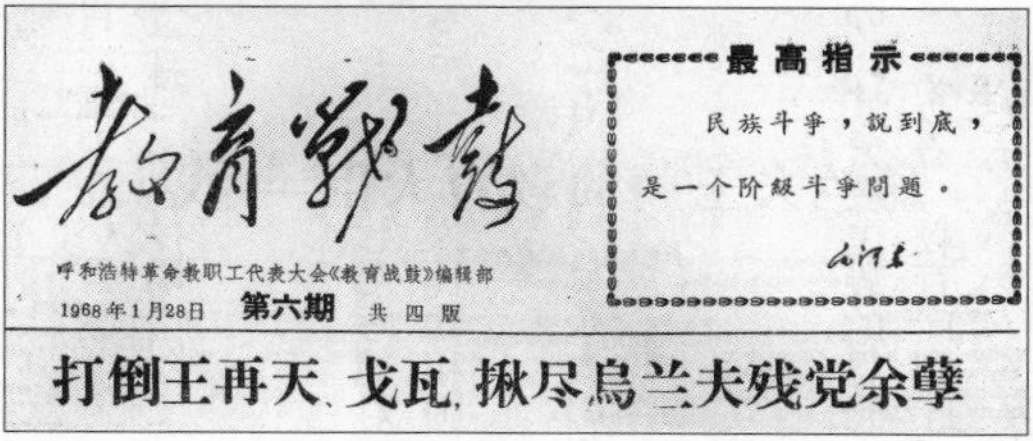

教育戰鼓

最高指示

民族斗争，説到底，是一个阶級斗争問題．

毛泽东

呼和浩特革命教职工代表大会《教育战鼓》编辑部

1968年1月28日　第六期　共四版

打倒王再天、戈瓦，揪尽烏兰夫残党余孽

上：モンゴル人の教育の近代化に貢献したガワー。彼は『元朝秘史』の専門家でもあった
下：王再天とガワーらウラーンフーの残党を批判せよと呼びかける造反派の新聞『教育戦鼓』

分裂的な活動を展開してきた」。

反右派闘争の時、ガワーは「自治区に何の自治権もないと話して、偉大な共産党の民族政策を貶した」。そして、ガワーは一九五七年二月一七日に次のように師範学院の学院長テムールバガナに「放言」した。

おれは今モンゴル人民共和国に行けなくても、定年したら絶対に行く。定年しても行かせてもらえないなら、死んだら遺骨だけでもモンゴル人民共和国へ運んでもらう。

このように、ガワーもまた国籍は中国であっても、モンゴル人の祖国はモンゴル人民共和国だと固く信じていた人物である。

「民族分裂主義の基地」のあり方

ガワー指導下の教育界には「ウラーンフーの民族分裂主義的思想を押し進める黒い基地」があった。モンゴル語専門学校（略して蒙専）である。教育庁副庁長だったガワーは誰よりも熱心にモンゴル語専門学校の充実化に取り組んだのも、「大勢の民族分裂主義者を育成する為だ」、と批判する。その断罪の方式は以下の通りである。

まず、モンゴル語専門学校の歴代の校長はすべて内モンゴル人民革命党党員だった。初代学長は「古参の民族分裂主義者のトグス」で、二代目は崔宝で、三代目は内モンゴル人民革命青年団員にして「日本とモンゴル修正主義国家のスパイであるサインウルジー」で、四代目は「チンギス・ハーン党の党員で、内外モンゴルの合併を求める署名運動の推進者で、後に自殺者したフチュン」だった。

次に、「教師陣も全員反党叛国の分子だ」。モンゴル修正主義国家のスパイたるナ・サインチョクト、右派アサラト、民族分裂主義者のロブサンとナドムド、反動的な学術権威のチンゲルタイ、蒙奸徳王の息子ガルスン、ハーフンガの息子チョイジンジャブなどである。

第三に、ガワーはモンゴル語専門学校を利用して、反大漢族主義の世論を形成した。一九五七年にモンゴル語専門学校の「右派ども」が内外モンゴルの合併を求める発言をした時、ガワーは教育庁副庁長として阻止しなかった。一九六二年、「ガワーは何と、フフホト市のモンゴル人は同化されており、モンゴル人と漢人《チャイニーズ》は分かれて居住すべきだ」と主張していた。

中国人たちは一月二四日に内モンゴル党委員会の大ホールで教育庁副庁長のガワーを批判闘争する大会を開いて、右で例示した「罪」を認めるよう怒号を上げ、暴力を存分に振るった。中国政府と中国人からすれば、モンゴル人が独自の教育機関を持つこと自体が許せない現象だったのである。

「チンギス・ハーンの亡霊にすがった」罪

「宜将剰勇追窮寇、不可沽名学覇王」は毛沢東の漢詩である。内モンゴル教育出版社の中国人たちは毛の漢詩内の字句を取って、「追窮寇戦闘隊」という造反派組織を結成した。「追窮寇戦闘隊」は一九六八年四月九日に「教育出版社におけるガワーの反革命修正主義と民族分裂主義の罪行を暴く」という断罪の本を印刷して配布した（楊 2015a）。

内モンゴル教育出版社は一九六〇年に創立して以来、「教育大綱」や教科書、課外教材などの出版物を通して、ウラーンフーが進める資本主義の復活と民族分裂的な活動に尽力した。社会主義の教育の陣地をウラーンフーの反党叛国の黒い基地に作り変えた。その黒い基地の指揮者はガワーだ。

ガワーはまず、「教育大綱」にウラーンフーが提唱していた「蒙漢兼通」政策を書きこんだ。それから、教科書内に多数の「修正主義のモンゴル人民共和国の文学作品」を入れた。一九六三年から中ソが激しく対立し、「モンゴル修正主義国家の作品が掲載できなくなると、ガワーは祖先の亡霊にすがった」。「チンギス・ハーンと封建社会の文人インジャーナシという亡霊」である。

ガワーが選んだ教材はとんでもない内容だ。例を挙げてみよう。『元朝秘史』には「アルンゴワ母の教え」という話がある。アルンゴワ母の息子たちは互いに仲が悪かった。ある日、アルンゴワ母は彼らに一本ずつ矢を渡して折らせた。簡単に折れた。今度は矢を五本ずつ渡してまた折らせたが、誰も折れなかった。そこで、アルンゴワ母は息子たちを諭

右：モンゴル人のウラーンフーを窮寇とするポスター
左：『元朝秘史』内のアルンゴワ母の「五本の矢の物語」を描いた思沁の絵。思沁・絵画『蒙古秘史』1994年より

した。「あなたたちはみな私のお腹から生まれた。ひとりずつばらばらだったら、敵にやられてしまう。みんなで団結していれば、誰にも負けない」。モンゴルの古い説話だが、ガワーはこれを使って、モンゴル人は共通の祖先から生まれ、分離できない、ということを言わんとしている。ガワーは封建社会の遺訓を使って、チンギス・ハーンの子孫たちの団結を呼びかけ、内外モンゴルの合併を促そうとしている。

『元朝秘史』内の「五本の矢の教え」は、モンゴル人に人気のある話である。ガワーがそれを教科書に書きこむよう指示するのも庁長としては当然のことである。たとえ古い年代記の中の話であっても、モンゴル人がそれについて語らいあったりすると、

「民族分裂的だ」と断罪される。

もし「内モンゴルのモンゴル人とモンゴル人民共和国のモンゴル人は異なる民族で、別々のチンギス・ハーンを祖先としている」と嘘をついて中国政府に尻尾を振っていれば、中国人も大喜びをしたにちがいない。問題は、歴史を改竄してまで中国に媚びなかったので、大規模なジェノサイドが実施されたのである。これが、大虐殺の歴史的原因の一つである。

公文書と日記

自治区の首府フフホト市の教職員代表大会は一九六八年六月一七日に『教育戦鼓』に「ガワーを討つ特集号」を組んだ。特集はまず「ウラーンフー王朝の教育大臣ガワーを打倒し、その名誉が地に落ちるまで批判せよ」(批倒批臭)と呼びかけてから、一九五七年二月一七日から一九六四年八月末までの「罪行」を時系列的に詳しく列挙している。

批判文は八頁に及び、政府公文書と師範学院の学院長テムールバガナの日記を証拠として使っている。公文書は、政府の許可がない限り閲覧できない。テムールバガナは既に中国人に打倒されていたので、その日記も没収されていた。公文書と日記を併用することで、「真実」性を強調している。一九五七年五月五日のテムールバガナの日記である。

みんな酒を飲んで、相当に酔っぱらった。ガワーと私はモンゴル人民共和国からの専門家の部屋に行き、しばらく話しこんだ。私は数日前にスレンジャブの詩を朗誦した時の心情が甦り、専門家の方も同感だという。我々モンゴル人は共通の心情を抱いている。

独立と合併が失敗し、中国の奴隷のような立場に堕ちたモンゴル人に何の自治権もない現実を、ガワーとテムールバガナ、それにモンゴル人民共和国からの専門家たちは共有していた事実が記録されている。当然、それは許されることではない、と中国人は怒る。

反右派闘争も毛沢東と政府の謀略だと分かり、出版社社長のトブシンや記者チンダマニのような大勢の同志を失った一九五八年二月三日、ガワー副庁長はまたテムールバガナ学院長と会い、悲しみを語らい合った。

ウラーンフー王朝を打倒せよ、と暴力を呼びかけるポスター

この時、ガワーはすっかり自信喪失していた、とテムールバガナの日記は伝えている。

「ガワーは修正主義のモンゴル人民共和国を称賛した罪を犯した」と中国人はいう。一九五八年一二月一〇日から翌年の一月二日まで、ガワー副庁長はウランバートルを訪問し、教育状況を視察した。彼は帰郷後にウランバートルでの礼遇ぶりや同国の青少年が近代的な洗練された環境の中で勉強し、すくすくと育っている現状をウラーンフーに報告した。それが、「修正主義を礼賛し、わが国を貶した行為だ」と認定された。

このように、中国人は他人や他国が自分たちより優れているという現実を素直に受け入れることのできない人々であることが分かる。他人や他国を正当評価する人物は常に政治的に断罪される危険性が中国にある。今日においても、その点は変わらない。

再び問われるモンゴル人の祖国の問題

中国国内の政治情勢は厳しくなるにも関らず、ガワーの「反革命の言論」は逆に「猖獗」してくる。一九六三年八月一三日、ガワー副庁長は中学と高校、それに師範学校のモンゴル語教師陣を集めた研修会で次のように発言した。

モンゴル人の祖国は一つか、それとも二つか。歴史的には大モンゴル帝国は今日のモンゴル人民共和国から勃興しているし、モンゴルはずっと統一された民族であった。共産党は漢人《チャイニーズ》の政党に過ぎない。日本人が去ってから、共産党がやってきたが、姑が変わったようなものだ。内外モンゴルが合併されていたらどんなに良かったか。自治は独立に遠く及ばない。自治区と国との関係はどのようにあるべきか。今の自治は形式的なもので、大漢族主義の支配下にある。内モンゴルは歴史上にあったモンゴル人の領土の極一部だ。中国は自治区を作ったが、それは分割統治の為だ。

中国は漢人《チャイニーズ》の祖国で、モンゴル人民共和国こそ我々の祖国だ。今、中ソ対立により、中国はモンゴル人民共和国を批判しているが、私たちモンゴル人はこうした批判で傷ついている。モンゴル語は大切されていないし、モンゴル人も同化されている。

ガワーが話した内容はどれも事実であるが、中国においては、すべて「れっきとした民族分裂の罪証」となる。彼は上で示したように講演する前の七月二七日に自治区の最高指導者のウラーンフーに呼ばれていた。ウラーンフーはその時にガワーにモンゴル語教育の強化を指示していた。当然、ガワーの発言はウラーンフーに支持された行動だと中国政府と中国人は理解した。

二　チンギス・ハーンと毛沢東の間

「古参の民族分裂主義分子」の殺害

一九六九年一月五日、ひとりモンゴル人が中国人に殺害された。ガルブセンゲである。彼の死について、文革研究者のアルタンデレイヘイは次のように伝えている（阿拉騰徳力海 1999）。

「抉りだして粛清する戦士」（挖粛戦士）の臧海賢と呉春舫ら十数人はガルブセンゲを内モンゴル人民革命党の中央執行委員兼秘書長だとみて、一一日間に一三回暴力を振るった。腰を曲げさせてから殴る蹴るの方法で虐待し、髪の毛をむしりとり、ビンタを繰り返した。手と足をぐるぐると縛ってから冬の冷たいコンクリートの床の上に九時間も放置した。食べ物と水を一切与えず、「地面に倒してから、更に足で踏みつけよう」、という毛沢東の語録通りにリンチし続けた。ガルブセンゲを凌辱していた人たちの中には二人の漢人《チャイニーズ》の女も加わっていた。ガルブセンゲは気を失ったが、それでも解放軍の軍事管理小組のメンバーたちは軍靴で彼の胸を蹴ったり、棍棒を口の中に入れたりした。ガルブセンゲは結局、全身から出血し、意識不明となった。

これが、ガルブセンゲが殺害された経緯である。では、何故、中国人はモンゴル人のガルブセンゲを重犯として扱い、殺したのだろうか。内モンゴル人民委員会機関の「叛国集団を揪みだす連絡センター」が一九六八年一一月に編集して印刷した本に彼の「罪状」が詳しく並べられている（楊　2015a）。ガルブセンゲが中国人に殺害される一年前に作られた資料である。

本のタイトルは「古参の民族分裂主義分子で、日本とソ連、それにモンゴル修正主義国家のスパイであるガルブセンゲを批判闘争する大会における発言集」である。本の「まえがき」は以下のようになっている。

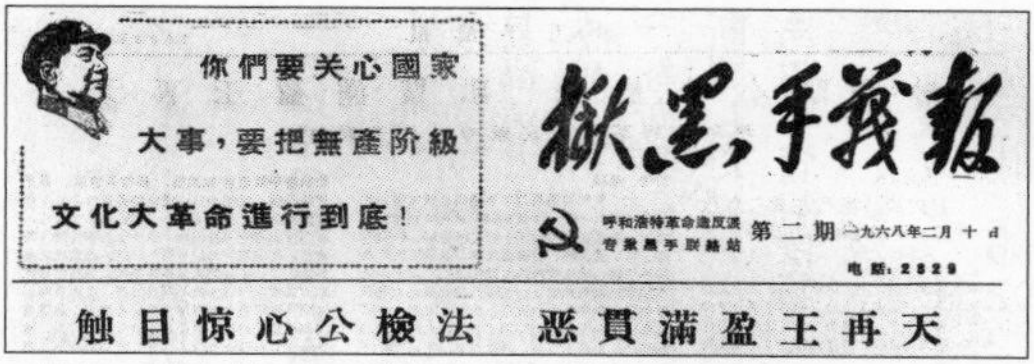
你們要关心國家
大事，要把無產阶級
文化大革命進行到底！

揪黑手戰報

呼和浩特革命造反派
揪黑手联絡站
第二期　一九六八年二月十

电話：2529

触目惊心公検法　悪貫満盈王再天

「黒い手先を揪みだす連絡センター」が発行していた新聞。王再天の打倒を呼びかけている

ガルブセンゲとはどんな奴か？彼は日本帝国主義の忠実な走狗だ。彼は内モンゴル人民革命党の中堅にして、日本とソ連、それにモンゴル修正主義国家のスパイだ。無数の罪を犯したこいつをウラーンフーと王再天らは庇い続けてきたので、人民による裁判を今日までに受けていない。それどころか、出世して内モンゴル人民委員会副秘書長兼外事弁公室副主任、語文委員会副主任の要職に就いた。彼は二十数年間にわたって毛沢東思想に反対し、ウラーンフーが進める祖国を分裂させる活動に参加して、党と人民に多大な罪を犯した。……

ガルブセンゲは日本帝国主義の時代に出世していたし、ハーフンガの東モンゴル人民自治政府の時代にも偉くなっていた。そして、ウラーンフーの王朝内でも昇進していた。……

一九六八年一月二四日に内モンゴル人民委員会機関の「叛国集団を揪みだす連絡センター」と計画委員会の「黒い手先を揪みだす連絡センター」が合同で古参の民族分裂主義分子にして日本とソ連、それにモンゴル修正主義国家のスパイであるガルブセンゲを批判闘争する大会を開いた。これは素晴らしい大会で、プロレタリアートの威風を高め、敵の勢いを圧倒した。

このように、モンゴル人エリートに冠されていた「罪」は多く、「日本とソ連、それにモンゴル修正主義国家のスパイだ」という多重のレッテルが貼られている。

「日本の悪魔どもに恭順だった」スパイ

中国政府档案の公文書によると、ガルブセンゲは「封建的な地主の家庭」に生まれ、一九三六年九月に満洲国陸軍興安軍官学校に入ったという。「ガルブセンゲは日本の特務である日高清と志岐らの門下生となり、日本人の主人たちに恭順だったので、日本の悪魔ども（日本鬼子）に可愛がられていた」。

紅衛兵の機関紙『呼三司』も一九六八年八月二四日に長い批判文を載せてガルブセンゲを断罪した。一二頁に及ぶ批判文は政府が厳密に保管していた档案を活用して書かれたものである。資料は語る。

賊ガルブセンゲは、一九一九年に吉林省双遼県柳条溝屯の大地主の家庭に生まれた。祖先三代にわたって地主で、四千畝余もの土地と群を成す家畜を所有していた。雇人も常時二〇〜三〇人はいたし、私兵も養って、人民を搾取していた。……

興安軍官学校を一九四〇年七月に出た後、賊ガルブセンゲは通遼の銭家店に駐屯する興安軍騎兵団で見習をし、機関銃中隊の中尉小隊長となった。そして、一九四二年一〇月に

呼三司
呼和浩特市大中（专）院校
紅卫兵革命造反司令部
一九六七年八月二十二日
第十八期
呼三司等革命造反派和解放军指战员隆重集会
热烈庆祝毛主席第一次接见红卫兵一周年

中国全国に名を轟かせていた紅衛兵新聞『呼三司』

日本軍の一七七部隊に入って、三カ月間ファシズムの訓練を受けた。

賊ガルブセンゲは金川耕作特務機関長に見初められて、一九四二年に日本に送られている。神奈川県にある陸軍士官学校の留日満生隊にいた頃は日本人に媚びを売り、可愛がられていた。一九四三年には留日満生隊の中隊長で、スパイでもある江波少佐の支持の下で、一六名からなる勇士団というスパイ組織を作り、八月には富士山の麓で訓練をした。

日本にいる間のガルブセンゲは満洲国駐日大使館につとめていたハーフンガと「結託して興蒙団を作って、民族主義の勢力を拡大した。日本の陸軍士官学校もそれを知っていたが、特に取り締まることはなかった」。

一九四四年春、賊ガルブセンゲは優秀な成績で陸軍士官学校を卒業した。ここで彼は日本の昭和天皇から恩賜として懐中時計を与えられた。彼は以前に満洲国の傀儡皇帝溥儀からも恩賜の時計を与えられていた。溥儀と昭和天皇の恩義を彼は忘れずに、一九六六年に文革が始まるまで、ずっとその二つの懐中時計を肌身離さず愛用していた。「世界には訳のない愛なんてない。愛にはそれなりの理屈がある」と毛主席はおっしゃった。中国人民の鮮血で両の手を染めた溥儀と昭和天皇から与えられた時計をガルブセンゲが愛用していた事実は、彼が売国奴であることの鉄の如き証明だ。

ガルブセンゲは一九四四年四月に帰国して長春に戻り、満洲国軍事部情報科にしばらく勤務してから、母校の興安軍官学校の中尉区隊長として任官した。「興安軍官学校では、彼は日高清と張ニマ、ドグルジャブらと結託していた」という。ドグルジャブと日高清は校附室につとめ、張ニマは少年科第三連の上尉連長だった（満洲国軍刊行委員会 1970; 楊 2014b）。

「ガルブセンゲは頻繁に王爺廟に駐屯する五三部隊の松浦部隊長と部隊付の志岐、張ニマとドグルジャブらと反ソの秘密集会を開いていた」と批判者はいう。すべては政府の公文書から書き写してきた証拠である。

「中国人民に対して罪を犯した」対外活動

「日本が撤退した後、ガルブセンゲは毛主席が指導してきた中国人民の抗日の果実を盗んだ」

と中国人は書く。内モンゴル人民革命党員のハーフンガとアスガン、張ニマとドグルジャブ、それにガルブセンゲらは「祖国の統一を破壊し、民族を分裂させようとして内外モンゴルの合併を進めた」。「祖国の分裂を図ったことは、人民に対する二度目の犯罪だ」、と断罪されている。

中国人の批判文は「賊ガルブセンゲ」が一貫して情報畑を歩いてきた経歴を問題視している。彼は情報関係者だったネットワークを活用してモンゴル人民共和国の諜報員であるバンザラクチと緊密に連絡し合い、一九四五年冬にハーフンガらがウランバートルを訪問した際も同行していた。「嗅覚の鋭いガルブセンゲ」は、内外モンゴルの統一合併が不可能だと知ると、一九四六年九月に中国共産党に潜りこみ、翌一九四七年五月一日あたりから「一僕二主」の立場を取るようになった。「旧主のハーフンガを離れてウラーンフーの下僕になった」。最初は日本のスパイで、国際情勢の変化に従い、次にはモンゴル人民共和国とソ連のスパイとなり、一九六六年まで活動してきた、と中国人は判断している。日本側とモンゴル人民共和国、それにソ連側のカウンターパートナーたちの名前もすべて具体的に示されているので、政府の档案とガルブセンゲ本人の自白に依拠して作成されたとみてよかろう。

実際、二〇世紀のモンゴル人は中国からの独立を獲得しようとして日本やロシアの力を借りようとした。日本が敗退した後は、ソ連が唯一の後ろ盾となった。同胞の国、モンゴル人民共和国との統一は不可能だとスターリンのソ連にそう宣告された後は、共産主義者を標榜する中国人を信じるしかなかった。しかし、日本を利用した歴史も、ソ連やモンゴル人民共和国と共闘した過去も断罪されてしまうと、もはや逃げる道は残されていなかった。俎上の魚となって、中国政府と中国人によって好き勝手に解体される運命しかなかったのである。ガルブセンゲの一生は、モンゴル民族全体の縮図である。

中華人民共和国になっても、ガルブセンゲは「中国人民に対して、罪を犯し続けた」。一九五六年に「ソ連のスパイが学者だと称して」内モンゴル自治区に来た時に、外事弁公室副主任のガルブセンゲは彼に百冊もの本を贈呈して、「情報を漏らした」。同じ年にある「日本人のスパイ」がやってきた際も、彼をハーフンガに会見させるなどして便宜を図った。批判する中国人たちは「日本人スパイ」の名前を示していない。

チンギス・ハーンと賊ガルブセンゲ

モンゴル人民共和国は一九五九年二月にフフホト市に総領事館を設置した。「内モンゴル自治区人民委員会の外事処処長だったガルブセンゲは総領事館の館員たちと結託し、内外モンゴルの統一合併を進める為の謀略活動を展開した」、と中国人は指摘する。総領事館の館員は漢族《チャイニーズ》に冷淡で、モンゴル人には親切だったことが証拠だとされている。

モンゴル人民共和国の総領事ダシはシリーンゴル盟を視察してから、モンゴル人が中国に同化されていると発言し、外交官の自分が中国の公安関係者に監視されているのにも不満を表明した。この時、ガルブセンゲはダシ総領事を擁護した。

一九五七年六月にガルブセンゲはダシ総領事と共にオルドス高原にあるチンギス・ハーンの祭殿を訪れて参拝した。二人は一緒に供物を献上し、「チンギス・ハーンはわがモンゴル民族の共通の祖先だ」と話していた。こうした行為をみた中国政府と中国人は、「共産党員として、大奴隷主にして大封建主義分子のチンギス・ハーンを共通の祖先とみなすことは論外だ」、と論じる。

中国政府と中国人は、モンゴル人が異なる国家に暮らしていても、チンギス・ハーンを民族の共通の祖先と認識することに危機感を抱いてきたことが分かる。この点は、現在も変わらない。

内モンゴル自治区人民委員会の「文教弁公室の紅旗戦闘隊」もガルブセンゲがチンギス・ハーンを崇拝していたと批判する（楊　2015a）。チンギス・ハーン祭殿内の壁画を賞賛した行為が「罪」だという。中国人は以下のように分析している。

壁画はチンギス・ハーンによる統一を称賛している。チンギス・ハーン時代のモンゴル人たちは幸せだった、と謳歌する内容だ。チンギス・ハーンを礼賛することで、偉大な社会主義を貶し、民族間の団結を破壊しようとしている。……昔のチンギス・ハーンは即ち今日のウラーンフーだろう。ウラーンフーも「チンギス・ハーンの子孫たちは団結しよう」と話していた。ウラーンフーは実際にチョイバルサンと団結していた。チンギス・ハーンがモンゴルを統一させた功績こそが、ウラーンフーの夢だったのではないか。

ナショナリストたちはみな栄光の歴史を復活させようと努力する。ガルブセンゲのようなモンゴル人エリートたちの思想も世界の民族主義者たちと大差ない。大国同士の謀略による産物、「ヤルタ協定」でモンゴル民族の統一合併こそ失敗したものの、チョイバルサンがモンゴル人民共和国を、ウラーンフーが内モンゴル自治区をそれぞれにリードしていても、共通の祖先と共通の歴史を共有するという思想は消えない。消えないから、中国政府と中国人に敵視され、大虐殺の口実とされたのである。

中国人の太陽神を攻撃したモンゴル人

文革前の一九六四年から社会主義教育運動（四清）が始まっていた。ガルブセンゲはフルンボイル盟の西シンバルガ旗と東シンバルガ旗の「四清前線」にいた。

「彼は毛主席の階級闘争論を宣伝しないで、終始にわたって現地の民族分裂主義者たちを庇い続けた」

と内モンゴル人民委員会の「ブラック・ラインを抉りだして粛清する紅旗弁公室」の中国人たちは報告している。モンゴル社会には階級が存在しないので、搾取階級を暴力的に闘争したり、彼らの財産を没収したりしてはいけない、とウラーンフーは「三不両利政策」を出していた。ガルブセンゲもまた忠実にウラーンフーの政策を執行していただけである。

「ガルブセンゲは、中国人民が心から崇める偉大な紅い太陽の毛主席を攻撃した」

と断罪されている。

一九六二年、毛主席は北戴河で会議を招集し、天才的に、創造的に新しい理論を出した。資本主義から共産主義への過渡期においては、プロレタリアートとブルジョアジーとの階級闘争が存在するし、社会主義と資本主義との路線闘争も存続する、との理論だ。これは、マルクス・レーニン主義に対する毛主席の偉大な貢献だ。ガルブセンゲは何と悪意から「北戴河会議は国際情勢を見誤っている」と自治区の局長級会議で発言して、毛主席を侮辱した。……我々の心の中の最も紅い、最も紅い太陽（最紅最紅的紅太陽）である毛主席を攻撃する奴は、万死に値する。

「最も紅い」、と二度も繰り返して謳歌されている毛沢東はまるで中国人の太陽神のようである。「太陽神」を侮辱したことも一因となり、モンゴル人のガルブセンゲは中国人に惨殺されたのである。

三　日本の「奴隷」たち

日本が育てた医学者

一九六八年一月一五日、内モンゴル自治区政府の宣伝と教育機関の配下にあった「直属機関魯迅兵団」と「衛生総部」、「内モンゴル衛生庁三・一八兵団」が合同で「三反分子のホルチンを打倒せよ」との冊子を印刷した（楊　2015a）。冊子の「まえがき」である。

わが自治区の衛生戦線の革命派は毛沢東思想の偉大な紅旗を高く掲げて、現代の殿様たるウラーンフーの忠実な部下で、衛生部門における走資派のホルチンを揪みだした。これは、毛沢東思想の勝利だ。

では、ホルチンとはいかなる人物なのか。「ホルチン、男、モンゴル人で、五二歳。一九一六年にウラーンチャブ盟ウラト西公旗のメルゲン・スメ寺の出身で、一八歳から反動的な生涯を歩んできた」、と中国人はいう。彼の名は正式にはホルチンビリクである。メルゲン・スメ寺は全モンゴルにその名を知られた名刹である。ほとんどの寺院の僧侶がチベット語で経典を読むのに対して、メルゲン・スメ寺だけがチベット語の経典を積極的にモンゴル語に翻訳して、モンゴル語で読誦してきた歴史を有する。モンゴル語で読まない限り、モンゴル人信者も仏教の神髄は分からないとみて、仏教のモンゴル化に貢献した伽藍である。当然、メルゲン・スメ寺の僧侶たちもモンゴル人から尊敬されていた。ホルチンは、このような文明的な風土が濃厚な草原に生まれ育ったのである。

批判文によると、ホルチンは一九三四年八月に三公小学校を卒業して、包頭に置かれていた国民党中央政治学校包頭分校に入った。この政治学校の校長は「罪深い蔣介石」だったので、「ホルチンは蔣介石の寵児となった」。

包頭をはじめ南モンゴルの西部は後に徳王のモンゴル自治邦（蒙疆政権）の治下にあった。

新文化

内蒙古宣教口 新文化编辑部

第十七期　一九六八年二月十七日

告诉卫生部，卫生部的工作只给全国人口的百分之十五工作，而且这百分之十五主要还是老爷，广大农民得不到医疗，一无医，二无药。卫生部不是人民的卫生部，改成城市卫生部或老爷卫生部或城市老爷卫生部好了。

毛泽东

密切注視卫生界阶級斗爭的动向

右：ホルチンビリク
左：衛生界の階級闘争を呼びかける『新文化』紙

ホルチンは政治学校から卒業してからは、徳王政権がベーレン・スメ寺（百霊廟）に設置した学院で教え、徳王の信頼を得ていたので、一九三七年四月に選ばれて日本に留学した。日本では善隣高商特設予科で一年間日本語を学んでから陸軍士官学校を志望したが、途中で意思が変わって、医学を勉強した。一九四二年九月に帰国した時に、「ホルチンは既に完全に日本のファシズムを身に付けて、日本の奴隷になりさがっていた」、と中国人は断じている。

日本滞在中のホルチンは、「大蒙奸のハーフンガが作った反動組織の留日同郷会に加わり、日本のスパイで、鉄血団分子のデレゲルチョクトと結託していた」。一九四五年五月、ホルチンは「デレゲルチョクトをボスとする内モンゴル青年革命党」の党員となった。「内モンゴル青年革命党」の武装部長は日本の陸軍士官学校を出たゴンブという尉官だった。「解放後、ホルチンは日本のスパイであるデレゲルチョクトを庇い続け、中医研究所のモンゴル医学の通訳に任命した」、という。

ホルチンは特に「日本帝国主義者から学んだ医術を使っ

て、蒙奸と日本人に奉仕していた」。一九四三年には日本が作った『チンギス・ハーン』という映画の通訳を担当し、同年五月には「偽蒙疆政権の医学代表団を引率して東京に行き、東亜医学会に参加して、反革命の活動を展開した」。「ホルチンは医者の白衣をまとって、徳王と日本の為に反革命の活動を進めてきた」、と中国人は断罪する。

日本語の本を読む民族分裂主義者

日本の撤退が始まった一九四五年八月、ホルチンは先頭に立って、モンゴル自治邦高等法院（裁判所）院長のボインダライと駐日大使のテゲシブヤン（王宗絡）、交通部長のムゲデンボー、経済部長のジャラガルらと共に「内モンゴル民族解放委員会」を組織した。九月二九日、「内モンゴル民族解放委員会」は徳王の宮殿が置かれていたウンドゥル・スメで内モンゴル人民共和国臨時政府の樹立を宣言した。ホルチンは臨時政府の執行委員兼内政部副部長となった。モンゴル人が民族自決を目指して設置した臨時政府を中国政府と中国人は「徳王のいない徳王政権で、実質上は日本のスパイと蒙奸からなる反革命政府だ」、と位置づけている。

内モンゴル人民共和国臨時政府もハーフンガの内モンゴル人民革命党政権と同様に、同胞の国、モンゴル人民共和国との統一合併を熱望していた。しかし、大国同士で勝手に結んだ「ヤルタ協定」で統一が阻止されると、南下して内モンゴルを解放したモンゴル人民共和国の軍隊も撤退せざるを得なくなった。一九四五年秋、モンゴル人民共和国軍のある中校から別れを告げられると、ホルチンは「私もモンゴル人民共和国に近い北部国境付近で活動する」と約束した。

二人はその後、無線で連絡し合っていた。一九五八年、モンゴル人民共和国の国会代表団の秘書長ジンバがホルチンと会い、「チョイバルサン元帥にはまだ内外モンゴルを統一する意思がある」と伝えていた。

ホルチンは一九五九年から自治区の衛生庁の庁長兼党委員会書記となり、包正やイダガスレンら日本統治時代に育った知識人を大量に医学界に採用して、「ウラーンフー王朝の衛生大臣として、忠実に民族分裂の活動を進めた」。「人間は、ふだんからどんな本を読んでいるかをみれば、その性格も分かる。ホルチンはいつも日本語の『蒙古踏破記』や『蒙古と青藏』を読んでおり、その反革命の本性も分かるだろう」

と中国人は怒っている。

「もはや我慢も限界だ、ホルチンに死を」

と批判文は最後に締めくくる。私が別の医学者から聞いた証言によると、ホルチンは中国人からリンチされていた時期には既にひどい気管支炎と肺炎を患っていた。それでも、長期間にわたって暴力を振るわれて殺害された。亡くなった後、中国人は「ホルチンは毒を仰いで自殺した」とのデマを広げた。

「落水狗のモンゴル人」

「知識界の牙城は大学だ」と判断した中国人は自治区の各大学につとめるモンゴル人に猛攻撃の照準をあてた。一九六七年一二月二三日、各大学の中国人教職員と学生らを中心に、師範学院の副学院長兼書記のテムールバガナ、内モンゴル大学副学長のバト、農牧学院長のゴンガー、医学院長のムレンと教師のサインウルジーらを凌辱する大会を開いた。

大会後の一二月三一日に、自治区教育庁の「ブラック・ラインを打ち壊す連絡センター」(砸黒線聯絡站)は『教育風雷』誌の第九期に「水に落ちた犬(落水狗)、テムールバガナを痛打せよ」との特集を組んだ。モンゴルを代表する知識人は「水に落ちた犬」とされたのである(楊 2015a)。

元内モンゴル師範学院党委員会書記兼教育庁副庁長で、古参の民族分裂主義者のテムールバガナは早くも一九六四年から革命的な群衆たちから問題視されていた。彼はウラーンフーをボスとする反党叛国集団のトグスらに守られて、何ら処分を受けずに今日に至った。

右の批判文から分かるように、モンゴルの知識人たちは文革前の一九六四年あたりから少しずつ粛清されていた。批判文内の記述はモンゴル人がいうところの、「文革的な政治手法は一九六四年から」との見解と一致する（楊 2009b）。特集記事によると、中国人はテムールバガナの日記を没収して、その「民族分裂的な内容」を分析していたという。テムールバガナの日記が教育庁副庁長ガワーの断罪にも使われていたことは、上で述べた。テムールバガナは次のように抵抗していた。

　私は民族分裂的な活動をしたことはない。私の日記の中の誤った記述やふだんの仕事の中で犯したミスを利用して、事実を歪曲して政治的に断罪している。何の根拠もなく、私に反党と反社会主義の民族分裂主義分子のレッテルを貼っている。

「証拠」はある、と中国人は反論する。日記の中には、「モンゴル人民共和国をモンゴル民族の祖国とみなす記述があるのではないか。また、「私はモンゴル人であることを誇りに思う。歴史を誇りに思うと同時に、現状を悲しんでいる」と書いている。「ある民族が他国において、どんなに平等な地位を与えられたとしても、独立国には及ばない」ともあった。どれも、「確固たる民族分裂主義的な思想だ」と認定された。

　文革の嵐が内モンゴル自治区を席巻した歴史を語る時に、内モンゴル大学のバト副学長の遭遇を書かざるを得ない。バト副学長は一九六八年四月から自由を失っていた。内モンゴル軍区政治部副主任のボインジャブが四月二四日から連続一八時間にわたって拷問にかけられて、バトら三〇数人を「民族分裂主義者のメンバー」として自白したからである（図們　祝東力 1995)。夏の七月二二日に、内モンゴル大学「八一戦闘隊」は「バトとジェブのグループに警告を発する」との批判文を配布した（楊 2015a)。

内モンゴル大学の創立以来の一〇年の歴史は、階級闘争の歴史である。二つの階級間の闘争は非常に激烈である。早くも創立当初から、ウラーンフーとハーフンガ、それにトグスらは大学を反党叛国の基地にしようとしてバトとトブシンのような奴らを配置した。

内モンゴル大学は一九五七年に創設され、ウラーンフー自身が学長を兼ねていたが、実務はバトやトブシンら東部出身の知識人たちに任せていた。東西の地域間の対立を凌駕して自治区を発展させようとした布陣である。そのことが、中国政府と中国人の目には、「ウラーンフーには明暗二つの陣営、即ち西の延安派と東の偽満洲国の内モンゴル人民革命党員たちだ」と映ったのである。どちらも実質上のボスはウラーンフーだとされたのである。

「ウラーンフーとハーフンガ、それにトグスの決死隊員であるバトを揪みだして見世物にせよ」

と内モンゴル大学の「井崗山八一戦闘隊」は一九六八年一月一〇日に『教育戦鼓』紙上でそう呼びかける。バトの「罪」は以下の通りである。

ゴルロス前旗に生まれたバトは、一九四二年に日本が作った「偽満洲国」の新京工業大学に入った。彼はその時から「日本の走狗にして大蒙奸ハーフンガに追随して、モンゴル復興という反動的なスローガンを掲げて、トグスらと共に日本のスパイとなった」。日本が満洲から去った後、バトはハーフンガから指示されて、内外モンゴルを合併させようと活動した。「ヤルタ協定」で統一の情勢が不利だと分かると、モンゴル人民共和国の軍人たちに示唆されたバトは、「トグスと共に悪名高い統一を求める署名運動を展開し、民族分裂活動の先頭に立っていた」。

中華人民共和国になった後に、トグスらは、内モンゴル大学は重要な世論形成の陣地だと分かり、バトを副学長兼党委員会副書記に任命した。バトは「民族分裂主義者にしてモンゴル修正主義国家のスパイ」であるブレンサインを講師として採用した。

また、彼が教えた学生のプルブーは一九六二年にフルンボイル草原から外国へ逃亡した。一九六四年になると、「バトは更に作家のオドセルとマルチンフー、詩人のナ・サインチョクトらを庇って、社会主義教育運動を乗りきった」。マルチンフーの名作『茫々たる草原』を絶賛していたのも、バトの「罪」だと中国人いう。批判文はバトなど各大学の学長らを一カ所に集めて殴打を加えた行為を次のように位置づけている。

　テムールバガナとバト、ゴンガーとムレン、サインウルジーと呼群《フチュン》らを批判闘争した大会の開催により、我々は運動をウラーンフーとハーフンガ、それにトグスからなるブラック・ライン（黒線）を打ち壊す運動と結合できた。テムールバガナとバト、ゴンガーとムレン、サインウルジーとフチュンらがいかにウラーンフーとハーフンガ、それにトグスから具体的な指示を受けていたかの事実が明らかになった。彼らが協同して進めてきた反革命修正主義と民族分裂活動の実態も解明できた。

上が、モンゴル人の知識人たちを一掃する大会の狙いだったのである。部下にリンチを加えれば、その上司の「罪」を吐く。上司の「罪」が確定すれば、「落水した走狗」どもの運命も決まる。すべて中国独自の断罪方式である。もはや、モンゴル人に逃げる道は用意されていなかったのである。

鮮血の代償と歴史の真相

内モンゴル大学の造反派組織で、「ブラック・ラインに属す者を抉りだして粛清する連絡センター」は「バト専案組」を作った。専案組とは、「反党叛国の案件を専門的に取り調べる組《グループ》」の略称である。「バト専案組」は一九六八年三月八日、即ち国際婦人デーに「バトとハーフンガの醜悪な関係史」という文を公開した（楊 2015a）。

バトを内モンゴル人民革命党に入党させたのは、ほかでもない同党の最高責任者のハーフンガだった。ハーフンガとトグスは一九四二年から若きバトを知っていたが、バトがそのずば抜けた能力を発揮したのは、日本が敗退した後の一九四五年八月一五日の直後だった。批判文はいう。

バトらは内モンゴルを祖国の大家庭から分裂させようと企んでいた。モンゴル人民共和国の軍隊が内モンゴルに入ったと聞くや否や、彼は早速、韓国盛と共にジャラン・アイル（扎蘭屯）からハイラルに行き、モンゴル軍の中校と会い、内外モンゴルの統一合併を要請した。モンゴル軍の中校から指示を受けたバトはただちにウラーンホト（王爺廟）に走り、ハーフンガに会った。「内外モンゴルの統一は民意にかかっている」というモンゴル軍側の意図をハーフンガに伝えた。

「あなたは実に良いニュースを持ってきた」、とハーフンガは大いに喜び、そこから「悪名高い内外モンゴルの統一合併を求める署名運動を開始した」。その後、バトはまたハーフンガの命令に従って故郷ゴルロス前旗に戻り、反動的な上層人員のトテケチらと結託して反革命の武装勢力を作った。同年一二月、バトはハーフンガに追随して長春に入り、ソ連軍の少校であるサンジェイに会った。サンジェイはブリヤート・モンゴル人で、内外モンゴルの統一合併を強く支持する人物だった。一九五七年に至るまで、サンジェイはまだハーフンガと結託していた。

日本が敗退した後の内外モンゴルの統一合併を目指す運動にバトが深く関与していた事実が暴露されている。繰り返し指摘するが、こうした歴史は文革発動までは極秘とされていた。あたかもモンゴル人は最初から中国を熱愛し、中国人の支配を選んだ無能な輩のように教科書やメディアは宣伝していた。ここに至って、実は別の真相があったと明るみになっている。これも、政府が保管していた極秘の档案類を造反派の中国人に提供しない限りは、日の目をみることは絶対にできない真相である。モンゴル人は中国政府と中国人に断罪され、大虐殺されるという鮮血の代償を払って、歴史の真相に接することができたのである。

同胞を中国人に売り渡す

内モンゴル大学の受難は続く。同大学講師で、言語学者の「チンゲルタイを揪みだせ」、と内モンゴル大学「井崗山」という造反組織は一九六八年六月二四日に『全無敵』誌に批判文を載せた。チンゲルタイは「人類の害虫」だとされている（楊 2015a）。

> チンゲルタイはウラーンフー反党叛国集団の青写真を作った人物のひとりで、クーデターの推進者だ。……彼はまず徳王に追随して日本のファシストたちに跪拝した。それからまた大蒙奸のハーフンガに一時従い、最終的には現代の殿様のウラーンフーの陣営に加わり、親日反漢《チャイニーズ》、反党叛国の大モンゴル帝国の復活を目指して活動してきた。……このようなチンゲルタイがもし死んだふりをするならば、遠慮せずに極楽浄土へと彼を送ってやろう！

「極楽浄土へと彼を送ってやろう！」

と上の文章は暴力を喚起している。チンゲルタイはウラーンフーが進めてきた「内外モンゴルの言語の面での統一政策」の立案者のひとりとされた。ここから、内モンゴル大学のモンゴル語科の出番が求められた。モンゴル人大学生たちに「政治的な立場を示せ」との利剣が首につきつけられたのである。もし、父祖たちの思想に共鳴したら、たちまち粛清される運命にあった。モンゴル人大学生たちも中国政府と中国人に忠誠を誓って、仲間を売り渡さなければならなかった。内モンゴル大学モンゴル語科の学生は以下のような文を書かされた。

チンゲルタイは一六歳から蒙奸の徳王の傘下に入り、呉鶴齢の保護下で日本に留学した。抗日戦争に参加せずに日本に行ったのである。日本ではまた「モンゴル同郷会」に参加し、帰国後には裏切り者の孔飛の紹介で革命の隊伍に潜りこんで、ウラーンフーの私設秘書となった。ウラーンフーがキリル文字を内モンゴルに導入した際に彼はハーフンガと共に「文字改革委員会」の副主任になった。彼はその時からウラーンフーとあばた顔のエルデニトクトフ、それにハーフンガと結託して内外モンゴルの文字統一の為に犬馬の労を尽くしてきた。

内モンゴルとモンゴル人民共和国は同じ民族で、同胞同士である。同胞同士で近代化の道を歩もうとして名詞と術語を統一させようとしていた事実が、モンゴル人の口から批判されたことになる。モンゴル人の「反党叛国の罪」はモンゴル人の口で暴露される、という中国政府と中国人の政治的な手法である。これによって、中国政府と中国人は正義の行動をしている、と表明しているのである。

文化財を共有した罪

中国人は実に細かい事例を発掘して、モンゴル人の罪証だと認定した。事実に即して民族分裂主義者たちを一掃している、との姿勢である。一九六八年五月二二日、『新文化』は「テムールダシ事件と『アルタン・ハン伝』紛失事件からエルデニトクトフの反党叛国の罪行をみよう」との文を公表した（楊 2015a）。以下はその一部である。

一九五六年、国際的に修正主義思想が氾濫していた頃に、ひとりの神妙な人物がモンゴル修正主義国家からこっそりと祖国の北部辺境の内モンゴル自治区に潜伏してきた。テムールダシだ。このテムールダシは、元々はチャハル盟鑲黄旗の出身で、徳王に追随して日本帝国主義の走狗になり、偽蒙疆政権の印刷廠の廠長をつとめていた。日本のファシズム制度が崩壊すると、彼は人民の制裁を畏れてモンゴル修正主義国家に逃亡したが、今度またモンゴル修正主義国家の指令で潜りこんできた。……このテムールダシはモンゴル修正主義国家のスパイだ。

内モンゴル自治区に帰ってきたテムールダシを言語学者で、言語工作委員会の責任者だったエルデニトクトフは臨時の職員として採用し、モンゴル語の古典や写本類の整理を依頼した。テムールダシは駐フフホト市のモンゴル人民共和国の総領事館の外交官らと接触し、一九五九年にモンゴル人民共和国の著名な学者のナチュクドルジが内モンゴルを訪問した際に、年代記の『アルタン・ハン伝』や『白史』などを渡したという。これが、「わが国の文化財の紛失事件」である。

研究者同士が行き来し、モンゴル民族として共有してきた年代記を閲覧したことが、「中国の文化財を盗んだ」と批判されたのである。モンゴル民族の文化財が中国に略奪されただけでなく、研究者の研究活動までスパイ行為だと歪曲されたのである。

政府の陰謀に抵抗したダウール人

モンゴルはその内部にさまざまなサブ・グループを抱え、多様性に富んだ民族である。今日のダウール族は元々ダウール・モンゴルと称していたが、後に中国政府によって独自の民族に作りあげた。内モンゴル人民革命党創始者のメルセイをはじめ、大勢の民族主義者たちがダウール・モンゴルと自称していた。

中国政府と中国人はモンゴルの民族主義的な思想を削ぎ落とす目的から、ダウール・モンゴルを単独の民族に認定し、モンゴルを分断させた。こうした政府の陰謀に抵抗していた人たちがいた。文革になると、既に「ダウール族」になっていた人たちもまたモンゴル人と共に粛清され、虐殺された。安自治もそのようなひとりである。

一九六八年三月一八日、内モンゴル文化局の「毛沢東思想学習小組」と「一部の革命的な群衆」たちは「安自治を打倒せよ」との冊子を刷って、公布した（楊 2015a）。「ウラーンフーのブラック・ラインに属す者どもを抉りだし、その毒害を一掃する運動の中で、内モンゴル文化局の革命的な群衆たちは古参の民族分裂主義者の安自治を揪みだした。これは、素晴らしい革命的な行動である」、と批判文は始まる。

安自治はダウール族だ。一九二九年に生まれ、偽満洲国の興安軍官学校で日本帝国主義の訓練を受けていた。日本が投降した後は、一九四五年一一月に大蒙奸にして大物スパイのハーフンガらに追随して、王爺廟ことウラーンホトの内防隊に入った。一九四六年にはフラルキという地において内モンゴル自衛軍第五師団の教導団に入隊し、戦士から小隊長を経て、ウラーンフーが校長兼政治委員をつとめる内モンゴル軍政大学に入学した。区隊長と隊長を歴任し、内モンゴル人民革命青年団の団員でもある。……

安自治は一九五〇年に内モンゴル人民革命青年団のフルンボイル盟書記となり、一九五四年から「中ソ友好協会」の副秘書長兼「抗米援朝分会」副秘書長となった。一九五五年からは内モンゴル党委員会国際活動指導委員会副秘書長と対外交際処副処長になり、対外活動に加わり、三回も外国を訪問し、ウラーンフーとハーフンガの為に反党叛国の活動をくりひろげた。ウラーンフーが一九六五年からクーデターの準備をはじめた時には彼を内モンゴル芸術院院長兼書記に任命し、ウラーンフーとハーフンガの世論陣地のボスとして、党の文藝と財政、文化の権力を簒奪した。

以上が安自治の「反革命的な略歴」である。

安自治は他のモンゴル人と同じように、「悪意で以て共産党の対少数民族政策を攻撃した」という。例えば、一九五七年二月一五日には「内モンゴルには民族問題が存在し、少数民族は大事にされていない。中国語ができないモンゴル人には何の仕事も回ってこないし、同化されている」と発言し、中国人を内モンゴルに移民させる政策にも反対していた。

一九五五年から共産党中央がダウール・モンゴル人の居住地に調査団を派遣して単独の民族として認定しようとしたが、安自治はこれに反対した。安自治らの抵抗も無駄に終わり、党中央は一九五六年に正式に内モンゴル自治区東部のフルンボイル盟の中で、「モリンダワー・ダウール族の自治旗」を設置した。ところが、いざ自治旗の範囲を画定しよう

1950年代後半のモリンダワー・ダウール族の幼稚園。著者蔵

ウラーンフーは隣接する省から領土をもぎとった、と風刺する中国の漫画

とした際に、「安自治は大ダウール族自治州」を作ろうとした。自治州は自治旗よりも範囲が大きいからだ。「安自治は狭い自治旗という設定に不満で、ウラーンフーらと結託して、フルンボイル盟と隣接する黒龍江省の広大な領土を略奪して内モンゴルに併合し、大モンゴル帝国の版図を拡大しようとした」。

　ダウール人は内モンゴル自治区東部のフルンボイル盟だけでなく、隣接の黒龍江省にも分布していた。政府が新たにダウールを一つの民族として認定するならば、小さな自治旗ではなく、民族全体をカバーした、より大きい自治州のほうがいいと安自治は主張した。ダウールは元々内モンゴルの中の一サブ・グループであるので、自治州も当然内モンゴル自治区の管轄下に入るべきである。このような正統な主張が、「大モンゴル帝国の版図開拓」の罪とされたのである。

ダウール人も日本とソ連のスパイ

「安自治も日本のスパイだ」と中国人は断罪する。「早くも一九四一年の偽満洲国時代に、大蒙奸たちは民族と祖国を裏切り、黒龍江省のダウール人をフルンボイルのモリンダワー地域へ移住させようとしていた。これは、反動的な移民だ」、とダウール人の移住を日本統治時代の政策と結びつける。一九四五年に日本が撤退した後には「ソ連修正主義者と内モンゴル人民革命党がまた五つの旗からなる聯合自治州を作った。

ダウール族の共和国を設置してから、最終的には内外モンゴルを合併させようとした運動だった」、と批判する。「民族と祖国を裏切る行動」に安自治は関与していた。このように、モンゴル内部のサブ・グループが日本統治時代とその後に取った独自の民族自決の行動がすべて「祖国を裏切った罪」だと歪曲されている。

安自治は「内モンゴル中ソ友好協会」の副秘書長の立場を「悪用して、ソ連修正主義者に情報を提供し続けてきた」とされる。例えば、一九五六年にモスクワ大学地理学部の教授が内モンゴル自治区を訪れた際に、安自治はハーフンガの指示に従い、地図と人口調査の結果、民族の構成と公有化の進捗状況に関するデータを「媚びるような笑顔をして渡した」。

一九六五年一二月にフフホト市で「ダウール族言語文化研究会」が開催された際も、「ソ連のスパイであるトダイェワを招待し、民族分裂的な活動を進めた」と断じている。中ソ関係の悪化が、モンゴル人粛清の口実に利用されていたのである。というのも、同胞の国、モンゴル人民共和国はソ連と特別な関係にあったからである。安自治は上で挙げたさまざまな「罪」を冠されて、一九六九年に中国人に殺害された。三九歳だった。

「漢奸」裁判

中国人でありながら、先住民のモンゴル人に敬意を示し、政府の対少数民族政策を着実に進めようとした人がいた。李貴である。中国政府と中国人は李貴を「モンゴル人に媚びた漢奸」だと批判する。では、李貴とはどんな人物で、どのように「漢奸として民族分裂的な活動」を繰り広げたのだろうか。

一九六八年七月二三日、「フフホト市革命委員会大会戦指揮部」が「反革命修正主義にして民族分裂主義分子の李貴の罪行に関する資料選」を印刷して公布した（楊 2015a）。資料選によると、李貴は一九一五年一一月にウラーンチャブ盟固陽県の地主階級の家庭の四男として生まれた。父親は「反動的な国民党軍の軍官」だった。一九三一年、小学校五年生だった李貴は「犬よりも質の悪い蔣介石の国民党に入り」、後に一九三七年八月には傅作義の第七集団軍の軍政処で訓練をうけた。「一九三八年には共産党員となったが、相変わらずマージャンに興じたり、買春したりしていた」。一九四七年から中国共産党は各地で地主階級を殺害する土地改革を実施していたが、李貴は「搾取階級に同情していた」という。

社会主義時代になると、一九五七年から李貴はウラーンフーによって自治区林業管理局の書記兼局長に抜擢された。彼はこの時期から「その主人のウラーンフーの為に反革命の民族

右：李貴を批判した冊子の表紙
左：天幕の前で毛沢東の著作を学ぶふりをするモンゴル人

分裂主義の政策を押し進めた」。一九六四年八月になると、ウラーンフーは李貴の才能を高く評価し、足元のフフホト市党委員会の第一書記に任命し、モンゴル人陳炳宇と共に民族政策が着実に執行されるよう指示した。

ウラーンフーの政策に理解を示した李貴はモンゴル人幹部を抜擢し、「元国民党員」も含めた幹部四二名を連れてフフホト市に転勤してきた。彼は何よりもモンゴル語の学習を重視した。「李貴は何と、自治区である以上、みなモンゴル語を話すのは必要最低限の条件だとして、幹部たちにモンゴル語の習得を強制した」のである。それだけではない。「小学生たちにも週に二〜三時間のモンゴル語の授業を設けて、毛主席の著作を学ぶ機会が奪われた」。

モンゴル人に「媚びる漢人は万死に値する」

中国政府は一九六五年八月から社会主義教育運動を発動し、階級間の闘争を強調していた。ウラーンフーは自治区における対少数民族政策が順調にすすまないのは、中国人が大漢族主義的な思想を持っているからだ、と認識していた。その為、「反大漢族主義」こそが自治区における社会主義教育運動の主な任務だと決定した。かくして、「党中央の政策がウラーンフーによって歪曲された」が、李貴はウラーンフーの指示に従い、以下のように発言していた。

私たちのフフホト市は二、三百年も前からずっとモンゴル人の土地だ。今、ここに漢族《チャイニーズ》がいるのも後から入ってきただけだ。私たち漢人は他所から来たに過ぎないし、私たちの祖先もモンゴル人に敬意を示さなかったので、モンゴル人たちもみな逃げてしまった。例えば、トゥメト旗は歴史上モンゴル人と漢人との紛争が激しかった地である。漢人が政権を握ってきたので、少数民族は抑圧されてきた。……漢人は少数民族を理解しなければならない。

このように、李貴は分かりやすい事例を挙げて、先住民には敬意を払い、少数民族政策を堅実的に進めようと中国人に呼びかけていた。このような行動が「民族分裂の罪証」となったのである。「野蛮人にして立ち遅れた少数民族の言語」を学ぶなんて、中国人の人生哲学にはない概念である。その為、「李貴は狂ったように毛沢東思想に反対したので、万死に値する」、と中国人に断罪されたのである。

内モンゴル自治区における文革中の大虐殺はジェノサイドである、とモンゴル人は理解している。こうした主張は、「大虐殺の被害者の中に中国人即ち漢族がいなかった」ことを意味しない。極少数だが、中国人も殺害された。注意しなければならないのは、上で紹介した李貴のような中国人に冠された罪も「民族分裂主義者」だということである。これは、「漢人《チャイニーズ》でありながら漢族を裏切った漢奸だ」という事実を社会主義流の言葉で表現したことである。他民族の自決権に理解を示せば、漢奸即ち民族分裂主義者とされる危険性が常にある事実と真実を物語った実例である。内モンゴル自治区において、何人かの中国人も批判され、殺害された。ただ、そのような極少数の中国人の死亡の性質は万里の長城以南の中国本土と根本的に違うのを認識しなければならない。さもなければ、「内モンゴル自治区でも、中国人もモンゴル人と同様に林彪と四人組からの被害を受けた」とすり替えられて、ジェノサイドの性質を隠蔽してしまう危険性がある。

勝利の女神は中国の味方

中国政府は全国の文革を推進する為に、「反修正主義の前哨基地」である内モンゴル自治区における辺境防衛を固める必要があった。背後の地に異民族が陣取っていては安心できない。その異民族の一部は「革命根拠地」の延安に滞在していたとはいえ、ボスのウラーンフーはモスクワで訓練を受けているので、中国人よりも自身を真正な国際共産主義者だとみていたし、彼の同胞であるモンゴル人も同様な認識を有していた。

しかも、延安派は毛沢東ら南国出身者が追放した陝西省北部出身の「高崗反党集団と結託していた」。南方組が北方組の根拠地を乗っ取っただけでなく、その指導者まで殺害したという不名誉な歴史を封じこむ為に、延安派の避難地たるオルドス高原から粛清の号砲を打ちあげたのである。

延安派は「根本から紅い」と自負しても、人材は「偽満洲国」出身者が圧倒的な多数を占める。「日本帝国主義の走狗」だったモンゴル人たちはウラーンフーに「懐柔」されていた。東部出身でありながら、西部のウラーンフーの下に結集した「二つの顔を持つ連中」が次のターゲットにされたのである。そして、最終的には「日本刀を吊るした奴ら」からなる東部のエリートたちも倒されていく。

文革が終了を宣言されると、モンゴル人が歴史的に住み続いてきた地域にはもはや自己主張できる人材は残されていなかった。良識ある中国人「漢奸」も完全に消された。モンゴル人を敵視し、差別する中国人だけが正統な支配者として残ったのである。こうして、モンゴル人の内モンゴル自治区における民族問題は、永遠に解決できない政治的構造として固定されてしまったのである。

終　章　内モンゴルの中国文化大革命の現代史的意義

中国政府と中国人は何故、モンゴル人をジェノサイドの対象にしたのだろうか。日本はこれと無関係であろうか。世界に隠蔽され続けてきたモンゴル人大虐殺事件を研究する現代史的な意義はどこにあるのだろうか。文革は一九七六年に幕を閉じた、と中国政府は宣言した。しかし、文革的な民族浄化は少数民族地域からいっこうに立ち去らない。国際社会との紛争も文革期の対外干渉を彷彿とさせる今日である。国際社会は、あらためて中国流の民族自決と「対日清算」の意義について思考する必要があろう。

毛沢東の死去を弔うオルドス高原のモンゴル人

一　不名誉な「名誉回復」

「帽子を取り外す」という軽薄な「名誉回復」

一〇年間も暴力と混乱が続いた後の中国は一九七七年一二月二〇日に「第二回漢字簡略化案」を公開した。幇という字を邦に、街を亍に、部を卩に、舞を午のように簡略化する案である。長期間にわたって教育らしい教育を実施せずにひたすら政治闘争に明け暮れた結果、元々文盲率の高かった中国人は一層、字が読めなくなった現実への対策である。社会主義は人類の最も素晴らしい制度であると鼓吹してきたにも関らず、文化と教育の水準は一九四九年以前よりも後退していたことが自明の事実となった。そこで、政府は書写と判読が難しいとされる漢字を簡略化して漢族人民《チャイニーズ》の教育レベルをアップしようと改革に踏み切ったのである。

こうした背景の下、「中央组织卩（部）・中央宣传卩・中央统战卩・公安卩・民政卩」が合同で一通の報告を一九七八年八月二五日にウラーンフーに提出した（楊　2016a）。この時、モンゴル人のウラーンフーは既に部分的に復活し、一九七七年六月二日に中共中央統一戦線部部長に任命されていた。報告書のタイトルは「右派分子の帽子をすべて取り外すことに関する党中央の実施法案」である。この報告書は中共中央文件として、「中発一九七八・五五号文件」として全国に配布された。

「右派の帽子」とは、知識人に突き付けられた「罪」や「証拠」の比喩である。政治運動を発動して他人を断罪し、人生を左右した「罪なる証拠」を軽薄に帽子に譬えているところに、中国共産党の人権無視と人命軽視の本質が現れている。少なくとも一八〇万人もの被害者が出たのに、あたかもこれほどの知識人とゲームでも楽しんでいるかのような感覚で、その名誉回復のことを「帽子を取り外す」と表現している。使われている簡略文字が下品なだけでなく、政治姿勢そのものが軽薄である。文件はいう。

一九五七年に偉大な領袖と導師である毛沢東主席自らが発動し、リードした反右派闘争は、政治戦線と思想戦線における偉大な社会主義革命だった。毛主席も「この戦いを制しなければ、社会主義建設は成功しない」、とおっしゃった。反右派闘争の偉大な勝利により、無産階級の政権は強化され、わが国の社会主義革命と社会主義建設の事業も促進された。

このように、反右派闘争そのものは正しかったと位置づけてから、「右派たちの帽子を取り外す」と決定している。右派の「帽子」をもっと早く「取り外す」べきだったが、「反革命集団の四人組に阻害されたので、遅々として進まなかった」と嘘をついている。実際は、毛沢東の死後に最高権力者の座に就いた鄧小平が名誉回復に反対していたからである。一九五七年の反右派闘争も鄧小平が毛沢東の指令に従って推進していたのである。

「右派の帽子を取り外す」措置と証拠隠滅

党中央からの「五五号文件」が届いたのを受けて、内モンゴル自治区党委員会も一一月末に会議を開いて右派の名誉回復に関する意見をまとめた。「民族右派」も普通の右派もすべて党中央の規定に沿って名誉回復すると強調されている。

一二月三日、自治区党委員会書記に昇進した中国人の王鐸が「重要な講話」を発表した。王鐸も「まず毛沢東主席自らが発動し、リードした反右派闘争には偉大な意義があった」と繰り返し強調している。その上で、「わが自治区には三千あまりの右派がいたが、既に二〇〇〇人くらいの帽子を取り外した」と進捗状況を示している。一二月二〇日、自治区党委員会は正式に「党発・一九七八・一一八号文件」を各地に通達した（楊 2016a）。

一一八号文件によると、内モンゴル自治区で一九五七年に合計三九三四人が右派として打倒されたという。一九五九年から一九六四年の間に、一九六〇人に対して名誉回復を実施した。その後は文革期に入り、名誉回復作業は「林彪と四人組」によって阻害されて中断した。文革が終息してから、党中央の指示に従って、残り一九七四人の「帽子」も完全に取り外したという。

文件はまた一九五七年に知識人たちを右派として断じた際の内幕を暴露している。例えば、単にフルシチョフのソ連と中国やユーゴスラビアとの国際関係について意見を述べた者も右派とされた。また、強制的に動員させられて「党に心底のことを話した（向党交心）者」も右派に認定された事実もあった。

内モンゴル自治区はまた「帽子を取り外す事務室」を設けて善後措置を講じた。名誉回復、という非常に責任重大な政治的な決断を担当する部署の名称もまた俗称の「帽子を取り外す」という表現を使っていることから、中国共産党にまったく誠意がない事実が示されている。一九七九年二月一五日に、「自治区帽子を取り外す事務室」は二号文件を配布し、右派とされた人物たちに対する名誉回復作業の具体的な対応を示している。右派とされた者の給料を遡って支給することなどの内容である。

注目しなければならないのは、この文件が第一四項で「右派の档案をすべて廃棄する」と決めていることである。これは、中国共産党が一貫して堅持してきた「優良伝統」の一つである。「档案の廃棄」は証拠隠滅を指す。内モンゴル自治区だけでも、後に文革中にジェノサイドが発生したのを受けて、政府は大虐殺に関する「資料を残してはいけない」と繰り返し命令を出していた（楊　2009a）。

実際、後日になって被害者が政府に陳情し、加害者を法的に処罰するよう求めた際は、すべて「証拠不十分」で何ら措置が取られなかった。加害者の政府が「档案を廃棄」しているのだから、証拠があるわけがない。

虐殺と自治権の剥奪

「右派の帽子を取り外した」後に、大虐殺を経て生き残ったモンゴル人に対する政府主導の限定的な「名誉回復」も実施された。一九七八年からのことである。中国政府は内モンゴル自治区で展開されたモンゴル人ジェノサイドの全責任を毛沢東の未亡人をトップとする「四人組」と林彪将軍に帰して清算した。実際、江青夫人も林彪将軍も内モンゴルの民族問題とはほとんど無関係である。

虐殺すべきモンゴル人のリストを作成したのもモンゴル人の作家、ウラーンバガナだとでっちあげられ、その作家はスケープゴートにされた。ウラーンバガナは反右派闘争期には積極的に意見を陳述していたし、文革中も政府よりの立場を取った。選ばれた作家ウラーンバガナは「ジェノサイドの犯人」として被告席に立たされたが、中国政府と中国人の責任は一度も問われることはなかった。

中国人によるモンゴル人ジェノサイドは「モンゴル人同士の内紛劇」にすり替えられ、虐殺の先鋒をつとめた中国人も道徳的な調停役に変わった。国内諸民族の不満を抑えきれなくなったので、名誉回復と同時にベトナムに侵攻し、「打倒民族分裂主義者」のスローガンも「打倒ベトナム」に変更した。これが、中国流のジェノサイドに対する善後措置だった。

私は以前に二冊の文革「被害者報告書」を公開し、それぞれ人民公社の一般農民と内モンゴル軍区の将校たちの受難の実態を明らかにした（楊 2013a,2014a）。人民公社の農民はウラーンフーの故郷である西部のトゥメト地域に住み、解放軍の将校たちは旧満洲国や徳王のモンゴル自治邦政権内のモンゴル人からなる。

共産党が「解放区」と称賛する西部と、「偽満洲国」や「偽蒙疆政権」などと蔑称する中東部にそれぞれ暮らすモンゴル人は、どちらも悲惨な運命を辿った。中国政府と中国人が推進する大虐殺を経て、モンゴル人は先祖代々から住んできた土地を失い、侵略者の中国人に占領された。

モンゴル人将校は軍権を永遠に喪失し、独自の軍隊も解散された。中国政府と中国人がどんなにモンゴル人を虐待し、抑圧しても、同胞を暴力から守る武装勢力がなくなったのである。ここから、あらゆる権利を喪失した有名無実な「区域自治」が定着して今日に至る。

二　ジェノサイドのインターナショナルな背景

世界に知られなかった大虐殺

大規模なジェノサイドが断行されていた事実を同時代の世界は知らなかった。日本に限っていうならば、内モンゴルの文革について報道した唯一の記事は中国政府の対日プロパガンダ誌『人民中国』一九六八年三月号の「赤い太陽は内蒙古草原を照らす！」だった。既に前の一九六七年一一月に内モンゴル自治区革命委員会が成立し、北京から派遣されてきた毛沢東の側近、滕海清将軍が解放軍を指揮して殺戮を各地で開始していた時期である。

記事は「広びろとした美しい牧場」と「無辺の荒野と砂漠」で「歴史に前例のないプロレタリア文化大革命の嵐」が「反修正主義の前哨である内蒙古」に「大きな変化」をもたらしていると伝えていた。

紅小兵と呼ばれる少年少女たちからなる政治集会。ここでもモンゴル人批判の怒号が発せられた。著者蔵

内モンゴルの文革を無条件で礼賛した現象を「生半可な中国通の日本人は、モンゴルに対する誤解を増幅させることになってしまう」、と研究者は論じる。ここでいう「誤解」とは、「中国の少数民族問題について、それを問題として捉える目差しや認識枠組みの欠如」を指す（馬場　2014）。文革を称賛することによって、近代日本の歴史を批判しようとした精神は、戦後日本の進歩的知識人に共通する病理の一つであった。

民族自決運動の奔流

モンゴル人が中国政府と中国人の暴力の犠牲となった国際的な背景は二つある。一つは二〇世紀初頭から奔流となった民族自決運動にモンゴル人も自発的に加わったことで、もう一つは一九六〇年代から激化した社会主義陣営内部の思想的対立である。この二つの現代史が重なって中国を巻きこみ、ついにはジェノサイドの発動という最も破滅的な災禍がモンゴル人に降りかかったのである。

帝国主義の支配と殖民地的状況から自らを解放しようとする民族自決運動は二〇世紀初頭からアジアの各地で勃発した。大和に淵源する大アジア主義的思想は西洋列強の駆逐を目標に掲げていたが、モンゴルとチベット、それにウイグルの三民族は他の諸民族と異なっていた。この三民族は西洋列強よりも、アジアの古い帝国シナからの独立こそが民族自決の手段と目標であるとして闘争を開始した。

それは、歴史学者の岡田英弘が指摘しているように、一九一二年までの東アジア大陸の覇者は満洲人の清朝であって、中国人が夢想するところのシナではなかったからである。満洲人とその同盟者のモンゴル人が中国人の民族革命の対象とされ、「駆逐すべき韃虜」と認識されるようになると、諸民族が古くからシナと呼称してきた帝国もおのずから民族革命の対象となる。それは、中国人が当初から中国人の民族国家《ネイション・ステート》の建立を声高に唱えていたし、その後もことあるごとに中国人への同化を強制してきたからである。

モンゴル人は日露戦争が自分たちの故郷で繰り広げられた時からロシアと日本という二つの近代国家に遭遇した。そして、西と南東から現れた二大帝国こそが自分たちの推進する中国からの独立を獲得する最大の支持者だと理解し、積極的にロシア人と日本人の力を利用しようとした。モンゴル人は大勢の青年を大和に留学させたし、ロシア人の学校にも入った。

一九三二年に満洲事変が起こるまで、日本人もモンゴル人に「蒙古独立」を約束していたし、「蒙古人」もそれを疑わなかった。日本に留学していたモンゴル人青年らが組織したのは「蒙古独立軍」だったが、満洲国が誕生すると、その軍隊の名称も直ちに「蒙古自治軍」に改められた。満洲国は清朝の支配民族だった「満洲人」の国ではなく、五族協和の看板を掲げていたが、それでもモンゴル人の居心地は悪くなかった。伝統的な遊牧生活を維持しながら、大興安嶺の名が冠された興安四省において、独自の軍隊を擁して高度の自治が保障されたからである。何よりも、民族革命の目標としていた中国人との決別が部分的に実現できていたからである。

チンギス・ハーンの直系子孫である徳王が一九四二年八月に建てたモンゴル自治邦も同様だった。徳王は次のようにモンゴルと中国との関係を位置づけていた。「モンゴルは征服された民族ではない。モンゴル人と満洲人との関係も同盟に過ぎない。満洲人の清朝を中華民国が継承しようとするならば、この歴史をも受け継がなければならない。当然、モンゴル人は自治を求めていく」(札奇斯欽 1985)。

サムライたちを南モンゴルの草原から一九四五年八月に追い払ったのはロシア人と、彼らの援助で独立を果たしていたモンゴル人民共和国のモンゴル人だった。これでようやく民族の統一が実現できる、と全モンゴル人が信じて疑わなかった。

モンゴル人民共和国の指導者は「同胞の南モンゴル人を解放し、独立できた」と確信していた(Choibalsan 1953)。南モンゴルの革命家たちも一九二五年一〇月に一度結成された民族主義の政党、内モンゴル人民革命党を復活させた。同胞の国との統一を求める署名運動を実施し、日本統治時代から組織された准国家体制を整えて、北のウランバートルへ帰順しようとした（楊　2010）。しかし、対日敗戦処理の一環として結ばれた「ヤルタ協定」はモンゴル人の自決を葬りさった。南モンゴルを中国に売り渡したのである。

密談が交わされたヤルタにはモンゴル人はひとりも参加していなかったにも関らず、他民族を勝手に分断する政策が大国同士の都合で決定されたのである。「近代のモンゴルは中国と日本の二重の殖民地である」、と認識してきたモンゴルの知識人や政治家にとって、日本の敗戦と中国による南モンゴル占領は、片方の宗主国を追い払っただけで、もう片方の宗主国を永遠に残したことになる（楊　2013b,c）。

中国の排外主義とモンゴル人のナショナリズム

清朝が崩壊した以上、シナとは同盟以上の関係にならない。こうした見解に「南モンゴルは中国と日本の二重の殖民地だ」との民族観も重なって、モンゴル人は自主的に日本を選んだ。「日本の方がよりましな奴隷主だ」と認識していたからである（楊　009a）。しかし、戦後になって、中国人も日本人も意図的に「モンゴル人の対日協力」を誇張した。「モンゴル人は仕方なく日本帝国主義者に追随した」と中国人は「寛大な」微笑を見せて支配下のモンゴル人を宥めた。日本人もまた中国に対して反省する為に、「モンゴル人を悪用した」と「責任」を認めた（札奇斯欽　1985）。恰もモンゴル人は最初から「シナの家来」であったかのような日本の豹変ぶりは、本当に反省すべき対象を見誤った行為であるというよりも、新たに形成された国際秩序への無節操な恭順を示すものであろう。

排外主義の思想で武装していた義和団を演じた寸劇。反清滅洋との旗印を掲げていた。著者蔵

かくして、戦後体制の形成により中国の支配下に入れられたモンゴル人には二つの「原罪」が負わされることになった。満洲国時代の自決運動は「漢奸として対日協力した罪」となり、日本人が去った後の民族統一の運動も「祖国を分裂させた行為」と認定された（楊　2010a）。モンゴル人は中国人ではないにも拘わらず、「漢奸《チャイニーズ》」とのレッテルが貼られて断罪されてきた事実を見れば、「漢《チャイナ》を裏切った対日協力と民族分裂」行為を中国政府と中国人は問題視していたことが分かる。

部分的に獲得できた民族自決の結晶、即ちモンゴル人民共和国の独立についても、中国政府と中国人は今でもそれを「ロシアの陰謀」だと説く。モンゴルの民族自決運動は最初からロシアや日本との連携により、古い帝国シナからの解放を目標としていた性質にその国際的な背景が内包されている。民族自決運動は二〇世紀を代表する奔流であったし、モンゴルのそれも例外ではなかった。

中国は古代から近現代へと不完全ながら脱皮しようとした際に、「反韃子《ダーツ》主義」と「反外国主義」という二つのナショナリズムを孕んできた（佐藤　2015）。韃子に代表されるシナ周縁の諸民族が満洲人の傘下に入って清朝の同盟者になっても、中国人は心底に排外主義を隠してきた。近代に入って海上から新たに出現した「紅毛碧眼の韃子」が大清帝国の玄関を叩いた時に、「無能」に映った満洲人は西洋列強と共に一掃される対象となった。

こうした中国人の排外的ナショナリズムは社会主義制度が確立した後も変わらなかったし、近年に発生した反日暴動もその延長である。中国人はモンゴル人や満洲人が万里の長城を突破して南進した歴史を「夷狄侵華」だと位置づけるが、逆に自身がモンゴル草原に侵入したり、東トルキスタンに入植したりする行為を「正義に基づく国土開拓」だと呼ぶ。

歴史の相関性を否定し、極端な排外主義に代表される中国政府と中国人のナショナリズムこそ、一九六六年までのソ連と北京当局との国際関係を形作っていたのではないか。換言すれば、中国の排外主義政策と中国人の対外侵略が民族問題を国際化している。

「インド反動派」と「匈奴の右腕」

中国政府と中国人の対外侵略が引き起こした最初の深刻な国際紛争は、建国直後からのチベット占領である。モンゴルと同様に清朝の崩壊後に独立を宣言していたチベットを国際社会は最初、熱心に承認する動きを見せなかった。イギリスとロシアとの駆け引きの結末である。その後、毛沢東政権が人民解放軍の侵攻を命じて、「チベットは祖国の懐に戻った」と宣言されると、アメリカをはじめとする国際社会はもはや打つ手もなくなっていた。

一九五八年から中国政府は「土地改革」という美しいスローガンを掲げてチベット人の故

郷を略奪して中国人農民に分け与えた。世界の屋根を占領すると、ダライ・ラマ法王は一〇数万人の国民を率いてインドに亡命した。以来、インドはソ連との関係を強化して、少し前までに謳歌していた非同盟の原則を放置してみせた。

中国人はヒマラヤ山脈を越えて南下する勢いを見せ、ついには一九六二年に「インド反動派」に対する「自衛戦争」が勃発した。このように、チベットが中国に編入されていく過程は、インドの神経を刺激し、南アジア諸国との緊張を生んだのである。

東トルキスタンに住むウイグル人とカザフ人、それにモンゴル人からなる「三区革命」は独立あるいはソ連邦への加入を目標に掲げていた。東トルキスタンをモンゴル高原の「右翼の屏風」と歴史的に位置づけてきたモンゴル人民共和国のチョイバルサン政権も「三区革命」と一体化して中央ユーラシアとの横の連携を強化しようとしていた。

しかし、スターリンは東トルキスタンを中国に占領させて、トルコ系の諸民族がほぼ全員ソ連邦に加入するのを拒んだ。中国はスターリンの「好意」を受けて東トルキスタンに生産兵団を送りこんでオアシス都市を掌握した。紀元前の漢王朝が恐怖分子《テロリスト》を都市国家群に度々派遣しては「匈奴の右腕を絶つ」政策で西域を占領した歴史を、共産主義者の中国人も再度演出したのである。中国に新疆ウイグル自治区が設立されたことにより、「右腕」を失ったチョイバルサンは、小さなモンゴル高原の運営に集中しなければならなかった。

東トルキスタンが独立の機会を奪われて新疆ウイグル自治区になった時から、北京とモスクワとの対立の種は既に植えこまれていた。北京はモスクワの「兄貴」を最初から信用していなかったし、何よりも反韃子主義の思想を胸中に抱く中国人共産主義者たちは生産兵団で以てウイグル人とカザフ人の分離傾向を押さえこもうとした。その結果、一九六二年には七万人ものウイグル人とカザフ人の「越境逃亡するイリ・タルバガタイ事件」が発生した。北京当局は「イリとタルバガタイに住むウイグル人やカザフ人はソ連のスパイに煽動された」と声高に非難したが、その根底にある中国人の侵略が現地住民の移動を駆り立てたという性質には触れなかったし、責任を認めようとの姿勢もなかった。

スターリンの死去に伴うフルシチョフの秘密報告やソ連邦における大量粛清の内情暴露で中ソイデオロギー上の対立は更に激化した。現代中国の研究者らもソ連当局の「中国への過度の干渉」は強調するものの、中国人による東トルキスタンへの熾烈な侵略に対しては沈黙している。

ウイグル人には「中国人」という意識はまったくなく、むしろユーラシアに分布する「トルコ系諸民族の一員」とのアイデンティティが強いという事実にも目をつぶっている。人類は民族や人種の枠組みを超えてインターナショナル革命を実現すると標榜するソ連も当時はウイグル人と中国人との相性が悪いのを分かっていながらも、あえてそのナショナリズム的な柔らかい脇腹を突き破ろうとしなかった。

かくして、北京は西部辺境の「野蛮な西戎と突厥」たちの反乱を一通り平定した。「ヨーロッパの中世よりも暗黒な統治」をしていたダライ・ラマ法王はインドに「放逐」されたし、ウイグル人も一九五八年の「反右派」闘争と一九六二年の「ソ連領への逃亡」事件で知識人階層を完全に失い（呉啓訥　2006）、組織的な民族間紛争を発動できる力が削がれた。

文革期になると、「少数民族とその風習や習慣並びに信仰に対して過激な攻撃が加えられたという報告はわずかだが、そうした不行跡が新疆の広範な非漢民族の神経を刺激し、ソ連に干渉の好機を与えるような気配が表れた時には北京が造反派を抑えこんだようである」（マクミラン　1983）。このように、世界の文革研究者たちには東トルキスタンに関する情報が入っていなかったようだ。

唯一といっていいくらいのマクミランも新疆の中国人生産兵団の造反派について述べているが、ウイグル人に関する言及はない。「全国人民の魂に触れる革命」の主役にウイグル人がなれなかった事実は、彼らが既に一九六六年の時点でみずからの故郷において、あらゆる政治的な権利を奪われていたことを意味しているのではなかろうか。

モスクワと繋がる「北狄」

中国にとって、残った唯一の不安材料はモンゴル人となった。冷静になって北京の北口玄関に住む「北狄」を眺めると、毛沢東は大いなる脅威に気づいた。モンゴル人の指導者ウラーンフーは国務院副総理にして政治局候補委員、国家民族事務委員会主任、「十三大軍区」の一つ内モンゴル軍区司令官兼政治委員を担っていた。しかも、ウラーンフーには共産主義の大本営モスクワで学んだ輝かしい経歴があり、ことあるごとに民族理論をめぐって、毛沢東と異なる見解を示していた。

ソ連がいざ攻めてきた時に、ウラーンフーが率いた「蒙古族人民」は果たしてどちら側に附くのかは死活の問題となってきた。前例は二つある。第一、モンゴル人たちは二〇世紀に入った時よりシナからの独立を夢みていた。独立獲得の為にロシア人とも日本人とも「結託」した。第二、「抗日戦争が勝利」した時もモンゴル人は中国人を愛さずに、モンゴル人民共和国に住む同胞との統一を実現させようとして「離反」した。もしソ連が「モンゴル民族を中国人の支配から解放して、統一を促そう」との旗印の下で一九四五年八月の道を再び南下してきたら、政権転覆になりかねないと毛沢東の党中央は判断した。

かくして、事前に不穏の根を絶とうとしてモンゴル人ジェノサイドは発動された。これが、モンゴル人が中国政府と中国人のジェノサイドの対象とされた原因である、と「民族の記憶」は形成された。

モンゴル人の「民族の記憶」を補強する中国政府の公文書も大量に残っている。中国政府はモンゴル人民共和国との国境地帯に住むモンゴル人を内地へ強制移住させて、代わりに中国人農民の入植を推奨した。大虐殺が一段落した後も、「北京を信用し、モスクワを疑いなさい」と宣伝していた（楊 2010a）。中ソのイデオロギーの対立がモンゴル人ジェノサイドの引き金ともなったし、モンゴル人虐殺事件は更に中ソの一層の対立を生んだ。のちの中ソ国境紛争である。

三　輸出された革命とモンゴル人の立場

一九六〇年代になると、「中国の社会主義は、あらゆる政治的主張や傾向に幻滅した西洋人にとって、二重写しの投影となった」、と文革が欧米に及ぼした影響について研究するウォーリンは指摘する。それは、毛沢東の農民革命が世界に「成功したモデル」として示されたのと、ソ連の「暴挙」に失望したからである。欧米の左翼知識人にとって、極東の毛の革命はあくまでも遠い憧憬であって、「現実の汚い中国」はどうでもよかった（ウォーリン2014）。

中国による革命の輸出

右記のウォーリンの見解は一九六〇年代の動向に偏重しているが、アメリカで活動する中国人研究者の程映紅は、毛沢東が一九五〇年代から世界各国の内政に干渉してきた歴史を整理している。程によると、一九五六年末に反全体主義の「ハンガリー事件」が勃発した直後から、毛は東欧諸国の政治に介入した。ソ連による武力弾圧を声高に非難しながら、実際はモスクワの軍事侵攻を裏で要請していた。東欧の異変が自国に波及しないよう、知識人を「穴倉から誘い出す陽謀」作戦を発動した。有名な反右派闘争である。

世界革命のセンターはモスクワかそれとも北京かと争われる中で、毛は近場の東南アジア各国の左翼系ゲリラを支持しただけでなく、遥か南米のセンデロ・ルミノソやカスピ海のカストロ議長のキューバにも「援助の手」を差し伸べた（程映紅 2007）。

「わが華僑は今、全世界に二〇〇〇万人はいる。そのうちの一〇〇分の一を動員しただけでも二〇万人になる。この二〇万人がゲリラになるのを考えてみよう」

とこのように一九六六年九月一三日に語ったのは日本に生まれ育ち、早稲田大学で学んだ中国人政治家廖承志である（『無産階級文化大革命資料滙編』第二集 1967）。「プロレタリアートは全世界を解放して初めて自らを解放できる」、と『人民日報』は一九六七年五月一日に対外干渉の正統性を謳歌する社説を出した。

毛沢東思想を称賛する日本の「山口県の人民たち」

北京に支持された東南アジア各国のゲリラ組織は忠実に毛の「農村から都市を包囲する路線」を掲げて武装闘争したが、政権獲得には至らなかった。一時的に権力を手中にしたポルポト派は自国民を対象に大虐殺を働いた。南米コロンビアのゲリラも資金源としていた麻薬の栽培と販売に夢中となり、「人類の理想」たる共産主義の実現はますます幻影と化してしまった。

「中国は世界革命の中心である。世界人口のおよそ三分の二はいまだ解放されておらず、地獄のような生活に喘いでいる」、との中国人共産主義者の理念の下で、北京は在外交公館を通して『毛語録』を配布した。ある研究によると、一九六六年一〇月から翌年の五月にかけて、たったの八カ月間に中国は一一七カ国に一四種もの外国語からなる『毛語録』を配布した。

国内の発行部数も含めると、計五〇億冊に達していた。当時の世界人口は三〇億あまりだったので、平均してひとりあたり一・五倍の『毛語録』を所持していたことになり、名実共に「二〇世紀における最大のベストセラー」だったのである（馬継森 2003）。

「中国恐怖症」とイデオロギー的歴史論争

東南アジア諸国や南米に中国に呼応する暴力革命のゲリラ組織が活動していたのと対照的に、北隣のモンゴル人民共和国には北京を好意的に見る勢力は皆無だった。モンゴル人の民族革命の対象そのものがシナであり、シナからの自立こそが反殖民地闘争の勝利であると国民も政治家も共通した認識を抱いていたからである。シナが侵略と入植の古い鎧を脱ぎ捨てて「社会主義の兄弟たる中国」に変身しても、モンゴル人の精神世界の底流を成す「シナ《サイノ》恐怖症《フォビア》」と「シナ人不信」を拭い消すことはできなかった（Billé 2015）。

中ソ対立が激化するにつれ、中国は執拗にモンゴル人共和国を自らの陣営に招き入れようとして、「ウランバートルもアルバニアのように独立すべきだ」と提案していた。中国共産党は九回にわたってソ連共産党に対する公開の書簡を送る形で批判を展開した。そのうちの第七回は「ソ連を分裂主義者」だと罵倒し、諸国の共産党のなかでも、アルバニアだけは中国の「友」である、と認識していた（人民日報編輯部・紅旗雑誌編輯部 1964）。

しかし、モンゴル人はモスクワを選び、長城以南の漢土へ傾斜する政策を取らなかった。中国への接近は独立国家の地位を失いかねないと本能的に分かっていたからである。

中ソ対立と連動する中モ対立は単にイデオロギー上の問題にとどまらず、民族の開祖たるチンギス・ハーンにまで飛び火した。一九六二年はチンギス・ハーン生誕八〇〇周年にあたる節目の年で、ウランバートルは盛大な記念行事を用意していた。しかし、チンギス・ハーンを「侵略者」だと見做し、モンゴルによる支配（いわゆる「タタールの軛」）がロシアの停滞をもたらしたと主張するソ連の指導部はモンゴル人に記念活動の中止を要請した。ソ連のロシア人指導者たちは「チンギス・ハーン」がパン・モンゴリズムと共に復活するのを懸念していた。そして、いわゆるパン・モンゴリズムの背後には常に日本の影があると認識していた。ウランバートルは結局、モスクワの意向に従ったが、それをチャンスだとみた毛は支配下の内モンゴルで大規模な祝賀行事を行い、「チンギス・ハーンは中華民族の英雄」で、「先進的な中華文明を欧州へ伝えた人物」だとモンゴル人からその祖先を「誘拐」した。

モンゴル人民共和国の指導者たちは祖先チンギス・ハーンを中国人から取り戻す勇気はなかったが、一九六三年一二月に「中国共産党指導者の世界共産主義運動分裂への企み」を非難する声明を発し、モスクワ寄りの立場を一層、鮮明にした。

二〇一二年冬、モンゴル国は大統領の主催でチンギス・ハーン生誕八五〇周年祭を盛大に実施した。一方、中国では「成吉思汗」は禁句とされ、一切の記念活動が禁じられた。一九六二年とは対照的な政治政策が導入されたのである（楊 2013d）。

北京とモスクワの狭間

中ソ対立も中モ対立も、内モンゴルのモンゴル人に深刻な問題をもたらした。自治区の最高指導者はモスクワで訓練を受けたウラーンフーであるし、彼は誰よりもモンゴル人民共和国の指導者たちと親交を重ねてきた。モンゴル人は異なる国家に暮らしていても、共に社会主義の民族自決の理念を実現できると信じこんでいたウラーンフーは同胞たちとの統一よりも、中国での自治を選んだ。

もっとも、中華人民共和国が成立する前までのウラーンフーが確信していたのはソ連型の自決だった。諸民族が自治共和国を形成して、独自の軍隊を擁して中華連邦内の一員となる夢だった。ウラーンフーがモスクワで学んだ民族自決の思想に毛沢東は興味がなく、諸民族に与えられたのは中国人主導の区域自治だった。

文革は、毛沢東がモンゴル人の政治家ウラーンフーを打倒した時から本格的にスタートした。ウラーンフーが一九六六年五月一日から北京に呼ばれて幽閉されるようになった頃から、彼に従って区域自治の制度内で暮らしていたモンゴル人たちはキリング・フィールドに駆り立てられていた。至極当然のように、同胞の国も巻きこまれた。

中国駐ウランバートル大使館は華僑学校を「毛沢東思想の宣伝陣地」だと呼んでいたし、中国人労働者たちが働く工事現場でも毛沢東の塑像を建立しようとした。モンゴル人民共和国側が抗議すると、中国人労働者たちは『インターナショナル』を唄って抵抗した（程映紅 2007）。耐えかねたモンゴル人民共和国政府は一九六七年五月二七日に中国の外交官が内政干渉していると非難した。これに対し、北京の中国人たちもモンゴル人民共和国からの外交官が毛沢東の肖像画を踏んだとの理由で暴行を加えて、八月一〇日に本国へ追放した（馬継森 2003）。

そもそも二〇世紀初頭から始まったモンゴル人の社会主義運動は最初から民族主義的な色彩を帯びていたし、常に中国とロシア（ソ連）の間で動揺していた側面がある。「北京とモスクワのどちらに忠誠を尽くすのか」、との疑念を持たれていた自治区の指導者ウラーンフーである。そのウラーンフーを粛清しようとする北京当局の準備は遅くとも一九六四年から進められていた。

北京は社会主義教育運動を推進し、階級闘争を通して国内の締め付けを強化し、イデオロギーを統一してソ連と全面的に対峙しようとしていた。しかし、モンゴル人の政治家は逆に北京からの「東風」を利用して、反大漢族主義のキャンペーンを実施した。大漢族主義と地方民族の双方に反対する、と毛沢東も表面的には主張していたが、本格的に「辺境の野蛮人」から「反対」される「寛容な本心」はなかった。

ウラーンフーは更に「民族間の闘争も実質的には階級間の闘争だ」との毛理論を「階級闘争も実際は民族間の闘争だ」と解釈してみせた。こうした毛理論に対するウラーンフー流の実践化は、内モンゴル自治区において、モンゴル人は漢族こと中国人に搾取されているとの事実に関する権威ある解釈となった。それだけでなく、モスクワで学んだウラーンフーの方が湖南省の小知識人よりもマルクス・レーニン主義思想が分かる、とのイメージをも作りあげた。もはや、ウラーンフー対毛、モンゴル人対中国人との政治的な対立は避けられなくなった。

文明の衝突と殖民地統治の継続

中国政府と中国人はまず「ウラーンフーをボスとする反党叛国集団」の摘発から着手し、続いて一九二五年一〇月に成立した内モンゴル人民革命党を「分裂主義の政党」だと認定した。まもなく、この二つのグループのボスがどちらもウラーンフーだと決めつけてから、ジェノサイドを各地で断行した。

「ウラーンフー反党叛国集団」は自治区西部出身者が多く、彼らは中国領内での自治に関心があった。一方、内モンゴル人民革命党は東部出身者をリーダーに、内モンゴル各地の青年からなっていた。二つの「分裂主義者集団」を発見したことで、モンゴル人のエリート層は一網打尽にされた。大虐殺から逃れようとして、モンゴル人は大挙して北へと越境していった。彼らは同胞の国を安住の地だと理解していたからだ。同胞の国もまた逃亡者たちを受け入れて定住させた。同じ民族が分断された場合の対応策である。

一九六九年春になると、「祖国の北部辺境に存在する一大弊害」たるモンゴル人を完全に除去した、と中国政府は勝利裏に宣言した。同胞の国へ逃げることに失敗したモンゴル人たちが北京に被害状況を訴えに来ると、中国人の高官から「モスクワに陳情に行きなさい」と皮肉を言われた。そして、「ソ連とモンゴル修正者の軍隊が攻めてくる」として自治区は軍事管制下に置かれた（楊　2010b）。このように、対ソ連と対モンゴル人民共和国、そして「対日協力者粛清」という国際的、近代史的な背景の下で、モンゴル人は鮮血の代償を払わされたのである。

ウラーンフー反党叛国集団を群醜として描いた政治漫画

　本書は最後にモンゴル人ジェノサイドが発動された国際的な背景の整理に重点を置いている為、国内的要因についても、再度指摘しておこう。

　中国共産党は一九四七年から「平和的な土地改革」でモンゴル人の草原を略奪して入植者の中国人に分け与えた。牧畜経済は破滅的な打撃を受けたものの、伝統的な牧畜生活と草原を守ろうとするウラーンフーの抵抗にも遭った。「立ち遅れた遊牧」を完全に抹消し、「文明人の農耕」を定着させ、

「野蛮な遊牧民」を「開化した農民」に改造する目的も兼ねて、大虐殺が実施された。

こうした暴力的な政策により、一九世紀末からずっと占領したかったモンゴルの「無人の草原」は中国人の農耕地に改造されたのである。草原を農耕地に変えただけでは、北京は満足しなかった。やがてウラーンフーによって統一された内モンゴル自治区も一九六九年七月に分割された。旧満洲国領だったモンゴル人の固有の領土は中国人の東北三省に割譲された。一〇年後にウラーンフーの復活と共に領土が再びモンゴル人に返還された際には、そこに入植した無数の中国人農民も付随して自治区の住民とされたことで、内モンゴルの人口比率はさらに北京による殖民地統治を有利にした。中国共産党は、「モスクワのモンゴル人民共和国に対する殖民地的統治」を批判しながら(『掲露蘇修社会帝国主義的侵略本性』1969)、自らが内モンゴル自治区に強いていた殖民地支配を堅牢にしていった。遊牧文明を守ろうとしたモンゴル人はシナ風の農耕文明を広げようとした中国政府と中国人の前で完全に退却しなければならなかったのである。

モンゴル人の不満がモスクワに利用されないように、毛の共産党中央はダマンスキー(珍宝島)で一九六九年三月にソ連軍に向けて引き金を引いた。そして、北京や天津に住む中国人青年たちを集めて生産兵団を組織し、ソ連とモンゴル人民共和国との国境地帯に配備した。「祖国の辺境を防衛し、開発する」との使命を与えられた中国人は大挙して移住し、先住民の割合は一層、低下していった。

国内の不平不満を国際社会へ転換させる手法は毛沢東の後継者である華国鋒にも受け継が

れた。一九七九年三月、ジェノサイドの犠牲者たちに対して限定的な「名誉回復」が実現した際に北京は「ベトナムを懲罰する戦争」を同時進行で進めていた。悲しみに暮れるモンゴル人たちは「名誉回復」の会場で「打倒ベトナム」と叫ばなければならなかった。

未完の民族自決

内モンゴル自治区のモンゴル人が文革中に大虐殺の犠牲者とされた原因はすべて国際社会と連動する近現代史にある。シナからの独立運動とそれを確実に実現する為の「対日協力」が中国政府と中国人から「不義」だと解釈されたからである。

モンゴル人に「民族の不幸」をもたらしたのは対日戦後処理の「ヤルタ協定」である。この秘密の「ヤルタ協定」の見直しがなければ、分断された民族の不平と不満を解消することも不可能であろう。二〇一四年三月、ロシアは「象徴の地」ヤルタのあるクリミア半島を自国に併合して戦後の国際秩序を打破した。モンゴルを分断させ、大虐殺の時限爆弾を埋めこんだ対日戦後処理の体制であるが、それをソ連の後継者たるロシアが自らの手で再編した意義は大きい。

それだけではない。そもそもソ連邦の憲法には諸民族に分離独立の権利があると明記していたので、最初から民族自決はある程度、実現できていた。ソ連と異なり、少数民族に分離独立権を与えない中華人民共和国は建国当初から民族自決権を否定し続けてきた。諸民族が、世界の殖民地支配体制も一九六〇年代に終結したのではなく、中国による殖民地支配は現在もなお健在であると認識している以上、民族自決を求め続ける潮流も止まらないだろう。特に中国の対日歴史認識が未解決の問題として機能している以上、「ヤルタ協定」の正統性も当分は否定されないだろう。「ヤルタ協定」を守ろうとする既得利益者と、その犠牲者との相克が今後の国際関係を左右するだろう。

中国の文革が諸民族を席巻していったのも、国際関係における世界史の一幕だったに過ぎない。サルトルらフランスの知識界を狂わせた政治運動について、ウォーリンはこのように総括した（ウォーリン 2014,119-120）。

毛沢東は、文革を中国版パリ・コミューンと考えていた。……現代におけるパリ・コミューン派としての〈紅衛兵〉は、ブルジョア国家装置を粉砕し確固たる思想基盤の上に中国の共産主義を再構築しようとした。……毛沢東思想は、矛盾の塊とは言わないまでも、思想でも何でもなかったのである。

中国人の紅衛兵が万里の長城の南側で「赤色テロ」を働いていた頃に、彼らの暴力行為の根底に思想や哲学があったかどうかは、論争の的となっている。万里の長城の北側のステップでは、「対日協力者」や「民族分裂主義者」とされたモンゴル人の前にはフランス革命時のようなブルジョアジーを殺害した際の「裁判用の机」と「正義の裁判官」（フーコー 1999）はなかった。無学の中国人農民が北京政府の命令に自発的に呼応して、全モンゴル人を殺してその草原を奪おうとした、民族浄化のジェノサイドだった。

日本の進歩的知識人たちも文革の「正義の一面」を礼賛して近代日本を批判してきた。文革称賛には先の大戦中の侵略に対する反省の念も含蓄されていたかもしれない。しかし、それは中国のみに対する反省であって、日本によって殖民地化され、そして日本の進出が一因となってシナからの独立を阻止されたモンゴル人や満洲人に対する意思表示ではない。中国にだけ反省の態度を示せば、「対日協力」をしたモンゴル人の理解も得られると考えるならば、それは時代錯誤である。

レーニンの言葉を借りるならば、日本の知識人は「共産主義における左翼小児病」にかかっていたことになる。独自の政策も階級意識もない妄想（レーニン 1946）に憑りつかれていただけである。

文革が終わってからも自治権を否定し続けてきた中国統治下の状況を「文化的ジェノサイドの継続である」、とモンゴル人とチベット人、それにウイグル人は認識している。東西ドイツは冷戦の終結後に統一された。南北朝鮮も対話を続けている。では、世界はこのまま内《なん》外《ぼく》モンゴルの分断と内モンゴルの「殖民地的・文化的ジェノサイド的な状況」を無視し続けるのだろうか。日本と中国の殖民地支配と文革に起因するモンゴル人ジェノサイドであるが、二つの宗主国同士の対話に真の殖民地解放の将来を期待したいものである。

本書は著者が二〇〇九年から今年にかけて、毎年一冊のペースで刊行してきた『モンゴル人ジェノサイドに関する基礎資料―内モンゴル自治区の文化大革命』（風響社）のうち、第七冊『民族自決と民族問題』と第八冊『反右派闘争から文化大革命へ』内の公文書（档案）類に依拠して書きあげたものである。本書は科研費「ウイグル族・朝鮮族・チワン族の文化大革命に関する実証研究」（研究代表：大野旭＝楊海英　課題番号：15k03036）の成果である。記して関係各位に深謝を申しあげる。

あとがき

日本に来て三一年間経つが、いつも奇妙な現象に出逢わされる。

中国の人権弾圧や民主化阻止、そして少数民族弾圧の問題の事実を示すと、「反中」や「反共」、「客観的ではない」と見なされる。実際に中国に生まれ育ち、かの地で長く暮らしてきた人びとが事実を語っても、個別的な事案だろうと認めようとしない。多くの資料を並べても、「私は見ていない」と言い張る。要するに、中国政府と中国共産党は神聖な存在で、批判してはいけない対象だと思っているらしい。このように、中国の実態を直視しようとしない人たちはいつも髪の毛はぼさぼさで、しわくちゃな服を着て、うす汚いリュックを背負い、そして決して論理的ではない政治的なスローガンを高い声で張りあげる。私は最初、彼らは中国共産党日本支部の党員か、さもなければ共産主義陣営のなかの流氓無産階級（ルンペン）ではないかと思っていたが、そうではなくて、左派、あるいは進歩的知識人だと分かったのはしばらく過ぎてからだ。

彼ら曰く、中国を批判すると、右翼に利用されるという。

右翼は何に利用するのか。

利用してどこが悪いのか。

左派・進歩的知識人は決して論理明断に列挙できない。そんなに左が良くて、右は悪いのか。右は反中、反共だとしよう。人類の普遍的な価値である人権を蹂躙し、民主化運動を弾圧し、そして少数民族の権利主張をすべて力で跳ね返す中国に反対してはいけないのか。二〇世紀の人類に言葉で言い尽くせないほどの災禍をもたらした共産主義は反対してはいけないのか。もし、そのような中国政府と共産主義に反対してはいけないならば、同罪ではなかろうか。

もっとも、右翼に「利用」されるようなシンプルな人間はどこにもいない。かつて中国人の孫文やインド人のチャンドラ・ボース、モンゴル人の徳王とジョンジョールジャブなどもすべて右翼とも左翼とも親交を重ねていた（楊海英『日本陸軍とモンゴル』）。殖民地支配からの解放運動に賛助してくれるならば、どなたでもいい。はっきり言って、私たちは日本国内の狭隘な「翼《よく》」にはまったく興味がないと断言していい。ただ、中国政府と中共を礼賛する者とは、友達にはならない、と断言してもいい。

かつては限られた日中友好人士たちが北京に招待されて、茅台酒《マオタイ》という高級酒で乾杯させられて酩酊して中国の実情に触れる機会がなかったと理解してあげよう。しかし、今や情報化の時代なので、左翼の運動家や進歩的知識人も自由に中国を旅行できるはずで、発言してはどうだろう。

昔の左翼と進歩的文化人には少なくともまだ浪漫と正義感があった。人類最高の理想である共産主義社会を実現させようという浪漫と、ソ連が弱小の東欧諸国に侵攻したらきゃんきゃんと抗議する正義感だった。残念ながら共産主義はマルクスの予想通りに幽霊でしかなくなったので、せめて北京当局の人権弾圧と民主化阻止、そして少数民族抑圧に抗議してほしいものの、そのような声はついぞ聴かない。どうも、浪漫と正義感は右翼の専売特許になったらしい。

無論、左翼や進歩的知識人のなかから覚醒した人もいないわけではない。正義感に基づいて中国からやってきた民主化陣営内の人たちや、事実上亡命しているウイグル人やチベット人、そしてモンゴル人の声にも耳を傾けようという良識ある左翼や進歩的知識人も少数ながらいる。しかし、大勢の左翼や進歩的知識人たちは内部の少数派に対して、あの手この手で圧力をかける。こうした圧力こそ、言論弾圧ではなかろうか。彼らのこのような行動はまさにその元祖のソ連と中国が得意とする政治手段である。彼らの跳梁跋扈を見ていると、やはり日本は共産主義に染まらなくて良かったと思う。彼らは機会を窺い、「内ゲバ」と「総括」を発動しようとしている。日本国民は、このような左翼と進歩的知識人の言動に目を光らせなければならない。

それでも、死滅寸前の左翼と進歩的知識人たちに最後のチャンスを与えよう。

ぜひ、ウイグル人が毎月のように射殺されている新疆ウイグル自治区に行って、どれほどの自治権が下賜されているのかを調べてきてください。

ぜひ、寺院が破壊尽くされて、厳重な監視下のチベットに行って、チベット人の現状を見てきてください。今は特別な許可が必要らしいが、日中友好の信者だといえばいい。

ぜひ、内モンゴル自治区に行って、沙漠と農耕地を見てきてください。遊牧民や「モンゴル草原」とかは死語になったし、同化させられてモンゴル語も話せなくなったモンゴル人が死に絶える前の方がいい。良くも悪くも、日本の殖民地だったので、現地に行って謝罪するのも大歓迎だ。

そして、ぜひ、無数の下放青年たちが放逐されていた広大な中国農村に赴き、仕切りのないチャイナ・トイレを楽しみながら、「中国の夢」を現地の農民たちと語らい合ってください。左翼や進歩的知識人の神様である毛沢東はかつて「調査しない者には発言権はない」と話したことがある。教祖の指示にしたがい、調査に行ってらっしゃい！

参考文献

〈中国語文献〉

＊阿拉騰徳力海１９９９『内蒙古挖粛災難実録』私家版＊阿木蘭２００４『雲清文集』内蒙古人民出版社＊巴義爾１９９８『蒙古写意—当代人物・巻二』民族出版社＊暴彦巴図２００６『大漠微踪』中国三峡出版社＊陳大蒙　劉史２００８『落井下石—重審高崗案』香港明鏡出版社＊程映紅２００７「向世界輸出革命—文化大革命在亜非拉的影響初探」宋永毅編『文化大革命：歴史真相和集体記憶（上）』香港田園書屋＊——２００８『毛主義革命—二十世紀的中国与世界』香港田園書屋＊丁抒２００６『陽謀—反右派運動始末』香港開放雑誌社＊——（主編）２００７『五十年後重評「反右」—中国当代知識分子的命運』香港田園書屋＊高樹華　程鉄軍２００７『内蒙文化大革命風雷—一個造反派領袖的口述史』香港明鏡出版社＊国際声援西藏組織２０１３『西藏文化滅絶六十年』台北雪域出版社＊郝维民（主編）１９９１『内蒙古自治区史』内蒙古大学出版＊。——２０００『百年風雲内蒙古』内蒙古教育出版社＊郝維民　斉木徳道爾吉２００６『内蒙古通史綱要』人民出版社＊『掲露蘇修社会帝国主義的侵略本性』１９６９内蒙古軍区政治部＊李建彤２００７『反党小説《劉志丹》案実録』香港星克爾出版有限公司＊李洪林２０１０『中国思想運動史』香港天地出版社＊李鋭２０１０「総序」宋永毅編『中国反右派運動数拠庫—１９５７』香港中文大学中国研究服務中心＊劉賓雁２００７「１９５７、中国当代史大逆転」丁抒編『五十年後重評「反右」・中国当代知識份子的命運』香港田園書屋＊瑪拉沁夫１９８０（１９５８）『茫々たる草原』（上）人民文学出版社＊——２００５『茫々たる草原』（上・下）人民文学出版社＊馬畏安２００６『高崗饒漱石事件始末』当代中国出版社。

馬継森２００３『外交部文化大革命実録』香港中文大学出版社＊茂敖海２００３『夢幻人生—回憶録』香港天馬出版社＊——２００４『零点問題—関与少数民族人権論文集』私家版＊毛沢東１９９２『建国以来毛沢東文稿：一九五六年一月—一九五七年十二月』中央文献出版社＊木倫２００１『我這大半輩子』私家版＊納・賽音朝克図　１９５７「涼了心腸的〈老劉〉」『草原』９期＊内蒙古哲里木盟１９６８『六十部小説毒在哪里？』内蒙古哲里木第三司令部翻印＊『内蒙古自治区三十年』編写組１９７７『内蒙古自治区三十年』内蒙古人民出版社＊内蒙古自治区革命委員会弁公室信訪組１９７３『政策文件選編』呼和浩特：内蒙古自治区革命委員会弁公室信訪組＊『内蒙古革命史』編輯委員会１９７８『内蒙古革命史』内蒙古革命史編委員会弁公室＊聶元梓２００５『聶元梓回憶録』

香港時代国際出版有限公司＊斉鳳元1998『情糸大漠的暴彦巴図』内蒙古人民出版社。啓之2010『内蒙文化大革命実録─「民族分裂」与「挖粛」運動』香港天行健出版社＊銭庠理2008『歴史的変局─従挽救危機到反修防修』香港中文大学出版社＊人民日報編輯部　紅旗雑誌編輯部1964『蘇共領導是当代最大的分裂主義者─七評蘇共中央的公開信』人民出版社＊瀋志華2008『思考与選択─従知識分子会議到反右派運動』香港中文大学出版社＊瀋志華（主編）2007『中蘇関係史網』新華出版社＊宋永毅2010『中国反右派運動数拠庫─1957』香港中文大学中国研究服務中心＊特古斯1993「浩劫過後的沈思」『内蒙古档案資料』第四期＊図們　祝東力1995『康生与内人党冤案』中共中央党校出版社＊王鐸1992『五十春秋─我做民族工作的経歴』内蒙古人民出版社王年一2005『大動乱的年代─「文化大革命十年史」』河南人民出版社＊王樹盛　郝玉峰（主編）1989『烏蘭夫年譜』（上）中共党史資料出版社＊温相2008『高層恩怨与習仲勲』香港明鏡出版社＊烏蘭夫1960「不断発展我国各民族的大団結」民族出版社編『十年民族工作成就』民族出版社＊──1960「建国十年来的内蒙古自治区」民族出版社編『十年民族工作成就』民族出版社＊烏力吉図1987『内蒙古人名録（社会科学）』内蒙古大学出版社＊『無産階級文化大革命資料滙編』第二集1967内蒙古話劇団孺子牛・紅旗戦闘隊＊呉啓訥2006『新疆：民族認同、国際競争与中国革命』国立台湾大学歴史学研究所＊邢同義2004『恍若隔世─回眸夾辺溝』蘭州大学出版社＊亜歴山大・潘佐夫（Alexander V. Pantsov）2015『毛沢東─真実的故事』聯経＊楊継縄2008『墓碑─中国六十年代大飢荒紀実』（上）香港天地出版社＊楊顕恵2003『告別夾辺溝』上海文藝出版社＊楊奎松1997『中共与莫斯科的関係』台北東大図書公司＊伊河　烏雲　納日松2007『往事如煙─都固爾扎布回憶録』内蒙古大学出版社＊『中央関於処理内蒙問題的有関文件和中央負責同志講話滙編』1967　呼和浩特革命造反聯絡総部＊札奇斯欽1985『我所知道的徳王和当時的内蒙古』（一）東京外国語大学アジア・アフリカ言語文化研究所＊──1993『我所知道的徳王和当時的内蒙古』（二）東京外国語大学アジア・アフリカ言語文化研究所＊章詒和2004『往事並不如煙』人民文学出版社＊──2006『伶人往事』湖南文藝出版社＊正珠爾扎布1990「我的半生回憶」『内蒙古文史資料』（第四十輯）＊中共中央統戦部1991『民族問題文献滙編』中共中央党校出版社＊朱正2002『両家争鳴─反右派闘争』台北允晨叢刊＊──2004『反右派闘争始末』（上・下）香港明報出版社──2013『反右派闘争全史』（上・下）台北秀威資訊科技出版社

〈日本語文献〉

＊アンダーソン・ベネディクト２０１２『三つの旗のもとに―アナーキズムと反植民地主義的想像力』ＮＴＴ出版＊飯塚浩二１９７６『飯塚浩二著作集（10）満蒙紀行』平凡社＊井上治２００５「『FRONT』モンゴル語版をめぐって」江口真理子編『戦時下、対東アジア戦略と広告宣伝』科研報告書＊ウォーリン・リチャード２０１４『１９６８　パリに吹いた「東風」―フランス知識人と文化大革命』（福岡愛子訳）岩波書店＊大林洋五１９６９「中国プロレタリア文化大革命と少数民族」『アジア研究旬報』＊岡田英弘２０１４『岡田英弘著作集Ⅳ　シナ（チャイナ）とは何か』藤原書店＊岡本俊雄１９７９『一人の「ブリヤートモンゴル人」と日本青年の出合い』私家版＊――１９８８『一人の「ブリヤートモンゴル人」と日本青年の出合い・続編』私家版＊小長谷有紀２０１３「チンギス・ハーン崇拝の近代的起源―日本とモンゴルの応答関係」『国立民族学博物館研究報告』37巻4号＊呉迪２００６「モンゴル族を襲った空前の災禍―〈内人党〉大虐殺の顛末」宋永毅編『毛沢東の文革大虐殺』（松田州二訳）原書房＊佐藤公彦２０１５『中国の反外国主義とナショナリズム―アヘン戦争から朝鮮戦争まで』集広舎＊司馬遼太郎１９９５『草原の記』新潮社＊ジョン・バイロン　ロバート・パック２０１１『龍のかぎ爪―康生』（上・下）岩波書店＊ドムチョドンロプ１９９４『徳王自伝―モンゴル再興の夢と挫折』（森久男訳）岩波書店＊ハンギン・ゴムボジャブ１９７７「日本の敗戦と徳王」『月刊　シルクロード』７月号＊バルダンギン・ツェベクマ１９９９『星の草原に帰らん』（鯉渕信一構成・翻訳）日本放送出版協会＊馬場公彦２０１０『戦後日本人の中国像』新曜社＊――２０１４『現代日本人の中国像』新曜社＊バトバヤル・Ts　２００２『モンゴル現代史』（芦村京、田中克彦訳）明石書店＊フーコー・ミシェル１９９９『ミシェル・フーコー思考集Ⅳ，１９７１―１９７３　規範　社会』筑摩書房＊フスレ・ボルジギン２００６「内モンゴルにおける土地政策の変遷について（１９４６―49）―〈土地改革〉の展開を中心に」『学苑』第７９１＊――２００８「内モンゴルにおける文化大革命直前の政治状況―内モンゴル大学における〈民族分裂分子〉批判運動を中心に」『学苑』第８１１＊――２０１１『中国共産党・国民党の対内モンゴル政策（一九四五〜四九年）』風響社＊フフバートル＊――２０１５a「非漢字圏の言語であるモンゴル語の近代語彙受容」『国語国文』第84巻5号＊――２０１５b「内モンゴルにとっての１９４５年８月―特殊な政治的環境における独自の終戦史」『学苑』８９８号＊ボヤント２０１５『内モンゴルからみた中国現代史』集広舎＊丸山昇２００１『文化大革命に到る道―思想政策と

知識人群像』岩波書店＊マクファーカー・ロデリック&シェーンハルス・マイケル２０１０『毛沢東　最後の革命』（上・下、朝倉和子訳）青灯社＊マクミラン・D・H１９８３「新疆における文化大革命」甲賀美智子訳・加々美光行監修『文化大革命と現代中国Ⅱ―資料と解題』アジア研究所、No.57-2＊満洲国軍刊行委員会１９７０『満洲国軍』蘭星会＊毛澤東文献資料研究会１９７０『毛沢東集』（第五巻）北望社＊矢吹晋２００７『文化大革命』講談社＊楊海英１９９５『チンギス・ハーンの末裔―現代中国を生きた王女スチンカンル』（新間聡と共著）草思社＊――２００１『草原と馬とモンゴル人』（ＮＨＫブックス）日本放送出版協会＊――２００４「モンゴルにおける王朝交替観に関する一資料――〈遠太子と真太子の物語〉を中心に」、『人文論集』（静岡大学人文学部）54・２＊――２００５ａ『モンゴル草原の文人たち―手写本が語る民族誌』平凡社＊――２００５ｂ『チンギス・ハーン祭祀―試みとしての歴史人類学的再構成』風響社＊――２００９ａ『モンゴル人ジェノサイドに関する基礎資料（１）―滕海清将軍の講話を中心に』（内モンゴル自治区の文化大革命１）風響社＊――２００９ｂ『墓標なき草原―内モンゴルにおける文化大革命・虐殺の記録』（上）岩波書店＊――２００９ｃ『墓標なき草原―内モンゴルにおける文化大革命・虐殺の記録』（下）岩波書店＊――２０１０ａ『モンゴル人ジェノサイドに関する基礎資料（２）―内モンゴル人民革命党粛清事件』（内モンゴル自治区の文化大革命２）風響社＊――２０１０ｂ「〈民族分裂主義者〉と〈中華民族〉―〈中国人〉とされたモンゴル人の現代史」塚田誠之編『中国国境地帯の移動と交流』有志舎＊――２０１１ａ『モンゴル人ジェノサイドに関する基礎資料（３）―打倒ウラーンフー（烏蘭夫）』（内モンゴル自治区の文化大革命３）風響社＊――２０１１ｂ『続　墓標なき草原―内モンゴルにおける文化大革命・虐殺の記録』岩波書店＊――２０１２『モンゴル人ジェノサイドに関する基礎資料４―毒草とされた民族自決の理論』風響社＊――２０１２「監訳者解説：強盗の理論〈奴隷〉の視点からよむ―『チベットの文化大革命』の背景と性質」ゴールドスタイン著・山口周子訳・楊海英監訳『チベットの文化大革命』風響社＊――２０１３ａ『モンゴル人ジェノサイドに関する基礎資料５―被害者報告書１』風響社＊――２０１３ｂ『中国とモンゴルのはざまで―ウラーンフーの実らなかった民族自決の夢』岩波書店＊――２０１３ｃ『植民地としてのモンゴル―中国の官制ナショナリズムと革命思想』勉誠出版＊――２０１３ｄ「彙報　国際シンポジウム〈チンギス・ハーンとグローバリゼーション〉」『日本モンゴル学会紀要』第43号＊――２０１４ａ『モンゴル人ジェノサイドに関する基礎資料６―被害者報告書２』風響社＊――２０１４ｂ『ジェノサイドと文化大革命―内モンゴルの民族問題』勉誠出版＊――2014c『チベットに舞う日本刀―モンゴル騎兵の現代史』文藝春秋＊――2014d『モンゴルとイスラーム的中国』文藝春秋＊――2015a『モンゴル人ジェノサイドに関する基礎資料7―民族自決と民族問題』風響社＊――2015b「交感・コラボレーション・忘却・歴史―汝はアジアをどのように語るか」楊海英編『交感するアジアと日本』（『アジア研究・別冊3』）静岡大学人文社会科学部・アジア研究センター＊――2015c『日本陸軍とモンゴル―興安軍官学校の知られざる戦い』中央公論新社＊――2016a『モンゴル人ジェノサイドに関する基礎資料8―反右派闘争から文化大革命へ』風響社＊――2016b「なぜいま、中国文化大革命と世界との関係について考えるのか」楊海英編『中国文化大革命と国際社会―50年後の省察と展望』（『アジア研究・別冊4』）静岡大学人文社会科学部・アジア研究センター＊――2016c「ウイグル人の中国文化大革命」（『アジア研究・別冊4』）静岡大学人文社会科学部・アジア研究センター＊吉越弘泰2005『威風と頽唐―中国文化大革命の政治言語』太田出版＊ラナ・ミッター2012『五四運動の残響―20世紀中国と近代世界』（吉澤誠一郎訳）岩波書店＊リ・ナランゴア2013「モンゴル人が描いた東アジア共同体」松浦正孝編『アジア主義は何を語るのか―記憶・権力・価値』ミネルヴァ書房＊レーニン1946『共産主義における「左翼」小児病』彰考書院＊リンチン・ボルジギン2007「反右派闘争におけるモンゴル人〈民族右派〉批判」『アジア経済』第48巻第8号＊――2009『中国共産党のモンゴル民族統合政策の研究（1949～1966）―内モンゴルにおける社会主義イデオロギーの強化と経済的統合』（博士学位申請論文）東京外国語大学・地域文化研究科＊――2015『現代中国の民族政策と民族問題―辺境としての内モンゴル』集広舎＊李志綏1994『毛沢東の私生活』（上・下）文藝春秋＊レヴィ＝ストロース1970『人種と歴史』（荒川幾男訳）みすず書房

〈欧文・モンゴル語文献〉

＊ Billé, Franck,2015, *Sinophobia, Anxiety, Violence, and the making of Mongolian Identity*, Hawai, University of Hawai'I Press. ＊ Boludbaghatur,2009 *Čing Jitgültü Göing Qayišan*, Öbür Mongγol-un Soyul-un Keblel-ün Qoriy-a. ＊ Boldbaatar, J,1999, "The Eight-hundredth Anniversary of Chinggis Khan, The Revival and Suppression of Mongolian National Consciousness", S. Kotkin and B. Elleman eds, *Mongolia in the Twentieth Century, Landlocked Cosmopolitan*, Armonk,

New York, M.E. Sharpe, pp.237-246. ＊ Bulag E, Uradyn,2010a, "Twentieth Century China, Ethnic Assimilation and Intergroup Violence", Donald Bloxhan and A. Dirk Moses eds, *The Oxford Handbook of Genocide Studies*, New York, Oxford University, pp.426-443. ＊ ――2010b, *Collaborative Nationalism, The Politics of Friendship on China's Mongolian Frontier*, Ner York, Rowman & Littlefield Publishers, INC. ＊ Čilavu,2007 *Bürinsayin-u Jokiyal-un Čivulvan*(degedü), Öbür Mongvol-un Arad-un Keblel-ün Qoriy-a. ＊ Čindamuni,2013 *Čindamuni-yin Jokiyal-un Ügülel-ün Tegübüri*, Öbür Mongvol-un Arad-un Keblel-ün Qoriy-a. ＊ Čoyibalsang,2009 *Arad-un Qatan Bavatur Mavsarjab*, Öbür Mongvol-un Soyul-un Keblel-ün Qoriy-a. ＊ Choibalsan,1953, *Choibalsan, Iltgel ba Ügüüllüd*, Ulaanbaatar,, Ulsin Hebleh Üildber. ＊ Ewing, Thomas,1980, *Between the Hammer and the Anvil? Chinese and Russian Policies in Outer Mongolia, 1911-1921*, Bloomington,, Research Institute for Inner Asian Studies, Indiana University. ＊ Hyer, Paul and Heaton, William,1968, "The Cultural Revolution in Inner Mongolia", *The China Quarterly*, Oct-Dec, pp. 114-128. ＊ Heaton, William,1971, "Inner Mongolia, 'Local Nationalism' and the Cultural Revolution", *The Mongolia Society Bulletin*, Vol. X, No. 2, pp.3-34. ＊ Jamsürüng,2009 *Mongvol-un Čavavchin Γaqai Jil-un Qubisval*, Öbür Mongvol-un Soyul-un Keblel-ün Qoriy-a. ＊ Jankowiak, William,1988 The Last Hurraah? Political Protest in Inner Mongolia. *The Australian Journal of Chinese Affairs*, 19/20,269-288. ＊ Način vdorji,2009 *Manglai Bavatur Damdinsürüng*, Öbür Mongvol-un Soyul-un Keblel-ün Qoriy-a. ＊ Navangnamjil,2009 *Jorivtu Bavatur Tovtuqu-yin Tobči Namtar*, Öbür Mongvol-un Soyul-un Keblel-ün Qoriy-a. ＊ Narangoa, Li,2003 *Imperial Japan and National Identities in Asia, 1895-1945*, London and New York, Routledge Curzon. ＊ Nayiravulqu Komis,2010 *Erdenitovtaqu, nigedüger*, Öbür Mongvol-un Soyul-un Keblel-ün Qoriy-a. ＊ Sirabjamsu, Gha,2006 *Sirabjamsu-yin Jokiyal-un Sungvumal*, a Private edition. ＊ Sneath, David,1994 The Impact of the Chinese Cultural Revolution in China on the Mongolians of Inner Mongolia. *Modern Asian Studies*, 28,409-430. ＊ Soni, Sharad,2002, *Mongolia- Russia Relations, Kiakhta to Vladivostok*, Kolkata, Maulana Abul Kalam Azad Institute of Asian Studies.

産経NF文庫

中国人とモンゴル人

二〇二一年三月二十二日 第一刷発行
著 者 楊 海英
発行者 皆川豪志
発行・発売 株式会社 潮書房光人新社
〒100-8077 東京都千代田区大手町一-七-二
電話/〇三-六二八一-九八九一(代)
印刷・製本 凸版印刷株式会社
定価はカバーに表示してあります
乱丁・落丁のものはお取りかえ致します。本文は中性紙を使用
ISBN978-4-7698-7033-3 C0195
http://www.kojinsha.co.jp

産経NF文庫の既刊本

中国人の少数民族根絶計画

楊 海英

香港では習近平政権に対する大きな抗議活動が続き、「改造」政策に対する懸念が広がる。さらに内モンゴル、チベット、ウイグルへの中国の少数民族弾圧は凄まじさを呈している。内モンゴルに生まれ、中国籍を拒絶した文化人類学者が中国新植民地政策に対して警告する。

定価〈本体830円+税〉 ISBN978-4-7698-7019-7

中国人が死んでも認めない 捏造だらけの中国史

黄 文雄

真実を知れば、日本人はもう騙されない! 中国の歴史とは巨大な嘘! 中華文明の歴史が嘘をつくり、その嘘がまた歴史をつくる無限のループこそが、中国の主張する「中国史の正体」なのである。だから、一つ嘘を認めれば、歴史を誇る「中国」は足もとから崩れることになる。

定価〈本体800円+税〉 ISBN978-4-7698-7007-4